Another History of Oceania

Plantation Development and Indentured Labor

もうひとつのオセアニア史

プランテーション開発と年季契約労働

山本真鳥〔著〕

Yamamoto Matori

法政大学出版局

はじめに

本書のテーマは、主としてオセアニアのプランテーション開発とそれにつきものだった年季契約労働である。時代は概ね一九世紀にさかのぼる。オセアニア、特に南太平洋という土地柄は、人々の夢を誘う。空は抜けるように青く、咲き乱れる原色の花々。ゴーギャンがタヒチを夢見たように、食物は木になり、海に入れば魚がいて、人々は穏やかでゆったりと暮らす。

しかし本書が扱うのは、そのような楽しく美しい「楽園」オセアニア・イメージの対極にあるダーク・ヒストリーである。オセアニアのダーク・ヒストリーとして、植民地時代について歴史書ではしばしば語られているが、この年季契約労働というテーマは、海外はともかく日本のオセアニア研究のなかではこれまであまり語られる機会はなかった。特に、植民地支配のなかで植民者（主に欧米人）対先住民、抑圧者対犠牲者というわかりやすい図式にはまらない、曖昧な存在であることもその理由だろう。また海外でも、そこまで追究されてきた歴史ではなく、奴隷制と比べて語られることは少ない。オーストラリアではまさに、オーストラリア史のなかのダーク・ヒストリーとして扱われ、汚点とか恥部として人々がとらえているのがよくわかる。どちらかというと声を潜めて語るのである。『もうひとつのオセアニア史』というタイトルを本書につけたのは、そうした所以である。

年季契約労働とは、奴隷制が世界各地で廃止に向かうにつれて、その代替として用いられる制度となったが、奴隷制と並行して古くより世界各地に存在していた。そして奴隷制よりも長く生き残った。主に世界中で用いられたのは一九世紀であるが、二〇世紀にも生き残った。広い国であれば海外である必要はないが、多くは遠距離移動を伴う。多くは、植民地において労働者不足のプランテーションや鉱山の労働者確保の手段であった。契約であるから、年限を切ってあるが、奴隷制度の代替であった時代には、その間給料はあるものの奴隷のようにこき使われたし、陰惨な体罰の認められる場合も多かった。多くの人々は単に金がない、という状況よりはもうちょっと切羽詰まった、借金で身動きがとれない、という状態となり、この窮地を打開するために、家族の誰かが前借金をもらって年季契約を結ぶこともあった。前借金は別な借金を支払うために使われ、労働者が海外で得る給料の一部が故郷で貧乏な暮らしを余儀なくされている家族のもとに送金されることもしばしばであった。

この研究は、日本学術振興会科学研究費助成金 基盤研究（C）（一般）課題番号 19K 01208「オセアニア植民地時代における非白人移住者の歴史人類学的研究」として助成金を受けて、二〇一九年度以来研究してきた成果である。当初は四年間の計画で、サモア独立国のケースを現地調査を含めて重点的に行う予定であり、そしてニュージーランドの首都ウェリントンにあるニュージーランド公文書館での文献調査などを計画していたが[1]、一九二〇年三月より新型コロナのために両国ともに外国人の入国が禁止され、待っていても報われるかどうかわからないという情勢のなかで、オセアニアの事例を広く俯瞰する文献研究に切り替えることとなった。その成果は、日本オセアニア学会の研究大会で二〇二一年度、二〇二二年度、二

○二三年度と発表し、法政大学経済学部学会の機関誌『経済志林』に、第八九巻四号（二〇二二年）、第九〇巻三・四号（二〇二三年）、第九一巻四号（二〇二四年）と論文を掲載した。この三本の論文を中心にまとめたのが本書であるが、かなり書き直しをし、また加筆しているので、ほぼ原形をとどめず、新しい執筆といってもよいほどになった。また新型コロナのために予定を大幅に超過したため、二年間の延長を願い出て、今年度が最終年度となる。日本学術振興会の財政的援助（本書出版も含む）、法政大学研究開発センター、法政大学多摩図書館、ニュージーランド公文書館（結局、二〇二二年と二〇二三年に文献調査を行うことができた）、ニュージーランド国立図書館、ハワイ大学ハミルトン図書館、ウェリントン・ヴィクトリア大学図書館にはお世話になった。感謝を捧げたい。

また、国立民族学博物館共同研究「ミックスをめぐる帰属と差異化の比較民族誌――オセアニアの先住民を中心に」（代表：山内由理子　東京外国語大学）での発表やディスカッションは大層有意義であった。記して感謝したい。そしてまた、『経済志林』の編集担当者にもお世話になっている。

最後となったが、今回の出版に関して、版元の法政大学出版局にはたくさんの無理をお願いする結果となってしまった。それにもかかわらず、できるだけ筆者の意に沿うようにと努力を惜しまなかった編集部長郷間雅俊氏にも感謝を捧げたい。

注

（1）サモア独立国は、一九一四年から、軍政、国際連盟委任統治領、国際連合信託統治領と政治形態は異なるが、一九六二年に独立するまでニュージーランドの支配下にあったため、ニュージーランドにその時代の公文書が多く保管されている。

もうひとつのオセアニア史

序章

オセアニアは大航海時代の後に、ゆっくりと探検踏査の試みが続く。概ね、一六世紀がスペインの時代、一七世紀がオランダの時代、一八世紀がイギリスとフランスの時代、という時代の流れで考えると理解しやすいが、本格的植民地化が始まるのは、キャプテン・クック（James Cook 1728–1779）がイギリス海軍の帆船を率いてオセアニアの大海原に分け入り、新しい島々を「発見」してユニオン・ジャックを立てて回ってからの話である。オセアニアの資源は土地であり、農業開発、すなわちプランテーション開発が主であるから、一八世紀以降であった。鉱山開発も存在するが、ニューカレドニアのニッケル、ボーキサイト、ブーゲンヴィル島の銅、その他小島のリン鉱石などと、限られている。もともと有り余る土地があるはずなのに、人口が少ない過疎地帯である。先住の人々は、おおむね労働力とはならなかった。というのは、元来人口が過疎な地帯である上に、白人との接触による虐殺、持ち込んだ火器による戦闘の激化、また慣れない種類の病気感染などが、著しい人口減を招いたからだ。というわけで、この地域の開発は労働力をどう確保するか、という問題がつねにあった。もっともこの点は植民地開発においてしばしば解決すべき課題となっている。

太平洋諸島の開発は主としてイギリスの奴隷制廃止後(1)なので、公式には奴隷制は存在しなかった。しかし世界的に奴隷制にとってかわった年季契約制度やそれと奴隷制にまたがるブラックバーディングという曖昧な形態はオセアニアではしばしばみられるものであった。そしてまた、本書の主たるテーマは一九世紀オセアニアの「年季契約労働」であるが、その前後のスペクトラムに存在するいわゆるブラックバーディングや、「年季契約労働」といいつつも半ば奴隷に近いものに始まり、できるだけ差別的な部分をなくして労働者に有利な条件を配した「年季契約労働」を経て、「年季契約労働」の名は用いられないけれども、労働者を実質的に差別的状況に追いやる偽装「年季契約労働」に至るまでを描く。

ケースに入る前に、プランテーションの仕組みについてまずは述べておこう。

1　プランテーション開発と奴隷労働

新大陸の発見後、カリブ海地域や中南米では大土地所有によるプランテーションが誕生した。プランテーションは、それまであったサブシステンス農業(2)の形態とはまったく異なるものであった。商品作物を栽培して暮らしをたてるような場合ですら、農民は基本的に自分たちの食料を生産する。そのために、単一の作物ではなく、さまざまな種類の作物を植えるのである。特に新規のプランテーションが作られた地域で過去に農業が行われていた場合、それは基本的にサブシステンス農業であり、また農業が行われていなかった場合は、採集狩猟という生業が普通であった。プランテーション農業は、サブシステンス農業とはまったく異なるものである。

　ほとんどのプランテーションは、広大な土地でただ一種類の作物を作ることで、生産の効率を上げる。その作物は商品作物であり、すべて商取引で収入を得る。一戸一戸の農家世帯がそれぞれに経営体となるのではない。広大な土地が一つの経営体となる。土地所有者が経営を行うこともあるが、所有者が経営者を雇用することもあるし、経営者が土地をリースしてプランテーション経営を行う場合もある。事業としてのプランテーションの所有者＝経営者をここではおおむねプランターと呼ぶ。大きなプランテーションになるとプランターが支配人を雇って、詳細な経営に当たらせることもある。プランターは支配人に経営を任せて、不在地主化している場合すらある。プランターは名士として政治に圧力をかけたりもする。

　プランターは、大勢の労働者を抱えて、農業労働をさせる。最初は先住民を強制して労働させたり、奴隷を使ったりしていたが、奴隷制が禁止となるにつれて、年季契約労働者がこれにとって代わった。奴隷の出身地は主にアフリカであった。一種類の作物の大量生産を行うのは、効率が上がるからである。産業革命の前夜、工場制手工業（マニュファクチュア）という生産の形が用いられたことは有名である。機械を用いなくても生産性をあげる方法である。一人で行っていた生産の過程をいくつかの工程に分解して、労働者それぞれがどこかの工程だけを引き受けて行うようにすると、効率化が図れる。一人が一日で五個生産できるとするなら、五人で分担してそれぞれの工程を繰り返し行い、それらの成果を合わせると二五個どころではなく、五〇個、七五個のものを作ることができる。機械の発明以前に、このように分業により効率を上げる方法で大量生産ができることは大きな発見であった。

　プランテーションでも、それぞれの働き手は分業を行うことで効率を上げた(3)。サトウキビ・プランテーションの例でいくと、サトウキビは植え付けから一年ないし一年半で収穫となる。サトウキビは、樹木ではなく草であり、茎は外側に堅い殻があり、芯のところにスポンジ状の髄があって、それを絞ると甘い汁が出てくる。その汁を煮詰めたのが砂糖である。野良にいて草取りをしたりする作業、サトウキビを収穫（茎を適当な長さに切って集める）して、それを工場まで運ぶ作業、圧搾機にかけて甘い汁を絞る作業、その甘い汁は発酵しやすいので、できるだけ早くに煮詰めてザラメにする必要があり、巨釜のなかで煮詰める作業もあった。プランテーションには以上のような簡易の工場施設もあり、それら作業を分業体制で行うことは、それぞれの作業員が一人で最初から最後までやり通すよりもずっと効率的であった。また、作業員自身で食料生産したり、料理をしたりしなかったことも分業の意味では、最も大きな効率化であった。労働者は自分の食料を生産することはなく、ちょっとした嗜好品や入手の難しい香辛料などの栽培をすることもあるが、食料の多くは現金・クーポンなどで調達するか、経営者が米や肉、缶詰などを支給する。夫婦ともにプランテーションで働くこともあるが、別々の労働者としてそれぞれに給料をもらい、それで生活をまかなう。料理はすることもあるが、食料調達は購買、配給といった方法が普通だった。

プランテーションの作物は、嗜好品であるタバコ、茶、コーヒー、サトウキビ、カカオ、バナナや、原材料の綿花、麻、ゴムなど多岐にわたるが、オセアニアの場合、砂糖（ハワイ、フィジー、オーストラリア・クイーンズランド州）とココヤシ（ニューアイルランド島、サモア）の栽培が目立つところである。もっとも初期には、南北戦争の影響でワタが不足し、そのために綿花も作られた。

西インド諸島や新大陸でプランテーションが開始された頃、労働の担い手は奴隷であった。カリブをはじめ、東南アジアは除き、多くのプランテーションで労働者不足は明らかであった。そもそもプランテーションは大土地所有に基づいて作られるものである。大土地所有が可能であるということは、それだけ土地利用が密でなかったり、多くの先住民を虐殺したり、虐殺までいかなくても間接的被害を与えた結果の人口減を招いたために土地が余っている、といった現実があった。

だから、アメリカ大陸やカリブ海、アフリカの東にある島嶼部ではじめに使われたのは現地の先住民であるが、もともと過疎地帯であるだけでなく、虐殺、ヨーロッパから持ち込まれた疫病、などゆえに極度の人口減少を招いており、強制的に労働させるにしても対象者の人数が限られていた。

たとえば、ハワイ諸島はヨーロッパ人との接触の後、急速に人口減少が始まる。新しく持ち込まれた火器類によってハワイの複数の首長国が激しい戦争を行うようになり、またヨーロッパ人との接触の結果、新しい病気が蔓延して命を落とす者が増えて、最初の接触当時（一七八九年）の推定人口は二〇～二五万人（八〇万人という説もある）であったのが一八五三年には七万人となっていた。それからも減少は続き、ようやく二〇世紀になった頃から回復している。

西インド諸島地域でも先住民は人口減少が著しく、一九世紀初頭から、絶滅したとして統計上カウントされることはなかった。最近、新たにカリブの先住民タイノ族として名乗りを上げている人々がいるが、これまで無視されていたことは間違いない。人口減少の原因は奴隷として酷使されていたためであるとも言われる（エステベス&阪口 2019）。今後の調査が待たれる。

アフリカ人奴隷は最初ヨーロッパでもっぱら家内のさまざまな家事、給仕などの働き手として使われていたが、その労働力が新大陸のプランテーション開発に用いられるようになって、さらに多数のアフリカ人が大西洋を渡った。奴隷をアフリカから輸入して売り渡す商売の担い手は、大海を制する勢力の移り変わりとともに、ポルトガル、オランダ、イギリスと代わっていった。また、プランテーション労働の担い手としてアフリカ人を用いたのは西インド諸島が始まりで、主としてサトウキビ、その他タバコや綿花のプランテーションであった。イギリスが奴隷貿易の覇権を握る頃には産業革命が始まっていたので、イギリスの産業都市に近い港から、アフリカ向けの火器、綿布など工業製品を積んだ船がアフリカに到達して荷を下ろし、代わりにアフリカ人奴隷を西インド諸島に運び、さらに砂糖、タバコ、綿花などを積んで帰っていくという三角貿易が成立した。リヴァプールはそのような三角貿易のイギリスにおける拠点として名高い(4)。

イギリスでは一八世紀末より、主としてキリスト教関係者の間から奴隷制度に対する批判が出るようになり、一七七二年には裁判で、奴隷制を認める法律は存在しないという判決が出るに至り、大きな論争に発展した。川北によれば、奴隷制の廃止論は人権意識だけでなく、高度に政治がからんだイシューであった。イギリス領の西インド諸島（ジャマイカ、イギリス領ガイアナ、トリニダード）に土地所有を行っている資本家たちが、奴隷労働に基づき砂糖等の生産を行って巨万の富を築いていた。彼らは輸入する農産物に対して、関税の優遇措置をつねに主張する保護貿易派であったが、当時フランス植民地からの砂糖のほうが安価であり、イギリス領から砂糖を輸入することに合理性はなくなりつつあった（川北 2016）。それに対して産業革命後の工業化を推進した人々は自由貿易派である（川北 2016: 183–187）。関税の議論とともに奴隷制にも攻撃が加わり、一八〇七年にはイギリス国内ばかりでなく、海外領土も含め奴隷貿易を禁止する法律が成立した。一八三四年には奴隷制が廃止され、奴隷は解放されることとなった。フランスは奴隷制廃止と復活を重ねたが、一八四八年に最終的に奴隷解放を行った。アメリカ合衆国全体の奴隷解放は、南北戦争後の一八六五年にようやく行われた。北部は州ごとに早くから奴隷制の廃止が行われ、一八〇四年にはすべての北部州で解放が成立している。アメリカ大陸で最後まで残っていた奴隷制はブラジルで、その廃止は一八八八年のことであった。[5] 一九世紀には奴隷制廃止が本格化し、とりわけ世界中に植民地を有していたイギリスの奴隷制廃止は、各地の植民地に大きな打撃を与えた。

奴隷解放後に一般的となったのは、年季契約労働者、または年季契約奉公の導入である。年季契約奉公という形の歴史は古く、奴隷制の起源にすら遡ることのできるものかもしれない。奴隷の起源は、戦いに負けたものである場合が多いが、一方で借金がかさんでしまった場合も同様である。AはBに借金をして、それを返却するために、一定期間働くことを契約する、ということで始まることもあった。その期間には、食糧や衣類など、あるいはごく少ない給料などをBが提供することとなっていても、それが十分でない結果として、AはさらにBに借金を重ね、その結果、奉公が次第に長くなり、一生働くこととなってしまうこともある。しかし奴隷という制度は、人が人を所有するということになり、主人が従者の生殺与奪の権利まで得ることになる。一八世紀後半のイギリスで疑問が付されたというのは、人が人を所有するということに伴う理不尽さであった。本書のテーマは年季契約労働なので、奴隷制に関しては、このくらいに留めておきたい。

2　年季契約労働

年季契約労働（indentured labor）または、年季奉公（indentured servitude）という習慣は、はじめから長距離の移動を伴うものとは限らなかった。衣食住を保障する代わり（奉公人は主人の家に住み込みとなる）、給金は安かったり、給金なしの場合もあった。しつけという名目で体罰が行われることもあった。年季奉公人の契約を結ぶ際に、親の借金が勘案される場合もあるし、前渡し金として親が金銭を受納する場合もあった。また、奉公期間の途中に借金を重ねる場合もあり、そのような過程の果てに年季契約とはいうものの、一生奉公人の身分に留まらざるをえない場合もあった。とはいうものの、そのような制度を経て職業訓練を終了し、ギルドに参加資格を得て職人として一本立ちすることもあった。しかし、このような環境のなかで、主人と奉公人の関係は平等ではない。横暴な主人の気まぐれやわがままに悩まされる奉公人も多かった。一方的に給金を減らされることもあった。権力の配分が不平等である上に、互いの利害は相克的であるから、当然の結果である。

年季契約労働の制度が、労働者を移民させる手段として利用されるようになるのは、新大陸の各地を開発する目的で移民を送り込んだことと関係がある。実際、北米大陸に移民したヨーロッパ人たちの多くは、この制度で渡航していった。新大陸に行けば土地をもらって農民となれる、と移民を志願する人々にとっての最大の関門は、どうやって渡航費用を捻出するかである。渡航者は金がなくて困っているが、新大陸の事業主は人手がなくて困っている。そこで、新大陸の事業主との間で契約を結び、一定の年季を事業主のために働くことで、渡航費用を出してもらった。契約年限の労働（食べていくのにかつかつの給料も出るが）の対価として、年季明けに土地をもらえるという契約の場合もあった。概ね売り手市場であったととらえられているが、ミッテルバーガーの「年季奉公人の不幸」と題した報告（Mittelberger 2017（1754））によれば、航海のありさまはあまりに悲惨である。イギリスのカウズ港を出帆した船は、大西洋を航海するのに七から一二週間もかかり、その間揺れ続ける船に耐えるしかない。寝るときはすし詰めの船倉にイワシのようになって横たわるだけである。食事は碌なものがなく、腐った食べ物や虫がはびこる穀類などで、水も臭くてひどい。病気にかかり死ぬ人も多く、命がけの旅となる。特に子どもは悲惨で、少なくとも三二人の子どもが亡くなったのを目撃したとある。死者を葬る場所はないので、海に投げ込む。運よく目的のフィラデルフィア港に辿り着いたからといって、すぐに下船できるとは限らない。自分で渡航費用を払って乗船した人は、降ろしてもらえるが、そうでなければ、船主に渡航費用を払ってくれる主人を見つけないといけない。そういう主人を見つけるまでは下船できないのである。人によって違うが、数年の労働を約束して下船がかなう。家族はバラバラになり、二度と会えない可能性もある。彼の報告では、一八世紀半ばには、すでにあらかじめ契約を結んでおくのではなく、新大陸に辿り着いてから初めて契約が結ばれ、借金が始まるようになっていたようだ。航海の半分より後に亡くなった死者については、渡航費用を払うことが親族に求められ、その分も借金すると年季契約は長期にわたることになったという。

ミッテルバーガーの報告では、文中にフィラデルフィア港での、「甲板上での人身取引」、「ヨーロッパからの乗客の売買」といった表現が用いられており、言葉遣いから人身売買（奴隷制）に近いのでは、という印象をもつが、一応売り出すのは一定年限の労働力である。年季契約労働は、まさに年限のある奴隷契約に等しいということもできる。

オーストラリアの開発において、ヨーロッパ人の年季契約労働や年季奉公人の制度が用いられたということはなかった。その代わりに、犯罪者の流刑という形がとられた。アメリカ大陸も元はイギリスにとっての流刑地であった。独立戦争後、イギリスは流刑地としての代替をオーストラリアに定め、大がかりな開発に着手した。罪人を送り込んで労働させるのは、強制労働であり、年季契約労働とは異なるものであるが、仕組みとしては似ていた。両方ともに決まった年限働くこととなっていて、それを無事終了したら、自由人となるはずであった。両方ともに縛られる生活に嫌気がさし、逃亡することもあった。つまり雇用者側としては、両方ともに見張っておくことが必要となり、場合によっては、夜になると閉じ込めておく場合もあった。確かに罪人に労働をさせる際に、錘をつけた鎖につないでおく、ということはあったし、年季契約労働者をそうした装置でつなぎとめることもないわけではなかった。オーストラリアの流刑地としての開発は大変興味深いところがあるが、当面のテーマからは外れるので、これ以上深入りはしない。また、オーストラリアはアボリジナルの人々を奴隷のように、それこそ鎖でつなぐなどして、強制的に労働をさせたりした実例もあるが、これも詳細は触れない。また、罪人は後に牧場開発などに関わるが、プランテーションの農作業よりは、公共事業のインフラ整備の労働者であった。

ニュージーランドはそれに引き換え、自由移民によって開発が行われた。オーストラリア、ニュージーランドの開発において、大土地を購入するような資本家だけでなく、そこで働く労働者も必要であるから、政府は渡航費用を無料としたり、補助したりして、賃金労働者として現地で働くことを条件に人々を送り出した。(6)

一九世紀、奴隷解放後に（主に新大陸の）プランテーションで一般的に用いられたのは、こうした年季契約という方法であるが、この時期この目的で欧米人が労働者として送り込まれることはなかった。よく言われるのは、奴隷としてアフリカ人が大西洋を渡ったが、奴隷解放後に年季契約労働者として海外へ渡ったのは、インド人と中国人である、ということである。一九世紀のプランテーション開発で年季契約労働という形で、ヨーロッパ人（白人）がプランテーション労働者として送り込まれることはほとんどなかった。年季契約とは、平たくいえば、一定期間（三年とか五年とか）労働するという契約を結ぶことである。対価として給金が出るが、その他に衣食住に関して、代金を支払ったりタダだったりケースバイケースであるが、雇用主がその期間中は提供するのが普通であり、それらも契約に盛り込まれている。契約の条件のなかに、渡航費用を雇用者や植民地政府が支払うこととなっていたり、また契約のなかには借金の肩代わり、前金の支払いなどが含まれる場合もあった。渡航費用は借金となっていて、給料から天引きされる場合もあるし、渡航費用を月割りにして給金が決まっていたりして、結局はまわりまわって労働者が負担するのである。借金の肩代わりや前金なども同様である。

また、ちょうどミッテルベルガーの報告のように、船自体が年季契約労働者を連れてくる、という任務を帯びている場合も多々あり、その場合には、奴隷貿易よろしく、雇用者候補（買い手）が渡航者（売り手）の体格などを見ながら、「買った」「売った」のセリのごとき取引が行われることもあった。

もともと現地の人口減少が著しく、先住民に労働させることはなかなか難しかった。しかしそれのみならず、現地の人々は農業労働者としてプランテーションに雇用されるのを嫌がったり、毎日の労働に耐えられなかったりした。奴隷解放されたアフリカ人たちからも不人気であった。ハワイでは、人口減少が大きな原因でもあるが、ハワイ人はプランテーションの労働に向かないとして早くから可能な労働者とみなされなかった。またサモアやフィジーでも、現地人は労働者として当てにならない、「怠け者だ」というレッテルを貼られた。それだけではなく、現地人と交渉すると要求額は相当高かったとサモアのプランテーション経営者は語っている。そうしたレッテル貼りには、あまり理由が詳細に語られていないように見受けられる。私見では、現地人は多くの場合自分たちのサブシステンスを抱えながら賃労働を行うことになり、これがプランテーション経営者から見た「怠け者」観につながっているはずである。サブシステンスを抱えながらだと、毎日賃労働に専念はできない。またサブシステンスで食料が入手できるなら、賃労働は欠かせないものでもないのだ。しかし、現金経済が少しずつ浸透しつつある場合、少しばかりは現金が欲しい。でも少しでいいのだ。一方オーストラリアの場合は、もともと採集狩猟民であるため、農業労働にはまったく向いていなかった。

それに対して、海外から連れてこられた移民の年季契約労働者はどうだろう。来てみたら本国で聞いていたのとはまったく異なる労働条件であり、住むところはひどく汚かったり、衛生環境が悪かったり、約束通りの手当がもらえないことがあっても、いまさら帰国することはできない。契約は複数年であり、途中で放り出すことは禁じられているから、その半ば奴隷的な労働環境に、とりあえず年季が済めば解放されるから、それまで頑張ろう、と我慢することになるのである。

最後に、ブラックバーディング（blackbirding）について言及しておきたい。ブラックバーディングは、English language & usage（2024/8/18閲覧）のサイトによれば、起源は一九世紀頃にあり、もともとは、アフリカの沿岸でアフリカ人を誘拐したり誘惑したりして、奴隷として連れていってしまうことを意味していた。ブラックバードとはそのようにして捕まえた奴隷のことであり、捕まえて奴隷にしてしまうことが、ブラックバーディングであった。一九世紀になるとイギリスでは奴隷制の廃止の動きが次第に高まり、一八〇七年には国際的な奴隷取引禁止の法律が成立し、一八三三年には奴隷制廃止法が成立して、イギリス本国だけでなく、イギリスのすべての植民地でも奴隷制廃止が段階的に行われていくこととなった。し

図 0-1　ブラックバーディングの図

イギリス海軍ロサリオ号が，ブラックバーディングを行っていたダフィネ号とその荷を捕獲したところ，1868 年。ニュー・ヘブリデス諸島人を乗せたダフィネ号はフィジーのレヴカ島に向かっていた。奴隷狩りか，労働力徴集か？　島民はレヴカ島のイギリス領事が保護し，船長，船主等はシドニーで裁判にかけられた。

かしその後も、アフリカではブラックバーディングとして人さらいをして、隠れて奴隷にしてしまうことが行われていたようだ。つまり、ブラックバーディングとはイギリスの奴隷制の廃止後に、それでも奴隷を違法に求めることから生じた行いであるが、オセアニアには奴隷制はなかったものの、このような形で奴隷貿易が存在したのである。主にメラネシアからオーストラリアに送り込まれたソロモン諸島人、ニューヘブリデス諸島人、ニューカレドニア人、パプア人、ニューギニア人などがあげられる。彼らはカナカと呼ばれた。しかし、第一章で取り上げているように、ポリネシア・ミクロネシアの一部についてもペルーへと連れていかれた人々がいた。誘拐されて連れていかれた上、筆舌に尽くせない苦しみを味わって、ペルーへの往路にも、その後国際世論を後押しに帰還させられることになった復路でも、大勢が亡くなった。移民先のペルーでも多くの命が失われている。[7]

初期の頃のブラックバーディングは、船に積んだ商品を甲板で見せようといって島民を誘い、上がってきたところで出帆してしまったり、帆船に乗せて湾内を航行しているうちに外海に出てしまったりする誘拐などの手口が多かったが、一方で、文字も読めない彼らに契約書を見せて、サインをさせる（単に×印を書かせることもあった）といった方法で連れてくる場合もあった。契約書を用意するということは、年季契約労働者として連れていくということで、少なくとも、無理やり奴隷にしてしまうということが違法になる、という認識があったということになる。メラネシア人の年季契約労働者について、つねにブラックバーディングだったのではないか、という疑念が持たれたのは、まず、契約書が英語などのヨーロッパ語だけで書かれており、彼らが自分がどこに連れていかれるのか、何を期待されているのか、いつまでその生活を続けることになるのかといったことをしっかり理解していたかどうかがいつも問われたし、政府のない社会出身の人々であるから、国家等の保護を受けることがなく、遠方の国にいて無防備状態であったからである。連れてきた船長などが、単なる労働力徴集であって、彼らは理解した上で署名したのだと主張しても、裁判では認められない場合もあった。

二〇世紀になったばかりのころ、サモアに中国から苦力《クーリー》を連れてくる計画では、ドイツ語版（後に英語版）と中国語版の契約書を作り、労働者は中国語版を読んだという前提で、（正本はヨーロッパ語のものであるが）、双方がそれぞれの契約書を保存する、ということが慣習とされた。そうやって、契約がちゃんと行われたという証明にしていたのである。

そのような努力にもかかわらず、年季契約労働という制度が奴隷制に似たもの、ないしはそれに近いものであるという認識は、たとえばニュージーランドに西サモアの委任統治が認められる前後にはニュージーランドの一般市民の間では存在していて、国会で論争も起きているし、ジャーナリズムの世界ではかなり問題とされている。ハワイがアメリカ合衆国に併合されて、立州したら、年季契約労働制度そのものが奴隷制に近いということで、廃止になったということがある。また一九二〇年前後のイギリス本国の認識としては、植民地も含めてこの制度をできるだけ適用しないようにしたい、という努力が見られるのである。

3　先行研究と研究の手法

もともと人類学を学んでいる私が、このような歴史研究に首を突っ込むことにどのような意義があるか、ということは当然問われるべきことである。研究費を得た応募書類でかかげたテーマが「歴史人類学的研究」となっているが、ではこの研究のどこが「人類学的」なのかと問われると答えは難しい。

ただ、人類学者として長らく興味を持っているサモア研究において、「サモア人」がどのように構成されていったか、ということは大変興味深い点であるし、人種やエスニシティの形成は人類学の課題となって長い歴史をもつ。サモアは実は植民地支配の過程で長らく外国人（白人）とネイティヴ（サモア人）に分断された社会であった。そこにさらに、少数のメラネシア人や中国人が年季契約労働者として加わったのであるが、植民地行政下では、彼らはサモア人以下の存在として徹底的に社会の底辺に追いやられた。

しかし現在はどうだろう。独立を機に、差別的状況に追いやられていた人々もようやくサモアの市民として認知されるようになった。次第に代替わりしていくとともに、彼らはタマウリ（メラネシア系）やサイナ（中国系）の語で今も呼ばれることはあるが、どちらかというとサモア人社会に吸収されていったといえる。最近、中国人だった先祖とその足跡をとりあげたビデオ（Coconet TV *Dragons in Paradise*）が作成されているが、苦労したおじいさんやひいおじいさんの歩んだ（われわれが知らないできた）苦難の道を知ろう、という以上の主張はない(8)。中国語を学び、中国文化を知ろう、私たちは中国人なのだから、ということにはならない。

外国人とネイティヴの分断は、独立時サモアの選挙制度に大きな影を もたらした。結局、首長称号保持者＝マタイにのみ選挙権が与えられる選挙制度は、外国人の子孫（白人系ハーフ、のちに中国人系ハーフもここに加わった）に適用される個人投票者という別カテゴリーがあって初めて成り立った。二重の選挙制度を作らざるをえなかったわけである。しかし、一九九〇年には、二一歳以上が投票権をもつ制度となり、やがて被選挙権もマタイのみに統一し、選挙区割りを全土に広げることによって、サモア市民の統一的一元的な選挙制度が確立したのは、二〇一一年選挙からである。白人系ハーフの歩み寄りというか取り込みは特別であるが、年季契約労働者については、植民地時代の徹底的な排除というか、分断的手法があったと知ることは重要である。これは一方、隣国のフィジーでは、フィジー系とインド系との政治的な軋轢が繰り返しクーデタとなって表れてきたが、年季契約労働者の年季明け滞在の権利から生じたインド系のエスニック・コミュニティと大いに関係がある。

そういうわけで、サモアに関する章は二つもあり、その部分は一次データも参照して厚い記述となっているが、それ以外は二次データなので、歴史研究としては新規性はないといってよい。ただ、このようにオセアニア研究の枠組みのなかで、年季契約労働の問題を扱ったことには意義があると考えている。オセアニアの年季契約労働の研究が今後発展する一歩となることを望む。

奴隷解放後の年季契約労働の問題を世界規模で分析したものには、ヒュー・ティンカー『奴隷制の新しいシステム』(Tinker 1974)、ディヴィド・ノースラップ『帝国主義時代の年季契約労働、一八三四―一九二二年』(Northrup 1995)、また大英帝国内で分析したものに、ケイ・ソーンダース編『大英帝国における年季契約労働　一八三四―一九二〇年』(Saunders 2018 (1984))、デリク・スカー『帝国の断片――一八七七~一九一四の西太平洋高等弁務官』(Scarr 1967)、ペルシア・キャンベル『大英帝国への中国苦力の出国』(Campbell 2020 (1922)) がある。他に『太平洋史学誌』(*The Journal of Pacific History*) では、一九七六年一一巻一号二号に『労働貿易』という特集が組まれて八本ほどの論文が掲載されている。この雑誌には都度、年季契約労働に関して、次々にケーススタディが掲載されている。その他、最近出版された書籍として、デュルガヒー『年季契約労働の島々――モーリシャスとフィジーの一八七一〜一九一六年におけるインド人労働者の経験』（Durgahee 2022）がある。この書は、単に年季契約労働を行ったインド人移民が一方的に植民地主義の犠牲者となってしまうのではなく、不利ではあっても制度を逆手にとってなるべく自分に利するところを得ていくインド移民のエイジェンシーが描かれている。モーリシャスはインド人にとってそのようなよりよい再移住の機会を狙う場所であった。それぞれの章に深くかかわった文献は章内の引用で示したので、ここでは言及しない。

年季契約労働に関する議論は大きく分けて、その不当な仕組みに関して、この制度を奴隷制の延長であり、歴史の汚点である、と断罪するものと、そのような不平等な仕組みであることを納得した上で、それを逆手にとって機会を窺っていく移民のエイジェンシーに注目する、両極の議論に傾きがちである。しかし実際には奴隷制の代替でしかなかった制度から次第にできるだけ不当さを減じて様変わりしていった歴史的側面があり、それらの変化を含めて描いていくことが重要であるだろう。ただし、それでも不当な契約であったことは理解しておく必要がある。

4　各章の概要

さて、本書で描かれているオセアニアの年季契約労働について、概要をここで示しておきたい。第一章で取り上げているのは、奴隷解放後のペルーにて、一八六二年から六四年にかけて行われた大々的なブラックバーディング（本格的な誘拐や略取を用いた）の記録である。連行された人々は、アシエンダ（南米の

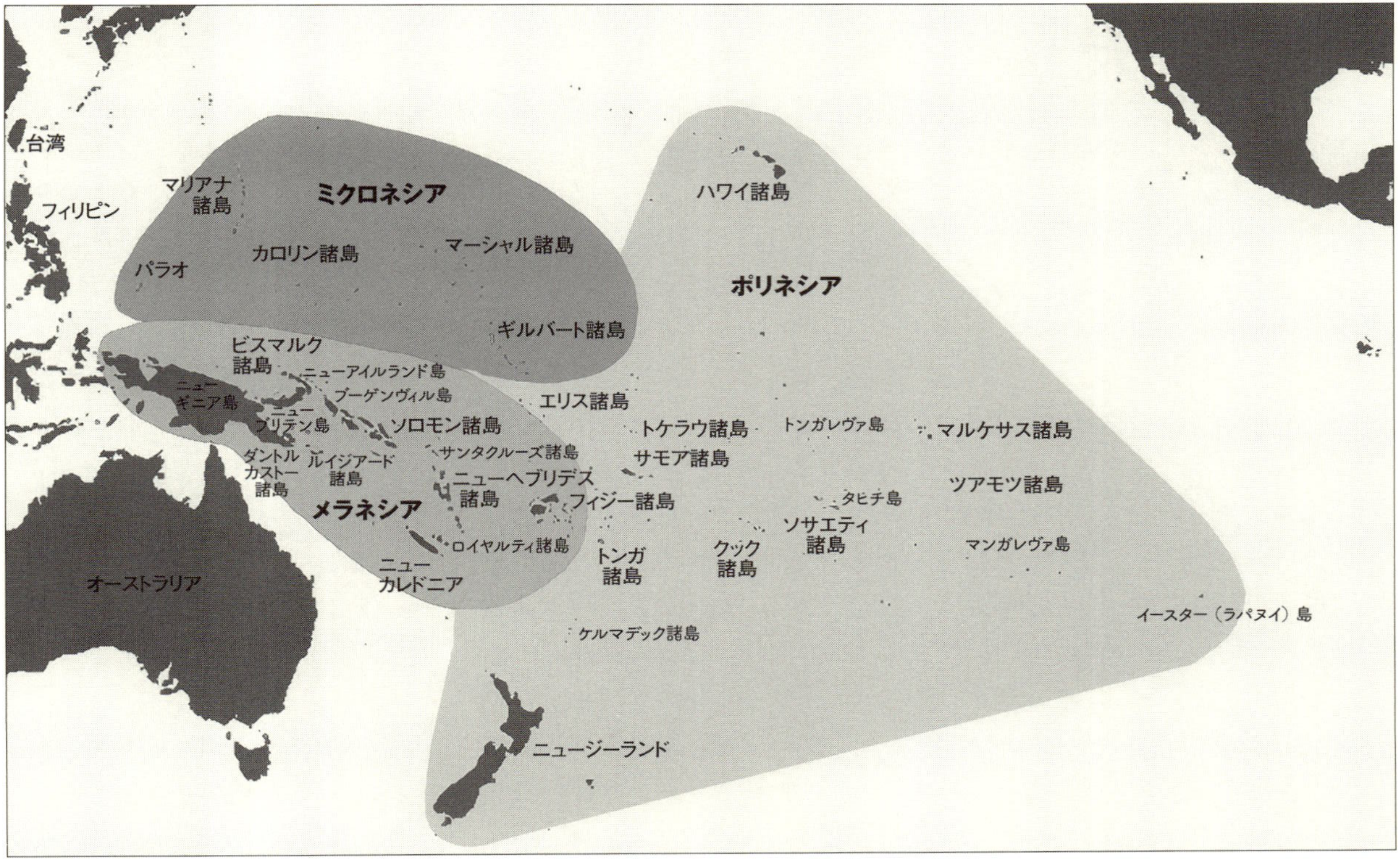

地図 0-1　オセアニア地図（Wikimedia Oceania Culture Area を用い，島名，諸島名などはおおむね 19 世紀に使われていたものを用いた）

プランテーション）で働かされたり、都市の一般家庭の奉公人にされたりした。リン鉱石の鉱山での労働もあったかもしれないが、こちらは実際に働かされた確証が得られていない。連行された人々は疫病に罹りバタバタ死んでいったため、国際世論でその犯罪性が問われ、ペルー政府は人々を集めて船を調達し、帰還させたのである。しかし、その帰還船のなかに疫病に罹った人がいたため、船内でも疫病がはやり、大変悲惨な結末を迎える。ラパヌイ島（イースター島）では、さらに疫病が島内に蔓延して、大変なことになった。ペルーに連れていかれたポリネシア人は全部で三六三四人、そのうち途中で逃げ出したり、船から飛び降りたのが一六四人で、都合三四七〇人の約一割が航海の途中で亡くなり、ペルーに到着したのは三一二五人。ペルーで亡くなった人数は一八四〇人。亡くなった人数のほうが多い。ペルー政府がブラックバーディングのポリネシア人を送り帰す決定をした後、カリャオ港に到着した船に乗っていたポリネシア人は一〇〇九人で、彼らは船中で待機させられた。最終的に故郷に辿り着き生き延びたポリネシア人は二五七人であった（Maude 1981: 190–1991）。

第二章で描かれるのは、ハワイである。ハワイは土着の王権から立ち上がったカメハメハが王朝を築き、諸島全体を掌握するまでになる。グローバルな市場経済に組み込まれる過程で、白檀を採取して売るということが行われたために、山の白檀はとりつくされてしまったし、首長が平民を白檀探索にこき使ったためにサブシステンス生産が立ちいかなくなった。次に捕鯨船の寄港地として栄えたものの、油田開発が進むとともに鯨資源の枯渇で、これも立ちいかなくなる。このプロセスと並行して進められたのが、土地制度の改革であった。いろいろな勢力の権利が錯綜した土着の土地制度に改変を加えて、私有地の売買やリースを可能とする土地制度改革が断行された。こうして白人も土地を買うことができるし、リースをしてプランテーションを経営することができるようになった。

プランテーション経営はハワイ人自身は不得手で、欧米系の入植者たちがプランテーション経営と砂糖産業を支えた。国家としてのハワイ王朝は次第に実権を失いつつあり、入植者、プランターたちが経済を牛耳るようになっていった。広大な土地を耕し、サトウキビを植え、その世話をする農業労働のために最初は先住民ハワイ人をあてにしていたが、人口減少がたたって、外から労働力をもってこざるをえなかった。ミクロネシア・ギルバート諸島から年季契約労働者を導入したが、これは不発に終わる。ハワイ・サトウキビ・プランター連盟が主導して、異なるエスニック集団の年季契約労働者を導入することになる。中国人、ポルトガル人、日本人、朝鮮人などが年季契約労働者としてこの地にやってきた。さらにフィリピン人は年季契約制度の廃止後にやってきた人々である。年季契約制度により、不当な扱いを受けないように、国家間条約を結び、領事館を置くようになった日本との官約移民であったが、不当な扱いは当然あったし、契約期間中に勤務先プランテーションを変更することはできなかった。

一八九八年についにアメリカ合衆国によるハワイ併合が遂行されると、文字通り政治の実権もアメリカ人に移っていった。準州となった一九〇〇年以降、年季契約は無効となったが、年季契約制度に盛り込まれていた体罰や罰金はなくならなかった。しかし、労働者たちはストライキを行って自分たちの権利拡張を試みた。

ハワイほどに、異なるエスニック集団の労働者を導入したところはない。それはやはり、プランターの側で同じエスニック集団をあまりに入れすぎることによる弊害がつとに叫ばれ、それぞれのキャンプ地（居住域）も分けてコントロールしたからである。そのつど投入された年季契約労働者とその家族の数よりは、一九〇〇年におけるエスニック集団の数を示したほうが、わかりやすいかもしれない。ハワイ人が五万九〇〇〇人（三九％）、アメリカ人が四〇〇〇人（三％）、中国人が二万二〇〇〇人（一四％）、日本人が五万六〇〇〇人（三七％）、ポルトガル人が七〇〇〇人（四％）、その他が六〇〇〇人（三％）ほど（Schmitt 1977: 90）。

第三章は、オーストラリア・クイーンズランド州を取り上げる。クイーンズランド州はオーストラリア大陸東海岸の北半分を占め、最も早く発展したニューサウスウェールズ州に接する。オーストラリアがおおむね乾燥地帯であり、牧畜業が主体であるのに対して、クイーンズランドは内陸には牧畜業が存在するものの、海岸に近いほうは湿潤な気候で、オーストラリアではここだけがサトウキビ栽培に適した土地柄である。採集狩猟民のアボリジナルのみが住む大陸であったオーストラリアは、当然のように住む人がまばらで、開発の労働力は他の土地から導入するしかなかった。

クイーンズランドの開発の頃には、すでに自由移民（補助移民を含む）の時代であったが、まだ刑期を終えていない重罪犯が労働者となっていたり、シドニーあたりに導入されたインド人、中国人の旧年季契約労働者は、労働許可をもらうと自由に労働ができる一方で、労働許可をもたない元年季契約の者もいるなど、エスニシティも異なるし、労働の権利にも違いがあるような人々がおり、複雑な労働環境であった。ただし、イギリスはオーストラリアを将来的には白人の大陸にしたいと考えていたとみられる。それにもかかわらず、プランターたちは安い労働力を必要としており、メラネシア人の年季契約労働者の導入を一八六三年に始めた。一九〇四年までの間に約六万二五〇〇人が連れてこられたという。導入が始まった頃には、主権の曖昧な地域であったから、イギリスはブラックバーディングをとりわけ警戒し、太平洋諸島人保護法を一八七三年に、その改正法を一八七五年に定め、ブラックバーディングに対処することに努めた。ただし、そうした法制化によって、メラネシア人の人権が本当に守られたかどうかは疑わしいが、一方でやってくるメラネシア人のなかにはリピーターが多くいて、彼らはまったくいやがるのを無理やりに連れてこられたかというと、そうでもないと主張する研究者もいる。

年がたつうちに、クイーンズランドのサトウキビ・プランテーションでの労働の仕方に変化があり、白人労働者が増えてきた。やがて長期間メラネシア人労働者を抱えるよりも白人労働者を短期に雇うほうが好まれるようになった。白人の労働組合が勢力を伸ばして、白豪主義と結びついたこともあって、一九〇四年以降はメラネシア人年季契約労働者は帰還させられることとなった。

第四章、第五章は、筆者が長らく研究を続けてきたフィールドであるサモア（西サモア）の年季契約労働の問題を扱う。サモアのプランテーションでは、ココヤシ、カカオ、ゴムなどが栽培された。第四章はドイツ植民地時代とそれ以前、第五章は第一次世界大戦中および、戦後一九二〇年にニュージーランドが委任統治を始めてからの時代区分を行って記述した。実はドイツが西サモアを併合したのは一八九九年で、植民地政府ができたのは一九〇〇年であるが、そのはるか前の一八六〇年代から、西サモアではプランテーション開発が少しずつスタートし、サモア人が働かないので、ギルバート諸島から年季契約労働者を連れてきたりしていた。また年季契約労働制度が始まったばかりであったし、サモアもギルバート諸島も双方ともに主権の曖昧なままであったから、当時はひどい虐待や搾取があった。ギルバート諸島は土地面積の狭い環礁群であり、当時から人口過剰に悩んでいたため、早くから「出稼ぎ」が行われていたとみられる。

ドイツのニューギニア領有が一八八四年に開始されると、メラネシア人の年季契約労働者が導入される。

累計で七〇〇〇人程度であろうと思われる。三年契約で、年季が終わると順次帰国させた。ただし、そこまで人数が多くなかったので、ドイツ系のプランテーションしか労働者を導入できず、その他のプランターたちは不満だった。ドイツ植民地政府は、その不満解消のため、一九〇三年に中国人の導入を決めた。そこから一〇年後の一九一三年がドイツの行った導入の最後の年であるが、それまでに累計三九〇〇人ほどを導入した。ドイツ時代には体罰や罰金、禁固などが法律に明記してあり、かなり差別的な労働者管理が行われた。また、年季契約労働者導入以前に商売等で入ってきていた中国人は自由移民として扱われたのに対して、メラネシア人も中国人も現地のサモア人と同等にネイティヴとして扱われ、中国人は不満を募らせた。中国から領事が来て何度も抗議した結果、中国人は外国人と見なされるようになったが、年季契約労働者としての規則が優先された。すなわち三年の年季終了後には強制的に帰国させられるか、契約更新をするかで、外国人の身分ながら年季契約労働者としてしっかり管理されるのであった。

第五章は、ニュージーランド時代のサモアの年季契約労働者は、メラネシアからの補充はなく、ほとんど中国人となってしまったが、その時代のことである。ニュージーランド軍が第一次世界大戦でサモアを占領するのは、開戦後間もないときで、その後戦争中はずっと軍政が敷かれ、戦後にニュージーランドの民政政府が敷かれた。ニュージーランドは、植民地経営の視点から、プランテーションの必要性を認識はしていたが、ドイツ時代ほどに経済開発を重視しなかった。戦争中にドイツのルールを引き継いだ軍政府は、年季の過ぎた労働者を規則通り帰国させることを行っていたが、新規補充はできないので、プランテーションは極度の労働者不足に陥った。

一九二〇年には契約労働者を連れてくることをイギリスに許可されたが、すでに年季契約制度はほとんどの送り出し側で廃止されていた。わずかに香港を通じて労働者を受け入れるしかなかったが、厳密には出発港で契約を結ぶことはできず、一九二三年からは、「自由契約労働者」は雇用主の変更が可能となったし、雇われ人として職種も見かけ上は自由に選べるようになった。ただし、サモアの身分制によるカテゴリー分けで、自由移民となる可能性がほとんどないため、実質的に職種は限られており、一方プランターからは、契約労働者のできることを農業労働に限ってほしいという要望がつねにあった。一九三四年までの間、都合八回の航海で約三〇〇〇人の中国人が入国したが、条件が必ずしもよくないので、労働者の募集は希望人数を満たしていなかった。

その後、ニュージーランドで保守党から労働党へ政権交代があると、「年季契約労働者」どころか海外からの契約労働者導入は行わないこととなった。その後再び世界大戦をはさみ、太平洋戦争のためサモアに残留していた一〇四人の中国人労働者が最終的に帰還したのは一九四八年のことであった。それでも残った人が一八〇人ほどいたが、彼らはサモアに家族を持っていた人たちである。自由契約労働者というのは名ばかりで、契約労働者はそのカテゴリーの人たち専用の法律に縛られ、「不自由」契約労働者であった。年季契約制度は終了していても、徹底的に年季契約の枠組みで使われていて、契約が終了すれば、再契約か帰国かを選択させられた。なかでも最もきつかったのは、サモア人女性と結婚できなかったことで、それゆえ、子孫はサモア社会に取り込まれていく結果となった。すでに年季契約労働の文字は消えていたが、その影はつきまとっていたのである。

第六章は、フィジーのインド系年季契約労働者がテーマである。フィジーは、同じ大英帝国の文化圏のなかにあったはずであるが、サモアの場合と好対照をなす。フィジーが正式にイギリスの植民地となったのは一八七四年であるが、それ以前からサトウキビ・プランテーション開発は行われていた。イギリスを中心に世界が回っていたその頃、イギリスは植民地の多くでサトウキビ・プランテーションおよび砂糖産業を実施していて、奴隷解放後の労働力はインドからの年季契約労働者が担っていた。つまり、イギリス植民地の砂糖産業とインド人年季契約労働者は切っても切れない関係であったのだ。ノースラップによれば、イギリス領ガイアナに二三万九〇〇〇人、トリニダードに一五万人、ジャマイカに三万八六〇〇人、他のイギリス領西インド諸島に一万一二〇〇人、モーリシャスに四五万五〇〇〇人、東アフリカに三万九五〇〇人、フィジーに六万一〇〇〇人、モーリシャスに四五万人、ナタールに一五万三〇〇〇人、フィジーに六万一〇〇〇人、宗主国が異なるが、レユニオンに七万五〇〇〇人、フランス領カリブ諸島に八万人、オランダ領ガイアナに三万四五〇〇人の年季契約労働者をインドから送り込んだ（Northrup 1995: 53）。フィジーのインド人年季契約者は、契約の諸項目に縛られて自由ではなかったし、多くの虐待や暴言に痛めつけられた。しかし、五年の年季が終了した後は、契約延長してもよいが、自由の身となり自由な経済活動を行うことができた。土地を買うことはできなかったが、リースにより小農民となることもできたし、商売をすることもできた。一〇年したら無料で帰国船に乗せてもらえたし、永住して商売をすることも可能だった。こうして、フィジーにはインド人のエスニック・コミュニティが生成したのである。[9]

注

（1）一八〇七年に奴隷貿易法が成立し、イギリス帝国内での奴隷取引が禁止となったが、奴隷制そのものを禁止したわけではない。一八三三年にようやく奴隷制度廃止法が成立して、奴隷制そのものが廃止となった。

(2) 自給自足と訳されることが多い。自分たちで消費するために生産を行う農業の形態であるが、村落、集落内で互酬的に生産物のやりとりをして、過不足の帳尻を合わせる場合もある。

(3) チャールズ・チャップリン『モダン・タイムズ』で工場労働の繰り返し、つまらなさを批判したと同じことはプランテーション労働にもいえたはずだ。プランテーション労働も農業の植物が育つ過程を楽しむような、農業の面白さが味わえたとは思えない。

(4) 当時の奴隷貿易の実際を展示するために、負の歴史証言として奴隷博物館が設置されている。

(5) 日本では、一八七二年に横浜港でおきたマリア・ルス号事件を契機として、「芸娼妓解放令」が発出され、終身での身売りが禁止となった。これをもって、日本の奴隷解放とされている（下重 2012: 212–233）。

(6) オーストラリアとニュージーランドの植民地形成について大きな影響力を及ぼした植民地経営理論家ウェークフィールドは、土地、労働、資本の均衡が必要と考えた。現地の土地を高く売って資本家に投資を促し、その土地で働く労働者をヨーロッパから多く招くために、現地での労働を義務化しつつ渡航費用は無料や補助金付きとし、その分を土地の売却代金から捻出するという政策を提案した（藤川 2000: 100–104、青柳 2000: 175–177）。

(7) ハワイ語でカナカ（*kanaka*）とは人間という意味であり、この文脈では「土人」という意味合いがあった。カナカの語そのものはハワイからは離れ、メラネシア人について用いられた用語である。

(8) ところが一方、タマウリ（メラネシア人）を取り上げた同じチャンネルの番組（Coconet TV. Tama Uli）では、タマウリ・ファミリーが長いこと政府用地を占拠して住んでいたところ、政府が利用する目的から、立ち退きを迫っている問題を取り上げている。それが人種差別と関わりがあるかどうかは微妙である。一世のタマウリが来てからすでに一〇〇年以上がたち、さらに代替わりして長い。ほとんど見た目は、普通のサモア人である。

(9) 現在、南アフリカ共和国クワズルー・ナタール州の一部。かつてはイギリス領ナタール植民地であった。

第一章

ポリネシアのブラックバーディング

太平洋諸島の人々に対し、あからさまに誘拐やおびき寄せなどが行われたのは、一九世紀中ごろからである。これは明らかなブラックバーディング、奴隷の捕獲であった。植民地政府の体制が整う前のことで、無法地帯であったオセアニアでも、あまりに強引なブラックバーディングに対しては国際的な非難が生じて、是正されたこともあった。とりわけ世界各地に植民地をもつイギリスで奴隷制は許されない制度となっていたからである。第1節に記述するラパヌイ島の件はまさに奴隷狩りそのものであり、ヘンリー・E・モードはどこの島から何人連れていかれた、といった統計的な情報のみならず、この足掛け三年の間に何が起こったかを克明に記録している。それ以後も誘拐・略取は行われたことがあったはずだが、これほどおおっぴらにブラックバーディングが行われることはなくなった。

太平洋諸島民に対する労働力徴集は、ラパヌイ島の事件以降も行われており、手続き的には年季契約労働の形をとっていた。労働力徴集には、受け入れ国の許状を持った船が島々の間を動き回り、「労働者志願」の人々との間に契約を交わし、彼らを船に載せてプランテーションのあるところに連れていくという仕組みであった。一時期のペルーを除いて、オセアニア域内で行われた。

問題とされたのは、人々が契約書の条文をどれだけ理解していたかが曖昧だったからである。当時の太平洋諸島では宣教師がすでに活動を始めてはいたが、英語等で書かれた契約書を読める諸島民はごく少なかったはずだ。オーストラリアは労働者受け入れの立場であったが、つねにブラックバーディングの疑いの話題が新聞等に掲載され、裁判にかけられた船長も数々いた（豊田 2008）。しかし一方で、ソロモン諸島の渡航者名簿から年季契約労働のリピーターが結構いたことは証明されており、そうしたリピーターが、プランテーションの年季契約労働で何をさせられるか、宿舎がどのようなところか、どのような食物をあてがわれるかなどについてすでに知っていたのは明白であるから、自身の意志をもって年季契約を結んだという主張もある。つまり、ブラックバーディングとはいえない、というわけだ。

しかし、太平洋諸島の労働力徴集は低賃金であり、太平洋諸島出身者の年季契約労働にはつねにブラックバーディングの疑いの眼が向けられる傾向にある。このあたりはグレイゾーンである。この章では、明らかなブラックバーディングと考えられる、ラパヌイ（イースター島、ポリネシア）の事例を取り上げるが、この後次第に労働者供給地は、ミクロネシアのギルバート諸島（現キリバス）やメラネシアのソロモン諸島、ニューヘブリデス諸島（現バヌアツ）、ニューカレドニアへと移っていき、徴集に応じた人々は主にオーストラリアに送り込まれた。彼らはしばしば、カナカ（人間を意味するハワイ語）と呼ばれたために、ポリネシア人と書かれた文献もある。しかし、実際の出身地はメラネシアであることがほとんどである。ただし、この章で扱うのは、現在ポリネシアと呼ばれている地域（狭義のポリネシア）で行われたブラックバーディングのことであり、グレイゾーンではなく、明らかな奴隷狩りであったことに疑問の余地はない。本物のブラックバーディングであった。

この章の役割は、ラパヌイ島でのブラックバーディングを詳述することにより、ペルーの労働者不足を起因とするポリネシアで行われたブラックバーディングについて検討することである。

1　ペルー側の背景

ペルーは、おおよそインカ帝国の栄えた版図を基にしている。一六世紀半ばにそれまで栄えていたインカ帝国が内乱で弱体化したあと、コンキスタドール（スペイン人征服者）がやってきて帝国を滅ぼした。ヨーロッパ起源の疫病が蔓延したり、鉱山開発のために先住民が働かされたり、さらにその後、南米のその他の国々の主導権争いから戦争が続いたりしたため、先住民の人口減少が著しかった。ペルーはスペインの植民地として、副王の支配下に入っていた。他の南米植民地とは異なり、スペインに忠誠を誓う植民地であったが、他の植民地の独立の流れはここにも来て、一八一一年から独立戦争が始まる。戦闘が繰り返された後、一八二一年にホセ・デ・サン＝マルティンがペルーの独立宣言を発し、これがペルー共和国の独立となった。しかし、その後も戦闘は続き、反乱なども起きた。内戦ばかりでなく、隣国との戦争もあった。接触当時の先住民人口にはさまざまな試算があるが、仮にペルーに九〇〇万人いたとして、一〇〇年後には六〇万人であったから（Lovell 1992: 437）、一〇分の一以下しか残っていなかったことになる。

当時の政府の統計はあてにならないとして、さまざまな統計を駆使して一八二七年の人口を推計しているグーテンバーグ（Gootenberg 1991: 140）は、約一五〇万人と見積もっているが、その六〇％ほどはインディオで、他には混血インディオ（メスティーソ）、少数の黒人奴隷がおり、さらに一割足らずのクリオリョ（criollo、現地生まれのスペイン人）[1]が支配していた。それぞれのコミュニティは、互いにあまりコミュニケーションがなく、異なる暮らしを営んでいた。

一八四五年にラモン・カスティーリャが大統領となって政権は安定した。当時グアノ鉱山の産出やアシエンダ（中南米版プランテーション）で作る砂糖、綿花、果物類などの生産により経済が成り立っていた。グアノとは、海鳥やコウモリの糞が堆積して化石化したものである。先住民が長くこれを肥料として用いることをしていたが、欧米社会に利用法が知られたのは、一九世紀になってからのことであり、一気に需要が増した。とりわけペルーは、現在の首都リマから西岸沿いに少々南下したところにあるチンチャ諸島でこれが採取でき、これを掘り起こして、カリャオ港（リマの西方海沿いにある港）からヨーロッパに輸出することが盛んに行われた[2]。

綿花の生産は、アメリカ合衆国の南北戦争によって世界的産額が不足し、世界各地で作られるようになった。先住民インディオは、人口がそもそも減っている上に労働者の生活には慣れていかない。ペルーの開発に関しては、労働力不足が悩みの種であった。アフリカ人の奴隷を使っていたが、それでも人手不足であった。戦乱が続くなどさまざまな要因で、奴隷人口は、一七九二年の四万人から、一八五四年の二万六〇〇〇人に減ってしまっていた（Gonzares 1989: 390）。おまけに世界的な風潮である奴隷解放が南米にも到達し、ペルーも一八五四年には奴隷解放宣言を行ったため、人手不足はますます深刻化した。しかしながら、ペルー政府は奴隷解放を見越し、労働力不足を補うために、奴隷を自由にするアシエンダ農園主に保証金を支払い、中国からの年季契約労働者（苦力《クーリー》）の導入を行った。一八四七年から一八七四年の間に総計約一〇万人を導入した。中国側の出口はマカオで、ポルトガル人商人を通じてであった。彼らは、主にアシエンダでの農業労働に従事したが、他に鉄道建設やチンチャでのグアノ採取も行った。

奴隷制といまだ区別が明確でない時期であり、また清王朝がアヘン戦争等で弱体化して、欧米各国に不平等条約を結ばされており、人権を無視した労働者の動員を清政府が阻止することも難しい時代だった。騙されたり、誘拐されたりしてやってきた苦力も多かった。太平洋を渡る船は、家畜並み扱いのすし詰めで、死亡率も高かったし[(3)]、体罰が横行していたことがうかがわれる。契約期間は、どれほど借金を抱えているかで決まる。渡航前の前借を含めて、契約は四年から八年程度であったようだ。帰りの旅費も明確に定められてはおらず、年季の切れた労働者は、そのまま残留し自由労働者として、個別に契約して労働する賃労働者となるか、都市に移動して一般家庭の奉公人となるなど、さまざまなビジネスに関わった。先住民女性との間に家庭をもつ人々もいた。一八七四年には、当時国際的な労働力移動を実質的に半ばコントロールしていたイギリスが中国からの苦力の導入に渋い顔をするようになり、年季契約労働者の導入はストップして、一九〇〇年前後の日本人契約労働者の移民まで待つことになる。ポリネシア人の奴隷狩りは、中国人の導入が行われている最中であった。

2　ポリネシア地域でのブラックバーディング

一九八一年に出版されたヘンリー・モード『楽園の奴隷商人』（Maude 1981）はオセアニア史の業績中でも有名な労作である。この章の記述はこの労作にかなり依存している。彼は植民地統治下のオセアニア各地で行政官として勤務し、五〇歳の若さで引退してオセアニア研究者となった。この書籍の焦点は、一八六二年から一八六四年にかけて行われた、主にポリネシア地域でのブラックバーディングである。これはペルー政府の許可を得た労働力徴集の一環であったが、誘拐された人々は明らかにその意志に反して連れ去られたのである。

その時期はペルーが平和になり、グアノ輸出を背景として好景気に恵まれていた。開発のための労働力の動員がペルーの課題であったが、貢納を免除された高地に住むインディオが低地に来て、奴隷のような労働に服することは考えられなかった。同時期に中国人苦力の導入が行われていたが、扱いがかなりひどいということが中国でもペルーでも評判となったために、志願者は激減していた。また一八五四年の奴隷解放がボディーブローのように効いてきていた。

労働者不足に悩むアシエンダ農園主たちの圧力で、ペルー議会は一八六一年いわゆる「アジア人移民」の導入を可能とする法律を通過させた。大統領はこれに拒否権を発動したが、再度議会で可決して、法律的には有効となった。法律そのものは、半ば奴隷的な労働者の受け入れを慎重に禁止するものとなっていたが、実際には守られないことを大統領は危惧していた。

そのようなときにペルーに現れたのが、ダブリン出身で家畜取引業者の息子、アイルランド人冒険家のジョゼフ・チャールズ・バーン（Joseph Charles Byrne 1800–1862）である。彼はオーストラリアや南アフリカ、北米などを旅行してまわり、植民を推進する本を書いたり、いくつかの土地で怪しい商売や植民事業を行ったり、おまけに倒産も経験している。志はあったかもしれないが、詐欺師まがいの人物であり、彼の伝記を書いているスペンサーの著書からは、お金にだらしないという印象を受ける（Spencer n.d.）。各地で事業を企て失敗を繰り返した後にペルーにやってきた。どの植民地も開発機運で盛り上がり、しかし肝心の労働者は不足していた。バーンは、ペルー政府にこの労働者不足解消のために、太平洋諸島から労働力を導入することを提案し、自身が移民の導入に関する免許を得た。労働者を移入するためには、連れてくる先の国の免許が必要となる時代であった。彼は実は労働力徴集の経験はなかったが、ニューヘブリデス諸島（現ヴァヌアツ）から、ニューカレドニアに労働者を調達したという触れ込みでやってきており、当初はそちらから調達することを計画していた。彼は、「約一七〇人の男女の移民を、ペルーにて五年間、月四ドルの給金で働かせ、彼らが望むなら契約を買った者の出費で自国に帰す、という契約を結んで連れてくる」（Maude 1981: 5）という計画に対する免許を得た。労働条件の契約書は英語・スペイン語で記されていたが、ポリネシア語版はなかった。バーンが仕立てた一五一トンのアデランテ号は必要な人員を配置し、さまざまな武器を積み込んで、一八六二年六月一五日にカリャオ港を出港した。事業主のバーンも、政府の監督官も乗組んだ。

しかし、地理的に見てもニューヘブリデス諸島はペルーからは遠かった。当時始まっていたメラネシアの労働力徴集はフィジー、サモアや、オーストラリアへと向かうものであり、バーンの認識が不十分だったことがよくわかる。アデランテ号の最初の寄港地は、マルケサス諸島ヌクヒヴァ島ハティヘウ港であり、辿り着いたのは七月一〇日であった。三日間の滞在中に飲料水を積み込み、通訳のチリ人一人と五人のマルケサス諸島人を載せて再び出航する。マルケサス諸島人たちは船乗りとして同行し、最終的にはまた帰すはずだった。そして次に行き当たりばったり訪れたのが、クック諸島の北端にあるトンガレヴァ島（ペンリン島）である。

トンガレヴァ島はクック諸島最大の環礁であり、ココナツが主たる食料であったが、当時病気で食料の生産が少なく食料難に見舞われていた。一八六二年六月一五日、アデランテ号でここを訪れたバーンは、島に住むベニという名のビーチコマー[4]から、前日にタヒチ島（当時フランス保護領）から来ていた政府関係の船で、サトウキビ、コーヒー、タロイモ栽培のために、一三〇人のトンガレヴァ人が向かったと教えられた。彼らは月四ドルの給金で二年間契約であるという。

バーンはさっそく、同じ月四ドルと食糧など豊富な給付の口約束——契約書は存在しなかった。当時タヒチの相場は月額四ドルだったが、ファニング島（タブアエラン島）[5]では六ドルから一〇ドルであった——により、トンガレヴァ人を募って二五一人をアデランテ号に載せて、ペルーへと向かった。すでに計画より人数が多く、食糧不足は明らかであったが、途中に出会った船から調達した。アデランテ号は九月一三日にカリャオ港に到着したが、航海中に何と事業主のバーンが亡くなり、女性も一人亡くなり、赤ん坊が三人生まれた。そのうち二〇六人を労働者として登録し、男性を二〇〇ドル、女性を一五〇ドル、少年を一〇〇ドルで売却した。八三の家族は分けないで済んだ。ついた値段は名目的には、トンガレヴァからカリャオへの運賃ということになっていた。彼らは家事労働とプランテーションの農業労働に従事させられることとなったが、男女別年齢別で値段をつけ売る、というこのプロセスはほとんど奴隷貿易と変わりはない。

ポリネシアの労働力徴集で大変な儲けがあったという話はあっという間に拡散し、たちまちカリャオ港から五隻の船が三週間以内にこの目的で出帆した（Maude 1981: 5–11）。ただし、この労働力徴集のプロジェクトに先鞭をつけ、真っ先にブラックバーディングを実行したバーンは、あっけなく帰国中の船内で亡くなってしまっていたので、甘い汁を吸うこともない代わり、ペルー国内外で批判にさらされることもなかった。

このストーリーで注目すべきは、タヒチでプランテーション農業が始まっており、年季契約労働者を入れようとしていたことである。実際タヒチ人が働かないような低賃金で労働者を近隣諸島から集めようとしていたし、このあと中国人苦力《クーリー》を一〇〇〇人ほど連れてくる予定であった。ただし、大規模プランテーションは始まって一〇年もしないうちに失敗に終わり、一八七二年に太平洋諸島人保護法(6)が制定されると、労働力の不足しているタヒチでは小規模プランテーションだけが残った（Newbury 2019: 163–167）。バーンにだまされたトンガレヴァ人はペルーで奴隷として売り飛ばされたのであるが、この事件に限ってみれば、年季契約労働とブラックバーディングは紙一重であったし、これは実際後者だろう、と言わざるをえない。トンガレヴァ人は、タヒチに行った人々と後から騙されてペルーに行った人々とそれぞれに待ち受ける運命の違いを理解していただろうか。

とはいっても、島々が絶海の孤島として隔絶された世界に存在していたのではなく、ビーチコマーが住んでいて、ヨーロッパの情報が限られた形ではあるが伝わる一方、島の事情もヨーロッパ人側に伝わる状況があった。また、キリスト教の宣教師がその窓口でもあった。さらに、当時の帆船には太平洋諸島民が船員として乗り組んでいることはしばしばあった。たとえば、一八二〇年にボストン伝道協会からの宣教団がハワイに到着するが、そのときアメリカ人宣教師たちに同行したのは、船員となって広い世界の見聞を広めた後、ボストンのミッションスクールで学んでいたハワイ出身の青年たちであった。

トンガレヴァ人から始まったペルーでのポリネシア人の人身売買は、世界的な批判を浴びて終えるまでのほぼ一年間に二七隻の船が延べ三六回の航海を行い、三〇の島を訪れ、三六三四人を上船させ連れていったとモードは推計している。そのうち、一六四人は途中の島で逃れたり、泳いで逃げ帰ったりした者で、三三四五人が劣悪な航海環境でペルーに着く前に亡くなった。ペルーに上陸した者は二一一六人で、残りの一〇〇九人は、すでにこの労働力徴集の不法性がわかっていたため、ペルー政府により帰国を目的に船内に留められた者の数である。つまり、ほぼ三分の一はペルーの地に上陸していない勘定になる。上陸した者のうちペルーで亡くなったのがなんと一八四〇人にも上る（Maude 1981: 191）ので、大半が亡くなっているのである。しかも帰国船のなかで疫病が蔓延して、亡くなった人は数多く、さらにその病気が島々に届いて死者がさらに増えるという悲劇が続いた。詳細は後述する。

3　ラパヌイ（イースター）島の悲劇

ラパヌイ（Rapa Nui）島はその別名イースター島（正式名称はパスクワ島で、パスクワはスペイン語でイースターの意味）のほうが一般には知られている。ポリネシアの三角形のなかでは、最も東の頂点を形成し、他の島々からはかなり孤立した位置にある火山島[7]である。初めてヨーロッパ人でラパヌイを訪れたのは、オランダの探検家ヤーコプ・ロッヘフェーンで、一七二二年のことであった。発見の日がイースター[8]であったことから、イースター島の名をつけることとなった。

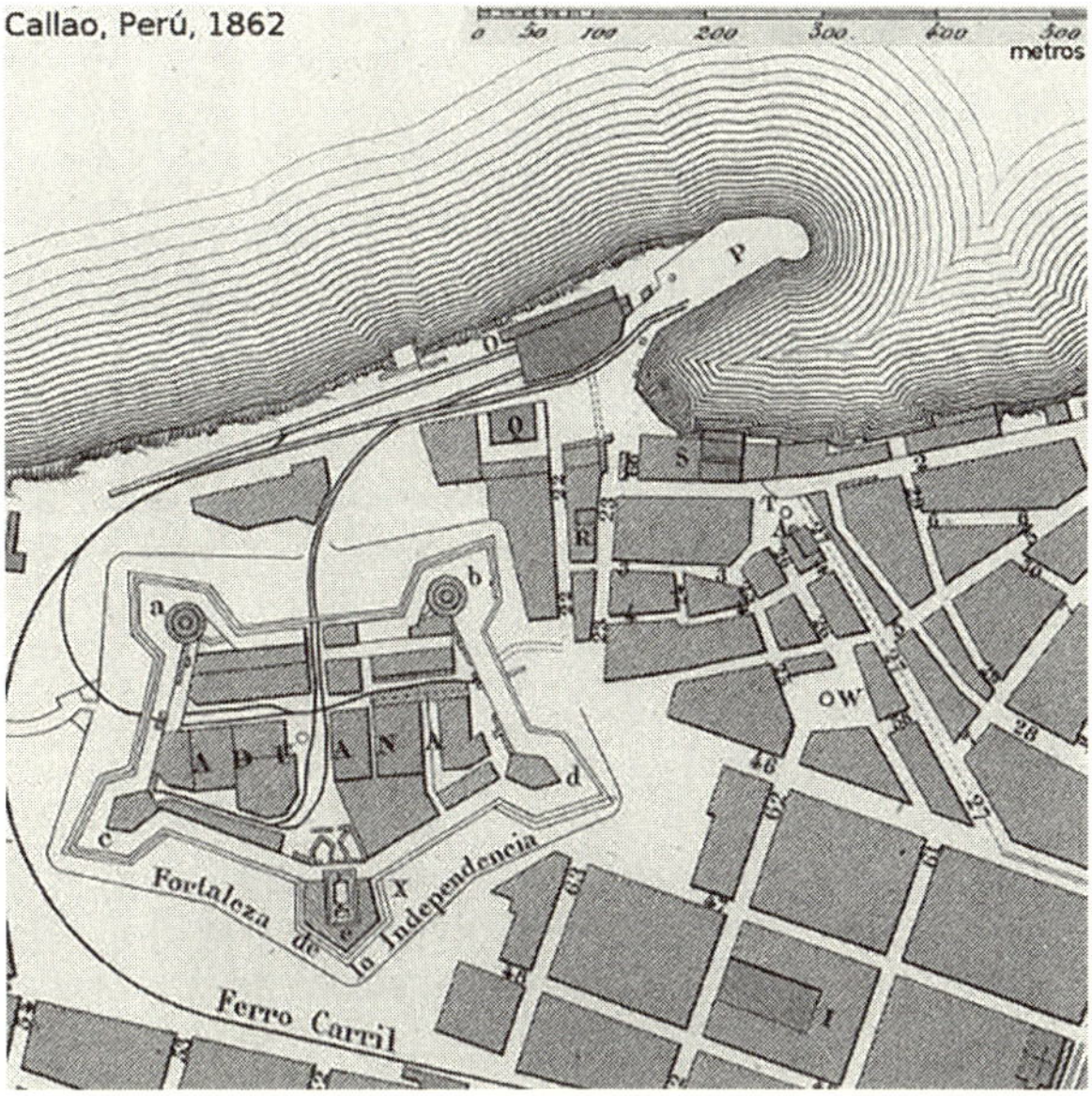

図 1-1　カリャオ港の古地図 1862 年，プンタ半島，海軍の要塞を示す。首都リマに隣接し，1537 年に開港した歴史ある港町。

ラパヌイのケースをことさらに取り上げるのは、連れていかれた人数が多かったことに加えて、ここで起こった一八六二年一二月の襲撃事件が、「人狩り」の大規模な典型事件として、反対運動にも言及されることが多かったからである。

ラパヌイ島の住民は、ポリネシア人であり、ポリネシア語を話し、ポリネシア文化に属していることは明らかであるが、その他のポリネシアの島々から離れたところに位置しているため、ポリネシアのなかでも特異かつ独自性の高い文化を持っている。威容を放つ石造の巨像モアイの姿は、ここを初めて訪れたヨーロッパ人を驚かせた。また、やせてあばら骨の浮き出た老人像

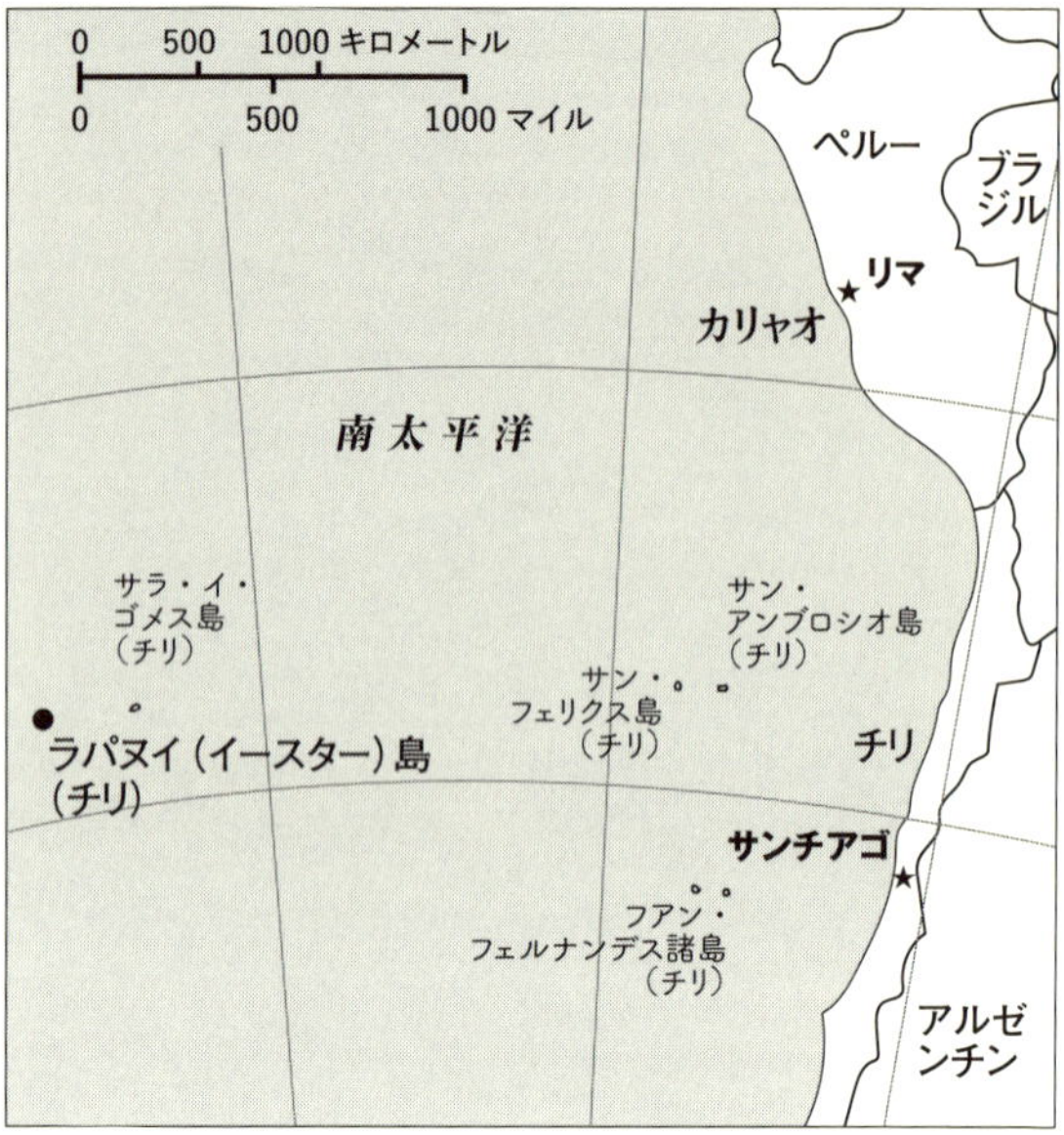

地図 1-1　ラパヌイ（イースター）島と南米．ラパヌイ島はペルーとチリに最も近いポリネシアの島。現在はチリ領

（首長像ともいわれる）をはじめとする特徴ある木彫がある。太平洋諸島で唯一、ロンゴロンゴという象形文字と思われるものが存在しているが、これまで解読されてはいない。他のポリネシア文化と比べた独自性から、ポリネシア外の起源を探る説もあったが、現在では否定されている。長らく他のポリネシアから隔絶されていたために独自の変化を遂げたと考えられる。

ラパヌイ島がヨーロッパ人と接触する以前に、どのような経験をしていたかについては、さまざまに議論されているが、推論に基づくものが多い。モアイ像は目立つところにばかり置かれたのではなく、運搬途中のものや石切り場に残されたものなども数多くある。巨石文化の背後に強大な権力を想定するのは定石であるが推測の域を出ない。ただし、南米との交流はあったというのが定説となっている。ロッヘフェーンが訪ねた頃には、モアイの前で儀礼を行うさまが目撃されているが、クックが訪れた頃には、すでにモアイはあまり人々の関心を引いているようには見えなかった。[9] ラパヌイ島は、植物相、動物相が乏しく、木々が生えず、荒れ野のようである。しかし、過去においては豊かな土地であったのに、人間の過剰利用に起因する環境破壊があったために、親族システムを通じて維持されていた首長制が崩壊し、人口減少を引き起こしたというダイアモンドを代表とする仮説（ダイアモンド 2005 第二章）があるが、これには異論もあり、環境破壊はむしろ、ポリネシア・ネズミが入って来たことにより起こされたものであり、極端な社会変動が人間による環境破壊（エコサイド）により生じたものではないという主張（Hunt and Lipo 2012）もある。後者は、ラパヌイ島の人口減少はむしろヨーロッパ人がこの地域にもたらした新しい感染症が、訪問者が直接コンタクトする以前から伝来して生じていたもので、そこにペルーへのブラックバーディングが人口減少に拍車をかけたといいたいのであろう。

ラパヌイ（イースター）島は、ポリネシアのなかではペルーに最も近かった。当時の帆船でカリャオ港から一五日程度、カリャオ港まで二八日から三〇日ほどである。カリャオ＝トンガレヴァ往復が九〇日から九六日程度（Maude 1978: 13）であるから、ラパヌイはとても近かった。モードは以下のように述べている。

イースター島が人集めの場所として優れた場所であることが期待できたのは、南洋で最も孤立した場所であり、大国が領有権を持っておらず、影響力を持っていると主張もしなさそうで、四〇〇〇人を超す人口があり、宣教師が来ておらず、文字の読み書きができず、カリャオから最も近い太平洋の有人島であったからである。要するに、その住民に何かあってもそれを知る人はいないし、いたとしても気にしないし、彼らを連れ去る費用が少なくて済んだ。（Maude 1981: 13. 山本訳出）

こうしてラパヌイ島は、トンガレヴァ島の次に労働力徴集の対象として狙われた島で、ブラックバーディングの被害をもろに受けることとなった。最初に訪れたセルピエンテ・マリナ号は一〇月二三日に投錨した後、物々交換にやってきた二人をそのままにして出航したが、彼らはパペーテで保護され帰還した。その後やってきたベラ・マルガリタ号とエリザ・メーソン号はチリ船籍の船であり、しばしばバルバライソとの間のツアモツ諸島の真珠貝運搬やタヒチ島との、あるいは太平洋横断の積荷運搬に携わっており、その途上ラパヌイ島に寄港することには慣れていた。ベラ・マルガリタ号が運んだ一五四人（男性一四二人、女性一二人）のラパヌイ人は、おおよそ平均三〇〇ドルで売れ、おおよそ四万六〇〇〇ドルの売り上げが得られた。ベラ・マルガリタ号の到着二日後に出航したジェネラル・プリム号は、一一五人（男性一〇六人、女性七人、少年二人）を連れ帰った。

一方、エリザ・メーソン号は、マルケサス諸島で人集めができずに時を無駄に過ごし、ラパヌイ島に来て、後から来た一群の船団に早期の出航を脅かされながら、二三八人（男性一四〇人、女性八六人、子ども一二人）を連れてカリャオ港に帰還した。さまざまな角度から検討して、これら三隻の船でやってきたラパヌイ人が意志に反して無理やり連れてこられたという形跡はおおむねないといってよさそうだ、とモードは結論づけている[10]（Maude 1981: 14–15）。

しかしながら、その後にやってきた八隻に関しては違った。ロサ・イ・カルメン号、ロサ・パトリシア号、カロリナ号、グイエルモ号、ミカエラ・ミランダ号、ホセ・カストロ号、ヘルモサ・ドロレス号、コラ号は、しめし合わせたように一八六二年の一一月終わりから一二月初めにここにやってきた。人々を誘うようなさまざまなものを見せて歓心を引こうとするが、うまくいかなかった。ロサ・イ・カルメン号のマルタニ船長が中心となり、船員で「使える者」を出させた。朝、浜にネックレスや鏡などの珍しいものを並べると五〇〇人ほどの人が集まって来た。マルタニ船長が拳銃を撃って合図をすると、船員たちも武器を放った。もともと身の危険を感じない限りは、上方に向かって撃てと言われていたのに、混乱のなかで少なくとも一〇人が殺された。逃げ惑うラパヌイ人を捕まえて、手足を縛り、捕虜とした。およそ二〇〇名の「インディアン」[11]（ラパヌイ人を指す）がとらわれた。さらに、交易にやってきた人々もそこに加え、略奪に動員した人数によって捕虜を配分し、それぞれの名前を書いて所有者を示した[12]（Maude 1981: 16）。

この後、二回目、三回目の「人狩り」を決行するが、ラパヌイ人は用心して洞窟等に隠れてしまい、海岸あたりの木々や草を人々が焼き払って見通しをよくしたために、これ以上の「人狩り」は断念せざるをえなかった。八隻のうち六隻はさらに別の島で「人狩り」を続けるべく、捕虜は必要な（船内の労働に従事する）限られた数を除き、ここから帰る二隻が預かった。カリャオ港に帰還した二隻が運んだのは、それぞれに一二二人（男性一〇四人、女性一二人、子ども六人）と一六〇人（男性一三七人、女性二二人、子ども一人）であった。他の船にとどめられた人々を加えて、この略奪の成果は三四九人とモードは算出している。

この「人狩り」後一番早くカリャオ港についたロサリア号は、「人狩り」の船とは別行動であり、一九六人（男性一四九人、女性三七人、子ども一〇人）を連れてきた。どのような手段で人々を集めたかはよくわかっていない。その後テレサ号はパイタ島で積み荷を降ろす仕事に従事した後、二〇三人（男性一六三人、女性二三人、子ども一七人）を載せて六三年二月にカリャオ港に帰還した（Maude 1981: 18）。中告によれば、自由意志でやってきた人々である、とのことであったが、乗船していたオランダ人大工は、交易のために多くの人々が集まって来たと見るや、突然帆をあげて出帆したと述べている。

「人狩り」の後にここを訪れた二、三隻の船は、乗船希望者を見つけることができず、他の島に回っている。その後も「人狩り」は続くが、数は減少していった。モードは最終的に一四〇七人がラパヌイ島から連れ去られ、それは推定人口の約三四％であると推計している（Maude 1981: 20）。

他の島々でも同様のやり方で「人狩り」は続いた。「人狩り」の船は、大きな島で欧米人が多く住み、開発が進み、宣教師がいたりするなどの場所――タヒチ島、フィジー諸島、サモア諸島等[13]――は避け、どちらかというと、ポリネシアの周縁にあたる島々で決行した。すでに挙げた、マンガレヴァ島（現クック諸島）、ラパヌイ島（現チリ）の他に、クック諸島のトンガレヴァ島、ラカハンガ島、プカプカ島、トケラウ諸島のヌクノヌ島、ファカオフォ島、アタフ島、現ツバルのフナフチ島、ヌクラエラエ島、アタ島（トンガ）、そしてニウエ島が挙げられている（Maude 1981: 192）。クック諸島は、広大な海域に散在する島々であり、この三つの島はいずれも環礁である。トケラウ諸島は、現在でもニュージーランドから独立できていない、人口規模の小さい三つの環礁からなる。ツバルは現在独立国であるが、九つの環礁からなっている。

アタ島は、トンガの南西の方角にある離島であり、かなり本島（トンガタプ島）からは離れていたために狙われたのであるが、「人狩り」の首謀者マグラス船長の指揮する捕鯨船グラシアン号はタスマニア島に船籍を置き、もともと軍艦であったらしい。世界的な捕鯨の乱獲で捕鯨業が思うようにいかなくなった時代であった。船長はその損失を補うために「人狩り」を行ったとみられる。白人の持ってきた商品を見に船室に降りた人々はそのまま閉じ込められて誘拐された。グラシアン号は、おそらくその後労働力徴集の免許を持っていなかったために、捕虜はジェネラル・プリム号に乗り換えさせられ、同号はさらにトンガ本島の北方にある離島ニウアフォオウ島からも三〇人ほど誘拐し、あわせてカリャオ港に連れていった。アタ島から連れ去られた一四四人はこの島の当時の人口の四〇%にもあたり、これは痛手となった。事件を知ったトンガタプ島ヌクアロファを首都として王国を成していたトンガ王シアオシ・ツポウ一世は、残りの住民をトンガタプ島の東隣にあるエウア島に避難させた（Hamilton 2016: Pt.1.10）ため、現在アタ島は無人島となっている。

4　ブラックバーディング始末記

ラパヌイ島での「人狩り」のあと、リーダーだったマルタニ船長に率いられたロサ・イ・カルメン号は、そのまま太平洋をさまよい「人狩り」を続けた結果、二七一人のポリネシア人を乗船させていた。[14]しかしあまりに長く大洋をさまよっていたために、飲料水や食料を切らしてしまい、ついに、サンデイ島という無人島に、飢え死にしそうな人々を放置して置き去りにしたことを、出会った別の捕鯨船船長が証言している（Maude 1981: 116–119）。結局カリャオ港に到着したときには、一二八人（男性七八人、女性三五人、子ども一五人）であったので、旅程の途中で半分以上の命が失われた。しかも、すでにカリャオ港では「人狩り」が問題視されていて、連れてきたポリネシア人は帰還させる政府方針が決まっていたから、下船できないまま船内に留められた。

それ以前に下船の認められたポリネシア人たちは、どうなっただろうか。町に住む白人家族の召使となったり、アシエンダで農業に従事させられたりした。前者はさほどの重労働に服す必要はなかったが、子どもの面倒を見なければならないことが多かったので、慣れない感染症を子どもから移されることが多かった。白人にとって大した病でなくても、病原菌に慣れていないポリネシア人は重篤になることが多かった。アシエンダでは、遠くてあまり政府の眼も届かないために体罰が横行し、病気になっても医者に診てもらうことはなく、薬ももらえなかった。不衛生な環境下で、結核、疱瘡、赤痢などの病気にかかり、栄養失調に悩み望郷の念に駆られ、亡くなる者が続出した。回復できないとわかると豚小屋に放り込まれるなどの扱いも受けた。契約書に書かれている給料も食料もまともにもらえていなかったし、衣類も供給されないことが多かった。チンチャ諸島のグアノ採取の労働には、一般に信じられているように、集団で大勢がそこに駆り出された証拠はない。しかし、個別事例として、なかったとはいいきれない。炎天下ひたすらグアノを掘る作業であったから、労働環境は最悪の場所だった。多くのポリネシア人は、環境の違い、家族から切り離されての生活、粗悪な衣食住、希望のない暮らしに絶望して死んでいった。

このペルー、カリャオ港を中心に行われている労働力徴集——政府は移民政策としていた——が微妙であることに気づくジャーナリストや列強の外交官たちは、早期から存在していた。カリャオ港で、まるで奴隷貿易の再現のごとくに連れてきたポリネシア人を競売にかけたことは新聞報道にも出ていたし、誘拐や略取により人々の自由を奪い、見せかけだけの契約書により第三者に売り渡し、十分な食事を与えず、病気になっても手当せず、死亡に至らせたことがたびたびあったこと、が次第に明らかとなった。

とりわけ、ラパヌイ島に八隻の船が行って、奇襲攻撃で多くのラパヌイ人をとらえてカリャオ港に帰って来た、一八六三年の一月から三月頃には多くの視線を集める結果となった。最初のポリネシア人の到着が一八六二年九月のことであったから、それから半年もたたずに疑義が出たということになる。

一八六〇年代当時、太平洋諸島の領有権の確定はそれほど進んでおらず、イギリス、ハワイ、フランスのそれぞれの代理大使が抗議を申し込んだが、そのなかでタヒチをフランスが、ピトケアン諸島をイギリスが領有しているだけだったので、住民保護でこの問題を扱うことは難しかった。ハワイ人もタヒチ人も「人狩り」の対象とはなっていなかったし、ピトケアン諸島は住民の肌があまりに白かったので、事業者が「人狩り」を避けたという。[15]

ジャーナリズムは実質的に奴隷貿易が行われたことを告発してきていた。さらにリマ在住の欧米諸国の外交官たち――フランス代理大使ド・レセップス（Edmond-Prosper de Lesseps）とイギリス代理大使ジャーニンガム（W. Stafford Jerningham）がその活動の中心であった――は、ポリネシア人が奴隷扱いをされていて、不当な人権侵害に遭っているとの道徳的主張に方針を変え、キャンペーンを張ったことが功を奏した。そのために、ペルー外務大臣リベイロ（Juan Antonio Ribeyro）がこれを認めて、調査を行い、ポリネシア人を帰還させる方針を定める結果となった。

総勢三六三四人のポリネシア人が乗船させられた。そのうち、海に飛び込んだりして逃れた者が一六四人。航海中、ペルーに到達する前に亡くなった者が三四五人。差し引き三一二五人がペルーに到達したが、遅く来て上陸せずに帰還が決まっていたのが、一〇〇九人であるから、実際にペルーに上陸したのが二一一六人ということになる。

写真 1-1　イースター島の人々，ウィリアム・トムソン撮影，1881 年，同名著作『テ・ピト・テ・ヘヌアまたはイースター島』より

国際社会の批判を浴びたペルー政府は、あわてて実態調査を行い、関与した事業家の労働力徴集の免許を取り消して、誘拐され強制労働に服していたポリネシア人を帰還させることにした。

しかし、手続きや船の手配で手間取っている間に、カリャオでは天然痘が流行してしまった。急いで、エンプレンサ号の生き残りをディアマン号に移し替え、七月二〇日に二九人（男性一八人、女性一一人）の生き残りを載せてヌクヒヴァ島めざして出航した。人々の願いも空しく天然痘は船内で発生し、一四人の死者とともに八月二〇日に到着したが、あっという間に島内の人々がこれに感染し、ヌクヒヴァ島と隣のウアポウ島で人口併せて三八〇〇人のところ、一五六〇人が亡くなり、六カ月の間流行が続いた(Maude 1981: 159)。

バルバラ・ゴメス号が出発できる状態になっ

た八月一八日にはすでに四七〇人の乗客の内一六二人が亡くなっていて、疫病を運ぶ船となってしまった。ラパヌイ島に着いたときには一〇〇人のラパヌイ人の内、生き残っていたのは一五人に過ぎなかった。そのときラパヌイ島の人口は二七四〇人であったが、ラパヌイ島内でも天然痘が発生し、約一〇〇〇人が亡くなった。

その後、それぞれの島に送り届ける予定であったが、不可能と考えた船の指揮官は適当な島を見つけて乗客を降ろしていった。住民たちは手当をしたが、亡くなる人もおり、病がその島の住民に及ぶのは無論のことであった。

別な船では、ポリネシア人帰還者に対する暴力、ネグレクト、少ない食事といった虐待が多く見られた。カリャオ港にいる間に亡くなった人も含め、ペルーでの死者は一八四〇人であり、港にいる待機期間や、途中の船旅で亡くなった人は一〇三〇人に上る。この蛮行の被害者で生き残ったポリネシア人は二五七人しかおらず、被害者三六三四人の七％程度であった（Maude 1981: 191）。

またラパヌイ島に関してだけ記述しているフィッシャーは、一四〇七人という人数を一八六二年一二月の「人狩り」のときの総数としており、そのうち一〇五四人分は契約書が存在した。総数のうち、一二八二人は売却され、ペルーでの労働に服し、プランテーションに売られた三二二人のなかで六カ月後に生き延びていたのは一一九人であった。ディアマン号で帰還に向かったラパヌイ人は一八六三年九月に到着したが、船内で天然痘のため多くが亡くなり、一握り程度しか帰還がかなわなかった。さらに上陸した者から天然痘が蔓延し、またその他の疫病にかかって、人口は一五〇〇人ほどしか残らなかったとしている（Fischer 2005: 89–91）(16)。

表 1-1　ペルー奴隷貿易被害者の推計人数

諸島名（含孤島）	島　名	人数
ポリネシア		
クック諸島	トンガレヴァ、ラカハンガ、プカプカ、アチウ、マンガイア	743
ニウエ	ニウエ	109
サモア諸島	ウポル、サヴァイイ	7
ロツマ	ロツマ	3
トケラウ諸島	ファカオフォ、アタフ、ヌクノヌ	253
エリス諸島（ツバル）	ヌクラエラエ、フナフチ、ヌクフェタウ、ナヌメア	445
トンガ諸島	アタ、ニウアフォオウ	174
マルケーサス諸島	ウアポウ、ヒヴァオア、タフアタ	26
カロリン	カロリン	4
ツアモツ諸島	ファカラヴァ、カチウ、モツツンガ、カウエヒ、タハネア	151
ラパヌイ	ラパヌイ	1407
ミクロネシア		
ギルバート諸島	ノノウティ、タビテウエア、ベル、オノトア、タマナ、アロラエ	312

出典：Maude 1981: 188 をもとに作成

モードは、このペルーの奴隷貿易が、直接ばかりでなく間接的な原因ともなって、ポリネシアの人口減少を招いたとしている。ラパヌイ島のごく一部ではあるものの人々は故郷に直接帰国できたが、異なる島で下船させられた人々にはさらに過酷な運命が待ち受けていた。ここに彼の労作である、太平洋諸島人のペルーへのブラックバーディング被害者の推定人数の表を転載しておこう（**表1－1**）。これは推定といっても綿密なアーカイヴ等の調査結果である。それぞれの島の人口がそれほど多くないので、これだけの人口減が社会に大きなダメージを与えたのは当然である。

5　ポリネシアの人口減少とブラックバーディング

オセアニアで最初にブラックバーディングとなった、ショッキングな事例を取り上げた。これを実態からみて奴隷売買として、年季契約労働の問題から切り離すこともできたが、そうしなかったのは、これが実際に年季契約労働と密接に結びついていたからである。この事業に先鞭をつけたバーンもその後に連なる船長や事業者たちも、契約書を用意し、何も理解できていないポリネシア人たちに×を書かせて体裁だけは年季契約労働の形をとった。奴隷狩りを行っていたが、これは契約であると強弁した。しかし実際にカリャオ港では、奴隷の競り市よろしく、ひとりひとりを歩かせて、筋肉を見せ、雇用主に渡航費用を払わせる名目で、人身売買を行ったのである。そして、ホームシックに罹り精神的に追い詰められていく人々を放置したのみならず、病原菌に無抵抗な人々を危険にさらして、多くの命を失わせる結果となった。奴隷制が世界各地で禁止となっていくなかで、「無知蒙昧な」人々に対する暴力――離れ小島で宣教師の入っていない島を狙ったことから計画的であったことがわかる――を、世界的世論が放置しなかったことはこの事件の救いであろう。ただ、一層の人口減少が加速されたことは間違いない。

注

（1）　スペイン語のll＋母音（ここはo）は「ヨ」とも「リョ」とも「ジョ」とも発音される。以下同様であるが日本語表記としてはできるだけ「リョ」を用いる。以下同。

（2）しかし一八七〇年代になると資源が枯渇し、産業として成り立たなくなる。ペルーに好景気をもたらした産業であるが、一気に経済不安を招いた。

（3）一八五九年以前は統計がない。一八六〇年から一八六四年の間に、太平洋を越える船旅で到着前に亡くなる率は、一九％を超えている（Gonzzares 1989: 392）。それ以後はほとんど一桁のパーセンテージであるが、驚くべき数字である。アシエンダでも死亡率は高い。

（4）ヨーロッパ人の水夫、冒険者などで太平洋諸島の島で下船して現地での生活を選んだ人。一八世紀、一九世紀に多かった太平洋風来坊。

（5）ライン諸島にある環礁、現在はキリバスの一部。

（6）太平洋諸島の人々に対する暴力（特に奴隷狩りや同意の明らかでない年季契約の労働力徴集などを禁じるイギリスの法律。一八七五年には、イギリスの植民地にも適用された。労働力徴集を行うときイギリス船やイギリス人の関与が多かったし、イギリス人のプランテーション経営者も多かったので、実質的に太平洋でのプランテーション開発に制限が加わった。

（7）太平洋の島は、1．火山の噴火によって形成された火山島、2．島の沈没によって島の周りのサンゴが育って形成された環礁島（アトール）、3．サンゴ礁が隆起して出来上がった隆起サンゴ礁島の三種に大別できる。サンゴは水際で上に向かって育つ習性があるので、サンゴ島はかつての島の水際の地形そのままに環状をなす。

（8）キリスト教の祭日、復活祭。太陰暦で決めるため、年度ごとに異なる。三月最終週から四月のいずれかの日曜日。

（9）代わりにカルトめいたバードマン信仰がはやっていたようであるが、ここでは深く立ち入らない。

（10）無理やりではなかったけれども、知らない土地に連れていかれて、これまでしたことのない労働に服し、筆舌に尽くせない苦労をさせられた。契約書も不備が多々あり、ペルーについてから、食物、給料、医療などが整っていない点（契約書通りでなかった）についてブラックバーディングであると指摘されるのは当然である。

(11) 当時の用語法として、「インディアン」はおおよそ「原住民」の意味。インド人でもなく、アメリカ・インディアンでもない。

(12) 額にタトゥーを入れることを主張する略奪者側の者もいた。

(13) 実際に訪れてはいるが、労働者を略取することには成功しなかった。一八三〇年に宣教師が入っているし、かなりの数の欧米人住民のコミュニティが存在していた。

(14) アタ島の南南西、ニュージーランドとの間にあるケルマデック諸島にある無人島。現在はラオウル島と呼ばれる。

(15) 無人島であったピトケアン諸島は、バウンティ号の反乱に加わった白人男性たちが恋人のタヒチ人女性とタヒチから逃げて隠れ住むようになったという経緯がある。『バウンティ号の反乱』として小説や映画の題材となった。

(16) ラパヌイ島はその後も結核が流行したり、宣教師と実業家の間で権力闘争があったり、さらに年季契約労働に出ていく者もあったりして、人口が減少した。一八八〇年代の人口として、マッコールは一五〇人から一七〇人程度をあげている(McCall 1997 : 114)。

第二章

ハワイのプランテーション開発と虹の階層

ハワイの観光地としてのイメージは「楽園」であり、かつてここで半ば奴隷のように野良仕事をさせられた人々がいた、ということは、よほどの物好きや帝国主義時代の歴史に詳しい人以外、思いもしないだろう。あるいはそうした歴史の知識があっても、ハワイを観光客として楽しむときにそのことは過去のこととして脇に置いておいて、思い出さないでいる。しかし、ハワイはもともとサトウキビ・プランテーションとして栄え、その後はパイナップル栽培(1)も産業の一つに加わった土地柄である。土着の人々が西欧との交流のなかで、立憲君主国を築いたが、やがて王国はアメリカ人市民グループに簒奪されて、アメリカ合衆国の属領となった。労働者不足が大きな課題であり、異なる国から異なる背景の移民を主に年季契約労働者として迎え入れた過去を持つ。

1　プランテーション開発以前

ハワイ諸島をヨーロッパ人として最初に訪れたのはキャプテン・クック（Captain James Cook 1728–1779）であり、それは一七七八年一月のことであった。クックは、遠征の後ろ盾であった政治家サンドイッチ伯ジョン・モンタギュに敬意をはらい、ここをサンドイッチ諸島と名付けた。一年後に再訪したクックはハワイ島（ビッグアイランド）でのハワイ人との交流のなかで殺されてしまった。その後イギリス人らが頻繁にここを訪れるようになり、ヨーロッパ人たちとの密接な交流が始まるのである。諸島内の諸勢力の争いを制したカメハメハが、やがてカウアイ島とニイハウ島を除いてすべて掌中に収め、ハワイ王朝を築いたのが一七九五年のことである。その後残りの島々も支配下に収め、一八一〇年までにはハワイ諸島全島を支配するようになった。カメハメハ大王と呼ばれる所以である。カメハメハ一世が亡くなったのが一八一九年であったが、翌年にボストンから宣教師が訪れ、ハワイのキリスト教化が始まり、急速に欧米化が進んだ。

次第に世界経済に巻き込まれていくなかで、欧米からの奢侈品や武器弾薬の購入を目指したハワイ首長層が、対価として欧米商人に売却するようになったのが白檀《びゃくだん》である。白檀は良い香りのする灌木であり、中国では高値で取引される。小さな木彫像を作ったり、扇子の骨にしたり、といった利用法がある(2)。そのために南太平洋諸島各地で白檀の乱獲が行われ、ハワイも例外ではなかった（山本 2008b : 387–388）(3)。白檀交易の始まりは一七九〇年頃で一八三〇年までには枯渇したといわれている。

白檀が枯渇した頃に、当時世界中の海を巡行していた捕鯨船の寄港地として、経済がつながるようになった。捕鯨は灯りを取るための鯨油を採取する目的で行われた。鯨を仕留めると甲板で鯨を解体し、甲板で沸かした巨釜に次々と刻んだ肉を入れて、浮いてきた鯨油を掬って樽につめて船倉に保管する。鯨の残りの部分はまったく利用せずにそのまま海に捨てた。船倉が樽でいっぱいになるまで、捕鯨船は基地（ニューイングランドのナンターケットやニューベッドフォードなどが有名）に帰らないので、途中で寄港して、食糧や水を補給することが必要であった。一九世紀半ばに日本に開国を迫ってやってきた黒船も、捕鯨船の寄港地を日本が開港することを望んでいた。水・食料を積む以外に、船員が休養を取ることも重要だった。ハワイでは一八二〇年ころから、マウイ島ラハイナや、オアフ島ホノルルなどがその役目を果たした。しかし、一八五〇年代に入ると乱獲で鯨の数は激減し、そのころ石油が発見利用されて、鯨油にとって代わるようになると、あっという間に捕鯨業は立ち行かなくなり、寄港地もさびれてしまった。

その間のハワイの政治的な動きは以下のとおり。カメハメハ一世が一八一九年に亡くなると、長男のリホリホが二世として即位し、一世のお気に入りの妻であったカアフマヌが摂政となった。二世は直後に妻や大臣等を連れてロンドンに出かけたところ、はしかに感染して客死することになる。王朝としてはかなりの痛手であったが、弟のカウイケアオウリをカメハメハ三世として据え、摂政はそのままとして、三世の成人を待つこととなった。

捕鯨船の寄港地として、何とかしのいでいる間、次第に白人の入植者が入ってきていた。また、宣教師たちもキリスト教化に努めている間、その連れてきた子たちのなかには起業家となる者もいた。

2　プランテーション開発と土地

白檀交易や捕鯨船の基地での経済が維持されるなか、サブシステンス農業はあまり維持できない状態になっていた。サトウキビ栽培は実験的に一八三〇年頃に始まっていたが、旧来の土地利用と封建的な土地所有関係のなかで、なかなかプランテーションが展開できない環境にあった。ハワイのそれまでの土地制度は、ハワイの身分制度とも重なっている。一番上位に王族・貴族層（*ali'i 'ai moku*）があり、その下に王の家来となる人々（*ali'i, konohiki*）[4]、さらにその下に大勢の平民（*maka'āinana*）がいて、その下に奴隷（*kauā*）がいた。奴隷は戦争の捕虜などで、数は少なかった。クックが接触した頃は、島ごとに王がいて統治するという形態になっていた（山本 2000 : 265）。

王族は勢力争いをして王の地位につくと、自分のものとした土地に、代官を派遣する。代官はコノヒキと呼ばれており、下級のアリイで王の家来の階層である。土地は海から川をさかのぼって水源に至る細長い土地に区切られており、アフプアア（*ahupua'a*）と呼ばれた。アフプアアには異なる生態系が含まれており、人々がさまざまな動植物資源にアクセスして自給自足のコミュニティでサブシステンスの暮らしを営むことができるようになっていた。大きなアフプアアはさらにイリ（*ili*）と呼ばれる区分に分割されていた。派遣された代官はそこで人々から貢納を受け、王にそれを献上する。自分の取り分としてどのくらい手に入れることができるかは、王とコノヒキの力関係によった。

このような社会で、土地を実際に耕す人は平民である。生産活動を調整監督するのはコノヒキである。

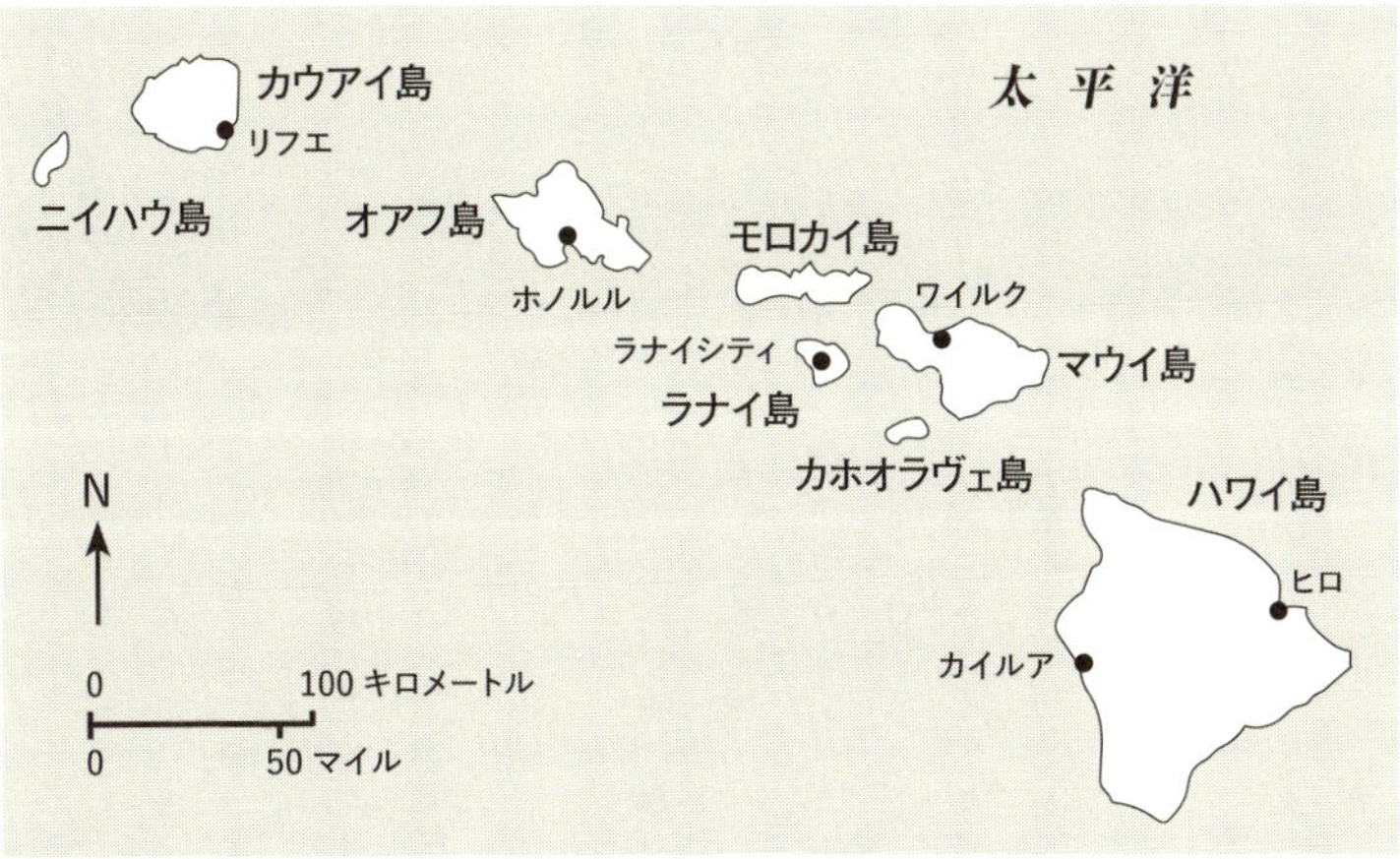

地図 2-1　ハワイ諸島地図（アメリカ地質調査所の公開している地図）（ハワイ諸島はさらに西北西の方角に小島，環礁群が伸びているがすべて無人島である。有人島はこの地図がカバーしている）

アフプアアが大きすぎれば、いくつかのイリに区分されているが、そうした場合、それぞれのイリにもコノヒキがいる。しかし土地の原理的所有者は王である。このように重層的な所有・利用関係が維持されていた。売買可能な排他的な土地所有という考え方は、この頃のハワイ人には共有されていなかった。

さて、プランテーションを作るときには大土地所有が欠かせない。広大な土地を労働者を使って一種類の作物を作る、ということになるからである。必ずしもプランター(5)が広大な土地を所有する必要はないが、ある程度長期間、広大な土地の使用が保証されることが最低限必要になる。しかし、特定の土地所有者とは誰なのだろう。そこを一〇年、あるいは二〇年、利用することができるようにする権利は誰が持っているのか、ということが大いに問題となったのであるが、王に交渉すべきか、コノヒキなのか、誰にどのように交渉したらよいのか……という問題が起きて、プランテーション開発はあまり進まなかった。

一八二五年に即位したときにはまだ一二歳くらいだったカメハメハ三世は、最初は摂政のカアフマヌに実権を握られていたが、やがて成人してハワイ王国の近代化に努めることとなった。まずは一八四〇年に憲法を発布して、ハワイを立憲君主国とした。憲法のなかには、土地について以下の記載がある。

カメハメハ一世は王国の創設者であり、王国の端から端まで土地は王に帰属するが、これは彼の私物ではない。国土は首長や人々に共に帰属し、彼らのために カメハメハ一世は代表者であり、土地財産のマネジメントを行っていた。（Kingdom of Hawaii, Government 1840 : 10. 山本訳出）

すなわち、すべて王の土地であるが、彼が自分の意のままにしてはいけない、首長や平民のものでもある、という風に王も側近たちも考えていたことがわかる。その後、一八四八年に、土地委員会を設置し、複雑な分配の原則（①王の個人的私有地は、小作人の権利を除き、王領②その残りの三分の一がハワイ政府のもの、さらに三分の一が首長とコノヒキのもの、残りは実際の所有者で耕作者たる小作人のものとして保留③首長、コノヒキ、小作人との間の配分は、いずれかがその配分を望んだときに行われ、枢密院と王の承認が必要④王の私的所有地の小作人には、小作人のために私有地として取り分けてあり、彼らが現在所有し耕作する土地の三分の一から、どちらかの希望により分与を授受⑤前項の分与は、すでに王（または前王）が分与したものには非適用⑥首長とコノヒキは彼らの土地の三分の一、もしくは現時点で相当する未耕作の土地の価値に相当する金銭を政府に納付……）（Chinen 1958 : 15–16）が作られ、分配が実行された。王・首長・コノヒキが集まり、土地台帳でそれぞれの所有分、放棄分を確認した。実際には測量に基づいたものではなく、台帳には土地の名前が書いてあるだけである。ハワイ社会にとって、これは社会が大きく変質するきっかけとなった。

カメハメハ三世がなぜこのような「冒険」に踏み切ったのかについては、所説ある。当然入植者がプランテーションの安定経営のために私有化を希望したということがあるが、王自身もそれによって平民に文明をもたらし、平民それぞれに農地や宅地の所有地を分けることで生産のインセンティヴを与える意味があると考えた、と歴史家カイケンドールは指摘する（Kuykendall 1939: 273）。また、縮小が見えていた捕鯨産業後にプランテーションが発展すればハワイの経済も当然潤うわけだし、私有財産制度の導入はハワイが発展するために有意義であると考えていたはずである。

このグレート・マヘレ（偉大なる分配）には時間がかかったが、数年後に見てみると、九八万四〇〇〇エーカーが王領、一五二万三〇〇〇エーカーが二四五人の首長に分配され、一六一万九〇〇〇エーカーが国有地となった（Van Dyke 2008: 42）。クレアナ（平民）も土地所有ができるように設定されていたが、実際の登録にはとても複雑な仕組みがあったので、クレアナで正式に土地を入手する人はあまり多くはなかった。一八五五年までに、二万九〇〇〇エーカー近くがクレアナのものとなったが、そのうち数千エーカーは王国に仕えた白人に与えられた。ハワイ全体の土地がほぼ四〇〇万エーカーなので、その一％にも満たない数値である。

サトウキビ・プランテーションはグレート・マヘレ以後、欧米人が土地を購入することが可能になったので、作りやすくなった。しかし多かったのは、プランターがハワイ人大土地所有者（王や政府、貴族）からリースするというものである。一エーカー一ペニーという破格の安さであったため、ハワイ人土地所

写真 2-1　刈り取りしたサトウキビを積む。カウアイ島リフエ・プランテーション，1885 年（ハワイ歴史文書館所蔵）

有者が得られる儲けは少なかった。ハワイ人自身がプランテーション経営に乗り出すことはあまりなく、あってても成功しなかった。プランテーション経営にはそれなりの知見や資本、情報が必要だったからであろう。宣教師の子弟たちや、一旗組などが競争で砂糖生産を行った。

サトウキビは、イネ科サトウキビ属の植物で、高さが三メートルにも及ぶ。植え付けから収穫まで一年から一年半かかる。茎は固い殻に覆われているが、その内側に甘い汁を含んだスポンジ状の部分がある。その部分を砕いて絞り、取れた甘い汁を煮詰めると砂糖ができる。収穫して時間を置くと、発酵が始まってしまうので、できるだけ早くに絞りその汁を煮詰めて、ザラメのようにするまでをプランテーションで行う。プランテーションはミニ工場ともいうべき設備を備えていた。

サトウキビ・プランテーションが始まった頃には、植え付けも収穫も、工場でのプロセスもすべて人力で行っていたので、多くの労働者を必要とする事業であった。土地問題は、右記のようにグレート・マヘレによって解決していったが、労働者問題はハワイのプランテーション開発において大きな足かせとなった。

3　異なるエスニックの年季契約労働者

当時、ハワイ人は人口減少のさなかにあった。ヨーロッパ人との接触当時の人口推計は、二〇万から四〇万人と大きな開きがあるが（Schmitt 1977: 7）、いずれにしても、そこから急速に数が減っていったことは明らかである。ハワイの歴史統計の専門家であるシュミットは、一八五三年のハワイ人人口を約七万人、混血ハワイ人を約一〇〇〇人としている[6]。それ以外の人口はわずか二〇〇〇人程度である。一八七二年には全体人口は五万七〇〇〇人で、そこから増加に転じるが、ハワイ人人口は減少の一途を辿り、一九〇〇年には混血と合わせても四万人足らず、そのあたりから混血が増えていき、一九一〇年の三万九〇〇〇人で底を打ち、ようやっと増加に転じていく。ハワイ人以外の人口は増加の一途であった（Schmitt 1977: 25. 七九頁**表2—1**参照）。

ハワイ人の人口減少は、さまざまな理由があるが、一八世紀末には王権をめぐっての戦いが繰り広げられたことがあり、また、ヨーロッパ由来でハワイ人が慣れていない疫病が入ってきたために多くのハワイ人が命を落とした。はしか、疱瘡、百日咳、結核等々の他、梅毒や淋病といった性病も流行した。アルコール飲料に慣れない人々はアルコール依存症になるケースも多かった。

カメハメハ王朝も、二世はロンドンで若くして客死、三世は子どもがなく、一世の直系親族から養子を迎え、この男性が継いで四世となったが、子どもがないまま若くして亡くなり、その兄が継いで五世となったもののやはり若くして未婚のまま亡くなった。一世の直系はここで絶えてしまい、高い位にある人のなかから選挙で王を選ぶことになる。議会で選ばれて王となったルナリロは人気のある人だったが、アルコール依存症で結核を病んでいたため即位後まもなく亡くなる。次に選挙で王となったカラカウアも子どもがおらず、妹のリリウオカラニを後継に指名した。そのリリウオカラニ女王は結局アメリカ系の市民の革命により廃位させられてしまうが、彼女もアメリカ人の夫との間に子どもがなく、姪のカイウラニ姫を後継に指名していた。この王朝の後継者問題は、ハワイ人全体の人口減少の様子を代表しているように見える。

それでもプランテーションの労働力は何とかハワイ人をあてにしていた。一八五〇年には、主人と奉公人法（Master and Servant Act）が成立する。この労働年限、労働条件を決めて契約を取り交わすということは、イギリスでは徒弟制度や、商売の見習いなどの慣行が一八世紀以前からあったようであるが、イギリス議会で法律として制定されたのが一八二三年であるから、立憲君主国となり、グレート・マヘレが行われたばかりのハワイで制定されたというのは驚きである。イギリスでは商売の見習いや職人の徒弟奉公の際、未成年の子どもでは契約は結べないので、親と主人側とで結ぶものとなっていた。衣食住を保障する代わりに、半人前の労働力をタダで提供させる、あるいはちょっとした小遣い程度の給金を出すというかたちをとった。また一般家庭の奉公人となる者もあった。

ハワイの場合、この法律のターゲットは第一にハワイ人の若者で、一〇から二〇歳の男子および、一〇から一八歳の女子のために、主人と未成年の奉公人候補者の父親・母親等の保護者との間で結ぶ。主人は奉公人に読み書き（男子の場合には計算も加えた）を教え、契約満了時には対価を払う。不当な扱いに会った場合は、親と奉公人は訴えることができ、主人は罰を受ける。奉公人が途中でやめた場合は、損害は奉公人が弁済する。逃げ出したら主人のもとに連れ帰らされるし、怠業については二倍の時間働かなくてはならない。拒否した場合、刑務所に収監され、契約通りの仕事に戻ることを約束するまで重労働をあてがわれる。二度目の逃亡はさらに重罰が与えられる。第二のターゲットはこれから導入しようとしている年季契約移民であった。成人の奉公人の場合は自分で契約を結ぶことができるが、年限は五年以内とする（Coman 1903: 8-9）。プランテーションの労働力を確保するためにこの法律が定められた。この後者が将来的には、年季契約労働者との間に結ばれる契約の根拠となる。この後、何回か法律は改正された。

一八六〇年代にハワイ政府内で、人口減少問題を強く意識して議論が重ねられるさまをカイケンドールが描写している[7]。混血を合わせたハワイ人人口が、一八六〇年には六万七〇〇〇人、一八六六年には五万九〇〇〇人、一八七二年には五万六〇〇〇人という減少状態である（Kuykendall 1966: 177）。政策決定の場では、ともかくも移民労働者を年季契約で補完すべき、という意見も出たが、一方で人口補充を考えるべき、という意見も出た。後者の政策の推進者はウォルター・M・ギブソンである。移民局という役所ができる一方、王立ハワイ農業学会という、プランターの団体も誕生した。人口補充を考える場合、労働者だけではだめなので、家族で入れるべきという考え方になる。そして彼らには、契約が終了してもハワイに残ってもらい、土地を生かした開発に共に協力してほしいということになるが、その場合は労働できない女性や子どもを移住者のなかに含まざるをえず、それでは非効率だ、とか、でも女性も働くことはできるはず、等々の意見が錯綜していた。人口を増やすためには、同じポリネシア人が望ましいという意見が出たものの、当時、ポリネシア人はどこからどこまでを入れるべきかがよくわからず、マレーシアのマレー人、オランダ領東インド（現インドネシア）のマレー人はどうか、中国人や日本人という選択肢も示された。

当時、イギリスは世界中の帝国内の植民地（モーリシャス、ジャマイカ、イギリス領ガイアナ、トリニダード、フィジー等）に、主としてインドからの年季契約労働者（一部は中国人労働者）（両方ともクーリーと呼ばれた）[8]を移住させてプランテーション展開を行った。インド人移民労働者の窓口はカルカッタ（現コルカタ）であり、中国人は香港を通じてであった。この経験やシステマティックな行政システムを知っていて、インド人の導入を主張する者もあったが、イギリスは自国の植民地内でしかインド人労働者の移住を認めなかった。というのは、年季の切れた労働者を他国の植民地に移住させる試みのなかで、労働者らが虐待されたケースがあり、他国であったためにそれに対してイギリス政府の力が及ばなかったという事例があったからである。[9]また、オランダ領東インド政府からは、オランダ領ギアナ（現スリナム）に移民する以外には認めていない、というつれない返事であった。実際にジャワ島は大変人口密度の高い土地柄であったが、ジャワ人はあまり移民に積極的ではなく、インドネシアのプランテーション開発のために、中国人の年季契約労働者を導入しているほどであった。

一八七五年に、ハワイ王国がアメリカ合衆国との間に互恵条約[10]を結ぶと、砂糖生産は一気に加速する。互恵条約は、お互いの国の輸出品の貿易関税をなくしたり優遇したりするというもので、ハワイの砂糖産業を主導する経営者たちは、最も近い合衆国市場へ進出する良い機会ととらえた。といっても、アメリカ人プランターが増えつつあった。一八六七年にハワイに存在していたプランテーションの数は二九、サトウキビ栽培面積は総計で一万エーカーほどであったのが、一八八〇年には六二二万八〇〇〇エーカーとなっている（Dorrance & Morgan 2001: 6）。

ハワイ人人口は減る一方であったから、労働力供給という面では期待できないのであった。人口減少が著しかったのみならず、プランテーションの野良仕事をあまり好まず、商業活動の雇用や、船員の仕事を選好していたので、さらに国外から労働者を導入することは急務であった。

❶ 太平洋諸島人

最初に始まったのが、太平洋諸島民を対象とした労働力徴集の試みである。当初の調査では、当時フィジーやオーストラリア・クイーンズランドへの労働力徴集が行われていた、ソロモン諸島やニューヘブリデス諸島（現ヴァヌアツ、一九八〇年独立）などメラネシアやポリネシアのロツマ島などを考えていた。しかし、そのあたりはまだ保護領化されていなかったものの、イギリスの影響力が強く、独立国ハワイのそのような動きを当然イギリスは見逃さなかった。ちょっとした手違いや不具合――乗船者名簿や乗船者の島ごとのリストなどがなかったり、不備だったりすることもあった――をブラックバーディングではないかとイギリス軍や植民地フィジー知事アーサー・ハミルトン・ゴードン卿（Sir Arthur Hamilton Gordon, 1829–1912）[11]が鵜の目鷹の目でうかがっていた[12]。

一八六八年から七二年の間にマルケサス諸島、ライン諸島、タヒチ島、カロリン諸島から労働力徴集を実験的に行った結果、三万ドルを使ったのに二〇〇人しか集まらず、その多くはプランテーション労働には向かず、亡くなってしまった。それにもかかわらず太平洋諸島からの人集めにこだわり、労働力徴集の矛先を主としてミクロネシアのギルバート諸島（現キリバス、一九七九年独立）に向けた。政府の船と民間のチャーター船とで、一八七七年から一八八七年までのおよそ一〇年間に三〇回の航海が行われ、ギルバート諸島とニューヘブリデス諸島からは延べ二四〇〇人前後がハワイにやってきた。他にマーシャル諸島（ミクロネシア、現独立国）、ロツマ島（フィジー諸島に政治的には統合されている）、トケラウ諸島（現ニュージーランド属領）、エリス諸島（現ツバル）（いずれもポリネシア）、ニューヘブリデス諸島（現ヴァヌアツ）、サンタクルス諸島（現ソロモン諸島の一部）、ブーゲンヴィル島、ニューアイルランド島（現パプアニューギニアの一部、いずれもメラネシア）などからも小人数ながら来ている（Bennett 1976: 4）。

しかしながら、結局あまり多くの労働者を集めることができず、全体的に失敗であったとベネットも評価している。ギルバート諸島人の死亡率が高く（一一％程度）、彼らのほとんどは三年の契約の後帰還することを望んだ。環礁が故郷のギルバート諸島人は、水・食糧に恵まれない生活から、ハワイへの移民を志したものの、結局プランテーションの暮らしにはなじめず、帰国を望む者がほとんどだった。ハワイ人の減少から、太平洋諸島人の移住を歓迎する動きもあったものの、滞在は失望に変わった。こうして三年契約で帰国してしまう人が多いと、コスト高でもあった。政府の経費として、太平洋諸島人の場合一人につき四九・八ドルかかったが、ポルトガル人なら二〇ドル、ドイツ人なら一七ドル、ノルウェー人なら一五ドルであった。カラカウア王が一八八一年に世界一周の途上日本に寄港し、日本人を移民として招く交渉がうまくいき、一八八五年から日本人がやってくるようになると、太平洋諸島からの徴集は沙汰やみとなったし、ほとんどの太平洋諸島人は帰還してしまった（Bennett 1976: 21-23）。現在、ハワイにはサモア、トンガ、ミクロネシアなどからの移民の結構な人数が生活しているが、それらの人々は主として第二次世界大戦後にやってきた人々で、一九世紀に年季契約労働者とした来島した人々の子孫ではない。

ポリネシア人やミクロネシア人[13]を住まわせて人口増加につなげることで、ハワイ人の人口減少を解消する試みは、日本との間に条約が結ばれて、多くの年季契約労働者が到来するようになると、次第に自然消滅していった。大土地所有によってサトウキビ・プランテーションの開発がどんどん進行したハワイの農業生産を支えた労働力は、まずは中国人であるが、中国人のまとまった数が来たのは、ポルトガル人の導入よりも後である。とりあえず、まずはポルトガル人の説明をしてから、中国人、日本人の説明に移ろう。

❷ポルトガル人

ハワイでは人口統計のなかで、長らく白人とは別にポルトガル人というカテゴリーが立てられていた。彼らはアゾーレス諸島やマデイラ諸島の出身であり、アフリカに近いためにアフリカ人の血が混じっているとみられており、白人にしてはちょっと浅黒い肌をしているために、そこで区別が生じたという説明がなされることもある。しかし実際彼らはエスタブリッシュメントとしてハワイにやってきた白人とは異なり、労働者としてやってきたので、そのために扱いが異なっていたのではなかろうかと筆者は考えている。

ヨーロッパから労働者を呼ぶ可能性を好むプランターもあり、ポルトガルの他にドイツ、ガリツィア（スペインの一地方）、ノルウェーなどに交渉したが、いずれもあまり多くの移民を呼びこむことにはならなかった。唯一来てくれたポルトガル人は、ちょうどワイン用のぶどうの不作の時期があり、活路をハワイに求めた。最初の移民は一八七八年であり、九〇年まで続いた。農業労働であり、気候も似ていることが誘因となった。ヨーロッパ人であるために、プランテーションでは一介の労働者というよりは、中間管理職であるルナ（現場監督）になることが多かった。一八七七年の契約時でも、月給一〇ドルで、週休二日、食料、燃料、住居支給で、アジア系移民に比べ好待遇であった。ポルトガル人はカトリックであり、妻子とともに来ることがしばしばで、おおむね子だくさんで妻は専業主婦、プランテーションで働くのは夫のみ、ということが普通だったので、移動費用がかかりすぎるという批判が政府内では出た。また契約満了後に再契約すれば、すでに慣れている仕事なのに労賃が上がるという好条件にもかかわらず、再契約はとても少なかった（Coman 1903: 23）。土地を買うなり借地をするなりして、自営農家となることが多かったのである。

南米の南端を通ってハワイに来るので、航海は長く、旅費も相当かかる。(14)というわけで、次第にポルトガルからの新しい移住者は減っていったが、ブラジルが旧宗主国への移民の募集を始めたことも志願者減少の原因である。ブラジルにはポルトガル語が使えるというメリットがあった。

❸ 中国人

中国系はごく少数であるが一九世紀の初めころからすでに自由移民としてハワイに来ていた。ハワイで初めてサトウキビ栽培の実験を行ったのは中国人であり、それは一八〇二年のことであった（Nordyke and Lee 1989: 197）。最初にハワイにやってきた中国人は多くが商業に従事した。一八二八年にはマウイ島にプランテーションを作り、徐々に開発を行ったが、人力や動物の力に頼るものであった。後にサトウキビ・プランテーションの最初の労働力となったのは後年にやってきた中国系の人々である。彼らの多くは苦力《クーリー》と呼ばれる肉体労働者で、一八五二年に二九三人の契約移民が、王立ハワイ農業協会の仕立てた船に乗船してやってきたのが最初である（Glick 1975: 135–139）。この年季契約労働者が、中国のどこから来たのか、ということを過去の記録等に分け入って検証したグリックは、彼らが福建省の人々であり、出航したのは厦門《アモイ》港であろうと推測している。その後、年度ごとの中国人の入国記録はそれほど大勢ではなく、一八五九年の一七一人に至るまでさほどの人数ではない。最初に商売を始めるためにやってきた中国人は広東省出身の人が多く、なかにはプランターもいた。彼らにしてみれば、福建省の人はなじみがなく、それ以上の導入がスムーズではなかったとみられる。福建と広東ではことばが違って互いにコミュニケーションをとることは難しかった（Nordyke and Lee 1989 : 199）。

写真 2-2　19 世紀ハワイのサトウキビ・プランテーションの中国人契約労働者（ハワイ歴史文書館所蔵）

　どこから労働者を入れるかという議論に明け暮れた後、結局ヨーロッパからは多数の労働者導入がかないそうもなく、インドやマレーシア、インドネシアから呼ぶことも難しそうで、中国人苦力を呼ぶ選択肢しかなくなったために、香港に宣教師として滞在したことのある人物を仲介して、香港から苦力を導入することとした。一八六五年からは、一〇〇人を超える入国がある年もあり、一八七六年に年間一〇〇〇人を超えると、一八七八年からは毎年三〇〇〇人前後で一八八五年まで続いた。

　初期のアジアからの年季契約労働者の扱いに関しては大

変ひどいもので、すし詰めの住宅、食料の不具合、作業労働の扱いなどにおいて特徴的である。法律では体罰は禁じられていたものの、現実には存在した。またその暮らしは大変厳しいものであった。

……プランターたちは彼らをみて、仕事をさせるために選んだが、それは連れてくるのに先立って馬を眺めるのと同じようであった。これら中国人はプランテーションに連れていかれた。そこで彼らは草でできた家、または汚れた床でできている白木の家に寝泊まりした。ときには一部屋に四〇人詰め込まれることもあった。彼らは二フィートの幅があり床から三フィートある板の上で寝た。毎朝五時に起き、ルナという親方の指揮のもと、野良に隊列をなして出かけた。そこでサトウキビを切り、肩に担いで牛の引く荷車に載せ、砂糖をつくるために圧搾機まで運んだ。仕事をしている間、彼らはおしゃべりも喫煙も禁じられていた。ルナが許してくれたときだけ休憩をとることができた。いかなる理由があっても、能率が落ちたり、作業が停止してしまっていたら、ルナは黒い蛇皮の鞭でたたくのであった。

（Young 1974 : 17–19; Nordyke and Lee 1989 : 199 に引用。山本訳出）

村上衛によると、福建省厦門《アモイ》において、苦力貿易の裏に人身売買があるとして暴動が起きたのが一八九二年の終わり頃であり、広東人商人が主に担ってきた世界中に中国人年季契約労働者を送り出していた苦力貿易も、それを契機に衰退していく（村上 2009）。苦力貿易が人身売買的要素をもっていたことは間違いないようであるが、国際的にも批判が集まらないよう、中国内で前借等は処理されるようになっていた。すなわち、本来年季契約移民は、海外渡航するための旅費を受け入れのプランターに前借りして、それをプランターが毎月給料から引いていって帳尻がとれるようになっているわけだが、その代わりに中国国内に前もって渡航費用を借金で貸してくれる高利貸しのようなシステムがあり、表面上は自由移民の形をとることが行われていたのである。渡航費用前借のために契約期間中には労働者はプランテーションの変更ができない、といったことが形を変えた奴隷制であるという批判につながるので、表面上は自由渡航であるよう見せかけることが行われていた。

しかし、彼らは長く契約労働者のままでいることは少なく、最初の契約期間終了後は、「食品などの小売業、洗濯業やレストラン経営などのサービス業、靴・衣類の製造業など」に従事することが多かった（吉原 2013）。五万六七二〇人の中国人が一八九九年までの間にハワイに渡航した（Glick 1980: 11）が、一九〇〇年に中国系でハワイに居住していたのはその半数以下である。現地で亡くなった者も無論いるが、帰還したり、北米大陸に渡ったりする者が多かった。また、中国人のハワイ入国といっても、いったんアメリカ合衆国に渡った苦力がハワイにやってくるケースもあった。一八八二年のプランテーション労働人口一万二四二人のうち四九％を中国人が占めたのがピークで、一八九六年には二六・五％であった（吉原 2013）。中国人労働者は妻帯で移住することはあまりないので、女性の数が大変限られたコミュニティであった。

一方、次第にホノルルで商業活動が活発になる中国人コミュニティ――ダウンタウンにできたチャイナタウンを中心としていた――は、ハワイを牛耳っていた白人ビジネスマンにとって脅威であった。ハワイの移民局も、中国人の入国がどんどん増えていくことには危機感を持っていた。プランテーション労働のために呼んだ中国系が、契約終了後は別のビジネスに進出してしまう。年季契約労働者を多く呼びたいというプランター側と制限したいというハワイ政府の間には、せめぎ合いがあった。そればかりではなく、ハワイのプランテーションでの労働者の待遇の悪さ、暴力、搾取が知られるようになって、中国政府（清王朝）は禁止令を出し、イギリス政府も苦力をハワイに輸出するなという指令を香港政庁に伝えていた。

一八八六年には人口が二万人を超し、中国人は総人口の四分の一を占めながら、プランテーション労働者は五六〇五人しかいないのであった（Coman 1903：35）。

それに先立つ一八八三年には中国人を連れてくることに制限が加えられるようになったが、プランターからはこの制限に反対する請願が出て、論争となった。プランターたちは、プランテーション労働の業種に限って中国人の入国を認め、国内の中国人にプランテーション労働を強いるという案であったが、政府は中国人排斥に近い制度を考えていた。ちなみにアメリカ合衆国は一八八二年に中国人排斥法を決めており、同種の制限はオーストラリア、カナダなど世界各地で始まっていた。合衆国で排斥法が決まってから、ハワイにやってくる苦力たちもいた。ハワイ政府は、一八八六年から一八九二年の間に、中国人に関してだけ厳しいルールを当てはめ、労働者の入国を実質的に禁止し、特定の職種の者のみ再入国を許すように法律を改正していった（Nordyke and Lee 1989：204）。中国人排斥のため、ハワイの中国人人口は減っていかざるをえなかった。

❹日本人

日本人を年季契約労働者として呼ぼうという試みは、どちらかというと中国人排斥の動きから発したものである。がこれに先立って、日本から一八六八年に横浜在住のアメリカ人商人によって送り込まれた一四八人がいる。ちょうど交渉が始まったのは幕末の時代であった。明治政府に交代したとたんに話がこじれて、明治政府は自国民を誘拐されたとして、ハワイ政府に抗議することとなった。うち一部は帰国し、ハワイにとどまったのは九〇人である。渡航したのは明治元年であったため、彼らは「元年者」と呼ばれた。

写真 2–3　カラカウア王，1882 年頃。ジェイムズ・J・ウィリアムズ撮影（ハワイ歴史文書館所蔵）

こうした経緯があって新しい移民の話はしばらく沙汰止みとなっていたが、カラカウア王（David Kalakaua, 1836–1891）が世界一周の旅の途上一八八一年に来日したとき、明治政府にハワイでの農業労働力の必要性を訴え、日本からの移民を促した。[15] 日布渡航条約がようやく、一八八六年に締結され、その前年一八八五年より国が募集を行い、年季契約労働者を送り出すこととなった。官約移民と呼ばれる所以である。労働者とその家族の渡航費用はハワイ政府が負担し、[16] 三年間の労働、労働日数（一カ月二六日）・時間（野良仕事：一日一〇時間、砂糖加工プロセス：一二時間）、最低賃金（男性：月給九ドル、女性：月給六ドル）、食料代（男性：月六ドル、女性：月四ドル）（Kimura 1988: 4）という条件となったが、これはハワイと日本の政府間協議で決まったものである。また政府が関与し、医師・通訳の配置、日本人監督官の駐在なども行われた。しかし年季契約労働者の現実は生半可ではなく、馬に乗ったルナ（現場監督）が鞭をもって監督にあたり、彼らによる虐待、いじめなどに悩まされた。法律的には、違法行為は法廷に訴えることも可能であったが、出廷が欠勤扱いとなり罰金が科せられることになるので、断念するのが普通だった。

一八九三年にハワイ王国は「革命」によって転覆され、年末にハワイ共和国がアメリカ系住民により成立した。このため、一八九四年に官約移民は終了する。政府は移民に関して、免許制として民間の会社に任せ、契約移民を送り込む体制とした。その間にさらに約三万人が渡航した。そのうち、約四四%が残留し、四六%が帰国し、七%が死亡、三%がアメリカ本土に渡航した（Moriyama 1985: 29）。帰国者が多かったのは出稼ぎの伝統によるものであろうとモリヤマは推測している。また、モリヤマによれば、一八九五年から一八九九年の間に、移民会社が仲介して渡航した人の人数は四万人を超えている（Moriyama 1985: 70）。

一八九三年にハワイ王朝はアメリカ系市民の主導する「民主革命」により倒されたが、年季契約労働で労働力を供給していく体制は変わらなかった。ところがハワイ諸島は一八九八年にはアメリカ合衆国に併合され[17]、一九〇〇年に準州となる。

このアメリカ併合を推進したハワイ在住のビジネスマンや政治家の動機には、日本人の増加という問題が隠されている、とコーマンは述べている。


……彼ら（エスタブリッシュメント）は、彼ら（日本人）の技能職に参入する速度が中国人にまして急速であると知った。ハワイが東洋化する危険は、中国人に制限が加えられていない頃にも増して大きくなっていた。実際、諸島が日本に併合されてしまうという恐怖は、アメリカ合衆国に併合を要望した主因の一つだった。（Coman 1903: 47. 訳出とカッコ内付加は山本）

写真 2-4　ハワイ島カウのサトウキビ・プランテーションの日本人労働者，1890 年頃（ハワイ歴史文書館所蔵）

写真 2-5　新しくハワイ島にオープンしたプランテーションのために，ホノルル港に到着した日本人契約労働者。月給 13 ドルで滞在費，旅費は給料から引かれる。1899 年頃（ハワイ歴史文書館所蔵）

併合によって労働のシステムが大きく変わったのは、すべての年季契約制度が廃止されたことである。合衆国は年季契約労働を奴隷制に近いものととらえていたので、廃止となったのである。それまで契約期間に縛られ、特定のプランテーションからの移動ができなかった人々は、働き場所に縛られることがなくなった。

日本人の移民は自由移民として続き、一九〇〇年から一九〇七年の間に自由移民として六万八三〇〇人が、さらに一九〇八年から一九二四年の間に移民の呼び寄せとして四万九六一六人が来布した(18)。

4 虹の階層

タカキは、ハワイのプランテーション生活を描いた『パウ・ハナ』のなかで「プランターたちは……労働者の国籍あるいは民族を意識していないわけではなかった。事実、彼らは労働者たちの間に分裂状態を作り出し、それによって管理統制を強化するために、民族的に多様なプランテーション労働者階級を計画的に作り出したのだ」(タカキ 1985: 36) と述べている。ストライキの発生を抑えるために労働者の国籍を単一にしないほうがよい、という意見は早くから出ていた。こうして、ポルトガル人と中国人、その後日本人という異なる民族集団の年季契約労働者の導入が、さまざまな国際的状況の結果であるとはいえ、ある程度意識的に図られたところがあるだろう(表2-1参照)。年季契約労働が終了した後も、日本人に頼り切る危険を悟っていたからだろうか、一九〇〇年以降、さらにフィリピン、プエルトリコなどから移民

表 2-1　1900 年までのハワイ住民のエスニシティ

エスニシティ＼年号	1853	1860	1866	1872	1878	1884	1890	1896	1900
総計	73,137	69,800	62,959	56,897	57,985	80,578	89,990	109,020	154,001
ハワイ人	70,036	65,647	57,125	49,044	44,088	40,014	34,436	31,019	29,799
ハワイ人混血	983	1,337	1,640	2,487	3,420	4,218	6,186	8,485	9,857
白人	1,687	1,900	2,400	2,944	3,748	16,579	18,939	22,438	26,819
ポルトガル人	87	85	90	424	486	9,967	12,719	15,191	18,272
その他白人	1,600	1,815	2,310	2,520	3,262	6,612	6,220	7,247	8,547
中国人	364	816	1,306	2,038	6,045	18,254	16,752	21,616	25,767
日系人	–	–	–	–	–	116	12,610	24,407	61,111
黒人	–	–	–	–	–	–	–	–	233
その他すべて	67	100	488	384	684	1,397	1,067	1,055	415

出典：Schmitt 1977: 25

* エスニシティの定義は旧分類。ハワイ人混血はハワイ人と白人の混血，ハワイ人と非白人の混血は父親と同じカテゴリーに入る。

を導入する。ただし、日本人の移民はその後も途絶えることはなかった。

ハワイのプランテーションの構成を見ると、それぞれのエスニック集団ごとに居住する地区はそれぞれにキャンプと呼ばれており、キャンプごとにそれぞれの慣習が生かされている面がある――日本人の居住域には風呂屋があったり、エスニック集団ごとに宗教施設があったり、裏庭の狭いところにエスニック特有の香辛料を育てているなど――と同時に、それぞれのエスニック集団が分断されていた、ということが言えるのではなかろうか。プランテーションの労働は、エスニック集団で割り当てがあったし、給料も異なっていた。それは公には知らされておらず、二〇世紀になってからのストライキはエスニックごとの給料の違いが争点のひとつであった。もっともそのようなエスニック集団ごとのプランテーションの労働者の編成やそれぞれのキャンプの民族文化に合わせた福利厚生が図られるようになったのは、

写真 2-6　コロア砂糖会社のプランテーションにて，サトウキビ運搬鉄道，1882 年。カウアイ島コロアはサトウキビ栽培の始まった地（ハワイ歴史文書館所蔵）

二〇世紀になってからである。一八九五年に設立されたハワイ・シュガー・プランター協会（Hawaiian Sugar Planters' Association）は、労働者の分断を図ることもしたが、プランテーションの円滑運営のために、労働者の福利厚生にもある程度力を入れた。

二〇世紀になると、日本人労働者はストライキなどを起こすようになる。一九〇六年に導入されたのがフィリピン人で、彼らの導入は日本人のストライキに対処するために必要であったといわれる。いわゆるスト破りである。しかし後には、フィリピン人労働者たちも組合を作り、ストライキを打った。ただし、日本―フィリピンの連合するストライキは、第二次世界大戦後まで実現することはなかった（オカムラ 2013）。

怠業や欠勤を防ぐ方法として、罰金をとることとなっていた。体罰は法律で禁じられていたが、現場監督は鞭を用いて労働者にいうことをきかせるのを常としていた。タカキは、これが年季契約労働の時

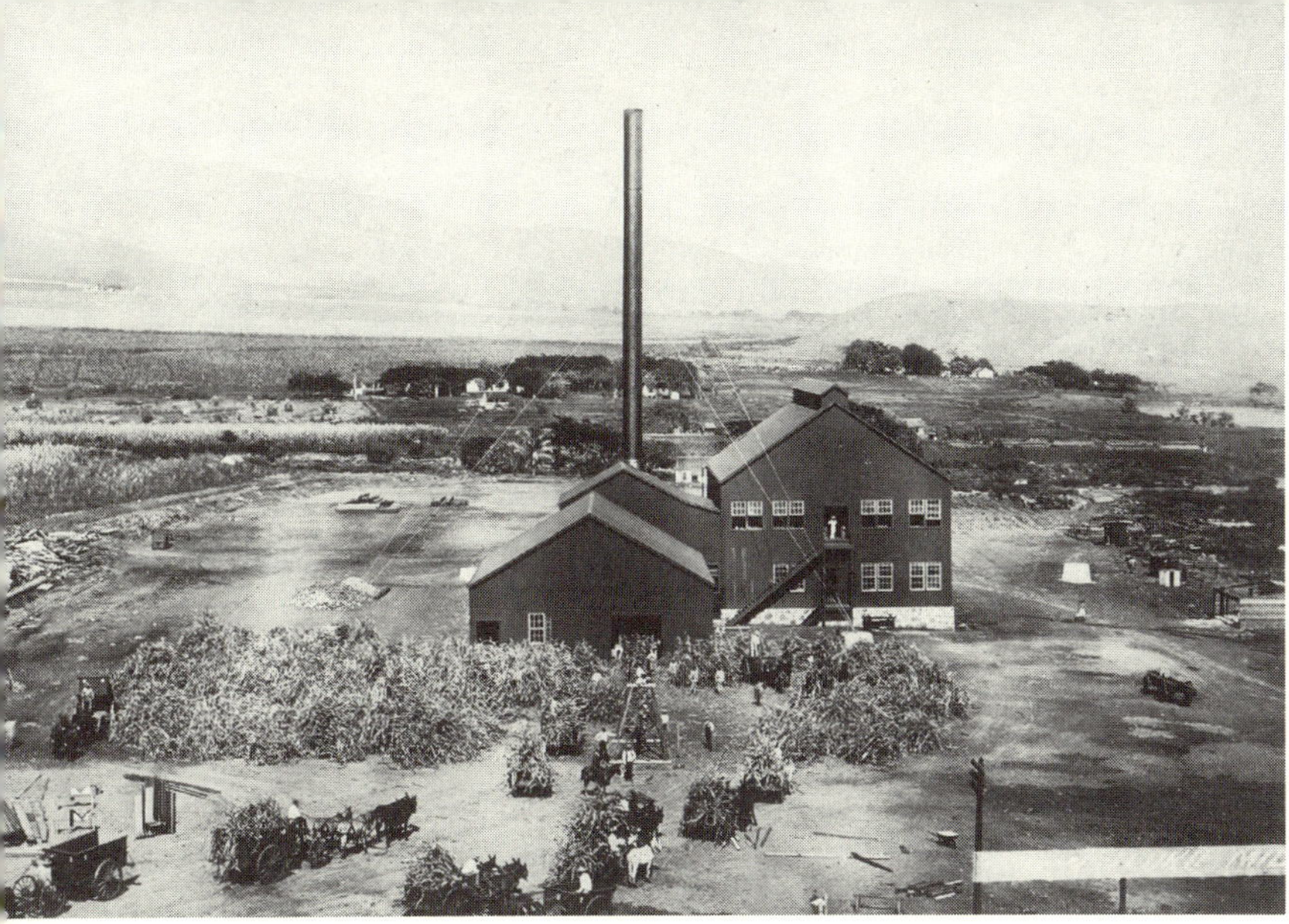

写真 2-7　マウイ島ワイルク・プランテーション併設のサトウキビ圧搾工場。砂糖を煮詰めるボイラー用の煙突が特徴的。1880 年代（ハワイ歴史文書館所蔵）

代を過ぎてもなお行われていたことを、古老の証言により確認している（タカキ 1985：111–114）。

ハワイのサトウキビ・プランテーションの数は一八八四年に八〇と最も多かった。しかし、耕地面積はどんどん増え、一九三〇年頃には二五万エーカーで最大であるが、プランテーションの数は四六になっている。砂糖産業は、機械などを利用したビッグビジネスになりつつあり、統合した大きな面積をもつプランテーションほど有利であった。ハワイはしまいにはビッグ・ファイヴと呼ばれる五大財閥――アレクサンダー&ボールドウィン、キャッスル&クック、C・ブリュワー、シオ・H・デービス、アメリカン・ファクター――の寡占となった。

そのなかで、さまざまなエスニック集団が存在し、さまざまな文化が交錯するハワイ社会は、人種や民族のるつぼであり、絶対多数を占めるエスニック集団もなく、それぞれが虹のように層をなしている（**表2－2参照**）。また、現在ではエスニック間結婚

表 2-2　ハワイ在住人口のエスニック構成
（2000 年および 2010 年センサスデータより）

エスニック集団名	2000				2010			
	単一エスニック帰属		複数エスニック帰属		単一エスニック帰属		複数エスニック帰属	
	実数	割合（%）	実数	割合（%）	実数	割合（%）	実数	割合（%）
白人	294,102	24.3	476,162	39.3	336,599	24.7	564,323	41.5
日系	201,764	16.7	296,674	24.5	185,502	13.6	312,292	23.0
フィリピン系	170,635	14.1	275,728	22.8	197,497	14.5	342,095	25.1
先住ハワイ人	80,137	6.6	239,655	19.8	80,337	5.9	289,970	21.3
中国系（台湾系除く）	56,600	4.7	170,803	14.1	53,963	4.0	198,711	14.6
コリア系	23,537	1.9	41,352	3.4	24,203	1.8	48,699	3.6
アフリカ系	22,003	1.8	33,343	2.8	21,424	1.6	38,820	2.9
サモア系	16,166	1.3	28,184	2.3	18,287	1.3	37,463	2.8
ベトナム系	7,867	0.6	10,910	0.8	9,779	0.7	13,266	1.0
マーシャル系	–	–	–	–	6,316	0.5	7,412	0.5
トンガ系	3,993	0.3	5,988	0.5	4,830	0.4	8,085	0.6
アメリカ・インディアンと先住アラスカ人	3,535	0.3	24,882	2.1	4,164	0.3	33,470	2.5
ラオス系	1,842	0.2	2,437	0.2	1,844	0.1	2,620	0.2
グアム人（チャモロ人）	1,663	0.1	4,221	0.3	2,700	0.2	6,647	0.5
アジア・インド系	1,441	0.1	3,145	0.3	2,201	0.2	4,737	0.3
タイ系	1,259	0.1	2,284	0.2	2,006	0.1	3,701	0.3

出典：山本・山田編 2013: 376

* 複数エスニック帰属とは，自己申告により複数のエスニック帰属先をあげてもらい，すべてカウントする。当然合計で 100% を超える。

が多いという特徴もある。このような社会の生成は、少数の白人支配の中、ハワイの人口を補い、主力産業であったサトウキビ栽培のための労働力を確保しようとした政策の結果であるといえる。

一方で、砂糖産業は衰退した。ハワイがアメリカに併合され、さらに一九五九年に州に昇格するに従い、労働者の賃金はアメリカ本土なみとなった。労賃の安さで成り立っている砂糖産業はとても他国の同じ産業に対抗できなかったのである。アレクサンダー&ボールドウィン社が運営していたマウイ島のハワイ最後のプランテーションが閉鎖となったのが二〇一七年であり、これをもってハワイの砂糖産業の歴史は閉じられた。

注

(1) ジェームズ・ドール (James Dole 1877–1958) がパイナップル栽培を始めたのは二〇世紀になってからのことなので、年季契約労働とは直接結びつかない。サトウキビが湿潤地を好むのに対して、パイナップルは乾燥して水はけのよい土地を好み、サトウキビ栽培とは競合せず、大変成功した。ただし、年季契約労働を用いていないので、本書では扱わない。

(2) 当時、中国は欧米の好む多くの物産（磁器、茶、生糸・絹織物など）を生産していたが、欧米の商人が持ち込む物品にあまり興味をもたなかった。数少ない中国人の欲しがるものとして、白檀、アザラシの毛皮、煎りナマコなどの中華料理の食材があった。日本からも江戸時代に俵物（煎りナマコ、干しアワビ、鱶のひれ）として中国に輸出されたことがよく知られている。

(3) 平民が首長の命令で白檀採取に動員され、疲弊していくさまが史料により明らかとなっている。

(4) この二つの階層は、総称してアリイと呼ばれた。

（5）プランテーションのオーナーであるが、ハワイでは土地は借地の場合もしばしばある。オーナーが経営を行う場合もあるが、実際の経営はマネージャーに任せている場合もある。日本的な概念でいえば経営を行うプランターはオーナー社長であり、経営を任されたマネージャーは雇われ社長という感じであろうか。

（6）統計上、当時のハワイ人混血は、白人とハワイ人の混血で両親のどちらかがハワイ人である人を指す。それに対して父親が日本人や中国人の混血の場合、それぞれの父親の人種に統合されていた。

（7）カメハメハ五世以外は、白人の大臣、委員たちである（Kuykendall 1966: 177–195）。

（8）Coolie と英語では綴るが、もとはインド国内で移住労働者を指して用いられていた単語である。中国では、漢字を当てはめて苦力と書く。

（9）イギリスは一九世紀の前半に奴隷制廃止を他国に先駆けて打ち出しており、年季契約労働という形が奴隷制とは異なるという考えで前者を維持していた。そのために、少しでも実質的な奴隷制の隠れ蓑としての年季契約労働に大変敏感に反応していた。

（10）互恵条約の一八八七年の改訂によって、アメリカ合衆国は、パールハーバーの独占的利用権を得た。

（11）第六章に詳述。

（12）実際誘拐や口約束などだけの怪しい徴集もあったが、ハワイに関して大多数はブラックバーディングといえるようなものではない。全体にオーストラリアへの労働力徴集に比べたらましなほうである。またベネットによれば、最後のほうでは、メラネシアの年季契約よりも多額の給料が約束されていたという（Bennett 1976: 17）。

（13）当時は三つの文化圏の違いはあまり分からず、ミクロネシア人もメラネシア人もポリネシア人と呼ばれることが多々あった。

（14）パナマ運河の完成は、一九一四年のことであった。

（15）ちなみにこのときのカラカウア王の日本訪問には二つ目的があり、もうひとつは姪のカイウラニ王女との縁組にふさわしい男性を日本皇室から探すことを考えていたが、これは実現しなかった。

（16）渡航費用の件は微妙である。政府が払うことになっているが、結局は引き受けのプランターに転嫁したようで、給料の二五％をプランターが徴集し、医者や通訳の給料となったり、帰国の費用の積立となったりしていたが、途中で労働者が不平不満を述べるようになって、この額は一五％となった。また、一八八八年から二年間は労働者が払うものとされたりした（Moriyama 1985: 22–24）。渡航費用の問題はそれほど大きな問題ではなかった。ハワイ政府は、どうもプランターにその費用を転嫁したようであるし、プランターは、契約労働者の給料から、帰国費用を天引きしたようである。

（17）アメリカ合衆国への併合は、ハワイの政財界では最初から熱望する向きもあったが、アメリカ議会内ではさまざまな勢力の綱引きがあり、すぐには実現しなかった。しかし米西戦争の結果、フィリピンを領有することになり、その流れでハワイの併合も決まった。

（18）年季契約労働者としての入国は終了し、一九〇〇年からは自由移民として、ハワイのみならず、アメリカ合衆国（主として西海岸）へ移住する人が増加する。ハワイからアメリカ本土への移住者もいた。しかし、アジア系移民排斥運動が激しくなり、日本政府は紳士協定として、一九〇八年より労働者の移住を抑えた。ただし、すでに移住している人たちが留学する年少者や配偶者のために親族を呼び寄せることはできた。多くの写真花嫁が海を渡ったことはよく知られている。しかし一九二四年には、帰化不能者の移民を禁じる法案が連邦議会で可決され、呼び寄せも不可能となった。

第三章

クイーンズランドの南洋諸島人労働者

オーストラリア大陸は、オセアニアで最も早く人が住み始めたところである。現在アボリジナルと呼ばれている人々の祖先は四万年ほど前にアジアから当時陸続きだったところを渡ってこの地にやってきた。数百の言語集団に分かれ、それぞれに採集狩猟を行って暮らしていた。

一七七〇年にキャプテン・クックがボタニー湾に上陸して、領有宣言を行った。イギリスによるオーストラリア植民が流刑地として始まるのは、一七八八年のことである。イギリスはそれまで北米に囚人を送っていたが、アメリカ合衆国の独立により、その事業の継続が難しくなった。囚人のための収容施設が国内では足りなくなったということと、オーストラリア開発のための十分な労働力を確保するためという二重の目的でオーストラリアへの流刑が行われるようになった。オーストラリア全体の、国としての体裁が初めから整っていたわけではない。まずはニューサウスウェールズから植民が始まる。この章の舞台であるクイーンズランドは、最初はニューサウスウェールズ（以下NSWと略称を用いる）植民地の一部であった。その後一八五一年にNSWから分離して別の植民地となり、一八五九年には自治植民地となった。一九〇一年にオーストラリア連邦として独立する際に州となった。

この章では、牧畜大国オーストラリアのなかで、労働力集約型のサトウキビ・プランテーションの開発を行ったクイーンズランドの労働力徴集を取り上げる。

1 オーストラリア開発と労働の担い手

流刑植民地として出発したオーストラリア・NSWは、「主に囚人、解放囚人（刑期を終えた元囚人）とそれを監督する役人と兵士によって構成されていた」（藤川 2000: 91）。北米の場合、すでに自由移民として来ていた移民に必要な労働力として囚人を配分し、開発作業の詳細は移民に任せればよかったが、NSW植民地は囚人ばかりなので、監督して具体的な作業をさせる役人や兵士が必要であった。囚人といっても、殺人といった重罪犯は少なく、窃盗、家屋侵入盗がほとんどであった。また囚人は刑期を終えた後も、帰国するということは基本的に計画されておらず、そのままオーストラリアで開発の労働力となることが既定路線であった。年季契約労働者の場合、安いとはいえ給料が支払われるものであったが、囚人に対しては食料が与えられるだけであったから、きわめて安価な労働力であるといえる。第一船団に乗船していた人数からは、女性が全体の四分の一程度いたことがわかる（鈴木 1996: 3）。また囚人はおおむね若くて健康な人々で、労働を行うには適していた。囚人の身分は曖昧なところがあった。彼らは労働者というよりは、国家に帰属する奴隷のようであった。多くは道路などのインフラ整備を担った。

一八一九年まで植民地政府は、「中小自営農民を中心とする自給自足的な植民地を目指す方針と、大規模経営による牧畜業の成長というもう一つの流れの間に挟まれていた」(藤川 2000: 99)。ジョン・ビッグの報告により、囚人労働者を大規模雇用者に割り当てる方針となって、後者の流れは促進された。また公有地を占拠して牧畜を行うスクウォッターに対して安価な許可料で利用を認めると、この流れは確実なものとなった(藤川 2000: 99)。このことは、安価な地代で公有地を借りることが認められたに等しい。しかし牧畜業のために、人々は内陸に占有地を増やしていったため、アボリジナルとのコンフリクトは増加していった。

一八二〇年頃には、送り出す囚人も増え、自由移民として渡来する人々も増えた。増加する自由移民のなかには多くの補助移民が含まれていた(藤川 2000: 81)。後者は、渡航費用を全額あるいはその一部を政府に援助してもらって渡航する人々である。囚人は刑期を終えれば、元囚人として自由な労働者となる。さらにその子どもたちはもともと自由人であったから、労働者のほとんどが囚人であるという時代は次第に過去のものとなっていた。一八四〇年には、今後のオーストラリアの発展を目指して、イギリス政府は大陸部のNSWには囚人を送ることを終了した。

その後一八五一年のゴールドラッシュの混乱を経て、翌年イギリス政府はオーストラリアの東部諸植民地に自治権を与えることを決定した。それぞれの植民地の憲法を作成後、一八五六年までに、NSW、ヴィクトリア、南オーストラリアの植民地はそれぞれに議会をもつ自治体となった(1)。また、一八五九年には、NSWを二つにわけて、北側が新しくクイーンズランドとして自治植民地を形成し、旧NSWの南半分がそのままＮＳＷとして継続することとなった。

2　クイーンズランドに至る開発と労働の担い手

新しい植民地のクイーンズランドは、オーストラリアの東岸の北半分を占めている。南側はＮＳＷに接し、西側はノーザン・テリトリーに接している。クイーンズランドは内陸から沿岸部の高温多湿地帯を含むため、他の地域と違う土地利用があった。内陸では他の地域と同様に牧畜業もあり、また鉱山もあったが、沿岸部に湿潤で暖かい地域があった。この土地は、土地の多様性ゆえに、単一経済ではなく、複数の柱となる産業があった。内陸では牧畜業があり、沿岸部ではサトウキビ・プランテーションがあり、鉱産もあると同時に小麦栽培も行われていた。

まずはクイーンズランド成立以前のこの地の説明から入る必要があるだろう。すでに書いた通り、囚人の労働力は本来政府に帰属し、無料で橋や道路の工事をするはずであったが、政府から配分された囚人労働者を民間の自由移民に政府が配置してその下で働くこともあった。クイーンズランドの内陸部の牧畜業は、ＮＳＷで行われていた仕組みと同じである。労働者は、囚人、刑期をつとめた元囚人、仮釈放者、そしてヨーロッパも主としてイギリスから来た自由移民が働いていた。また労働者不足であるため、牧場では、半ば強制的にアボリジナル（オーストラリア先住民）を牧童として使用することもあった。奴隷的扱いであり、逃亡すると追いかけて捕まえたりもした。奴隷と同じと主張する人も、彼らは所有をすることができるので奴隷ではないと主張する人もいた。エヴァンズは、「明らかに、ヘロット（古代スパルタの農奴)、ペオン(メキシコの借金返済のただ働きの者)、サーフ(中世ヨーロッパの農奴)、賃金労働者と奴隷といった名づけがすべて、黒人(アボリジナル)の労働者にぎこちなくついて回っていたが、その実、それぞれの語が正確に示す働き方の範囲のいずれもが各地のオーストラリア植民地で抑圧された先住民に対して適用されていたからである」(Evans 2018: 186. 山本訳出、カッコ内は山本付加)と述べている。

アボリジナルはそれほど明確に被支配の関係に置かれていたということである。そもそも、アボリジナルが採集狩猟で生計をたてており、土地を耕したり定住したりしておらず、移動生活を送っていたために、オーストラリアの土地全体は「無主の地」(*terra nullius*)として、アボリジナルの土地権はマボ裁判[2]に至るまで認められていなかった。そして、そのこととアボリジナルの人権を無視した行いは通じるものがある。いきなり捕らえられて、半ば奴隷のように使われたこともあるし、捕らえられたアボリジナルが首輪、足輪で数珠つなぎにされている写真は現在も残っている。アボリジナル女性の性的な搾取もむごいものがあった。すべての白人が同じようにふるまったわけではないが、エヴァンズは、急襲して殺すことも厭わず、生かしておいた者を下僕にした例や、子どもを誘拐して手懐けていた例などを数多く挙げている。もちろん白人はアボリジナル社会を分断して彼らを奴隷的に酷使したこともあるが、それだけでなく彼らの土地を奪い、勝手に開発して、土地の植物相や動物相を変えてしまったために、アボリジナルが元のような生活を営むことはほとんど不可能となった。

NSWから分離する前、一八五一年のクイーンズランドの白人労働者人口は、自由労働者が三四六六人、刑期を終えた労働者が一八七六人、極悪囚人[3]が六五〇人で構成されていた。連邦では禁じられているものの、安い労働力を得たいという起業家が、試験的にインド人や中国人の年季契約労働者の導入を行ったりしていた。一八四〇年代、一八五〇年代に年季契約で来た中国人は二〇〇〇〇人を超えていた。その結果として、クイーンズランドは、割り当てで受けた囚人、労働許可証を持つ元年季契約労働者[4]、仮釈放者、刑期を済ませた元囚人の労働者、中国人、インド人、ドイツ人の年季契約労働者、アボリジナルといった人種的・エスニシティ的には複雑な構成の労働者たちが存在していた。

3　クイーンズランドのプランテーション開発と年季契約労働

一八五九年にクイーンズランドは自治植民地として出発することになる。最初は内陸部と同じ開発フロンティア産業の所有者や経営者は白人であり、技術の中枢を担うのも白人であり、労働者は有色人種の半奴隷的労働者、という構図があったが、それがずっと変わらなかったわけではない。クイーンズランドには、一八六〇年代に旧来と同じシステムの年季契約労働者を用いたサトウキビ・プランテーションが出現し、一八八〇年代初期には成熟期を迎えるが、さらにその一〇年後には白人労働者の増加とともに、労働集約型の生産システムに変化が訪れる（Saunders 2018: 213）。年季契約労働者、もしくはもと年季契約で非白人労働者は完全になくならないものの、著しく減少した。ソーンダースはクイーンズランド社会には三つのパラドクスがあるという。まず、文化や経済の多様性が存在していたこと。二つ目は、牧畜や鉱山など他の産業も併存しており、他のモノカルチャーの植民地とは違っていたこと。三つ目は、クイーンズランドがイギリス出身者の人口を多く抱えており、彼らは都市部の住民であったが、一方で非都市部、特に沿岸のサトウキビ・プランテーションの地域には非白人のマイノリティを多く抱えていたことである

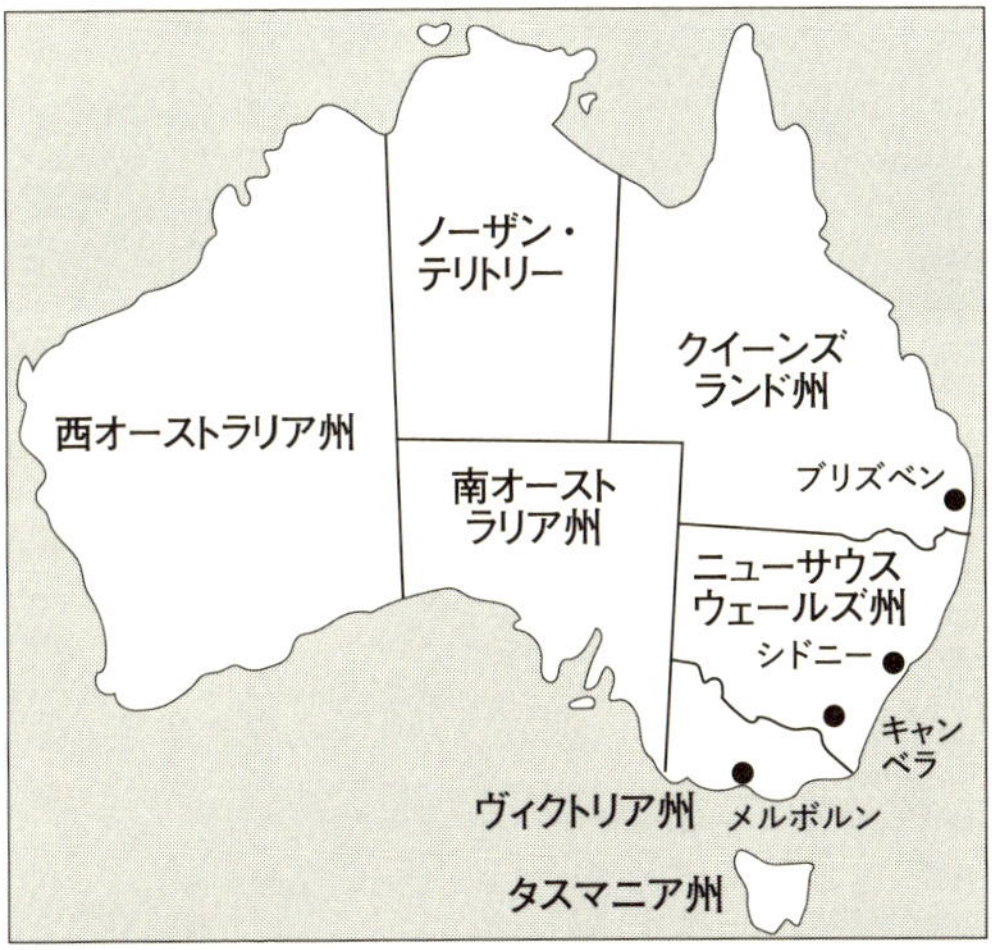

地図 3-1
オーストラリア

地図 3-2
クイーンズランド州

（Saunders 2013：213）。

一九世紀前半に、分離前のクイーンズランドにはアボリジナルに加えてインド人と中国人の年季契約労働者が少数導入されており、牧畜業に雇用されていた。一方でイギリスからの自由移民が急増していた。しかし、新しく企てられていたサトウキビ・プランテーションでの労働の最もつらい野良仕事の部分は、湿潤で暑い気候で、まぶしい太陽の強烈な日差しを浴びながら、植え付け、雑草取り、刈り取り、工場への運び込みなどの作業を行うことである。農業経験のないアボリジナルは、この仕事にまったく興味を持たず、逃げ出してしまうことも多かったし、増えつつあった白人労働者も自分でこの仕事には適性がないとして拒否することが多かった。また有色人種と同じ作業を行うことにも抵抗があった。のちに、プランテーションは機械化して次第にそれほど労働集約的でなくなってくるが、それは二〇年以上先のことである。

イギリス政府としては、オーストラリアを将来的にイギリス人のみの土地とするつもりで、有色人種を入れることには反対であった。またインド植民地政府も、インド人をオーストラリアに差し向けることを好ましくとらえてはいなかった（Saunders 1982：42）。一方、クイーンズランドでは、イギリスから資本家と技術者を誘致して工場を含む施設を運用してもらい、骨の折れる仕事をする苦力を雇用すべきという議論がなされた。前章でも述べているように、サトウキビの性質からして、プランテーションで刈り取りをした後、できる限り早期（二四時間以内）に堅い茎を絞って、でてきた甘い汁を煮詰めて粗砂糖にする必要があるので、プランテーションには簡単な工場施設が併設されている。その部分を白人労働者にさせて、野良仕事は苦力にさせる、という意味である。それは、一般的なサトウキビ・プランテーションの仕組み

であった。(5)

しかし一方で、クイーンズランドには複雑な労働環境があった。イギリスによる植民地化時代の複雑な労働環境を引きずっており、身分の異なる労働者が混在していた。たとえばハワイとの決定的な違いは、オーストラリアには白人の自由移民や補助移民で来豪した労働者がおり、囚人の過去に連なるスティグマを抱えた白人の労働者がいて、一方で有色人種（インド人、中国人）の年季契約労働者や年季が明けて労働許可をもらってそのつど短期契約で労働する人々が若干名いて、有色人種の年季契約労働者をこれ以上連れてくることに関しては、複雑な人種問題を抱え込むことになることを危惧する人々がいた。

その両方の勢力の綱引きの結果、分離後の一八六二年に大英帝国支配下のインドからの労働者導入を認可する法を成立させた。しかし、インド政府側の手続きの遅れにより計画は停滞し、クイーンズランドの資本家たちは待てないのでとりあえずメラネシア人労働者を導入することにした。その後、インドからの年季契約労働者の導入については、そのまま沙汰やみとなった。他の砂糖生産植民地（西インド諸島やモーリシャス諸島）と競合しない戦略をとったということもあるが、メラネシア人労働者の低賃金は彼らにとって十分満足できるものであったからである。

4　メラネシア人年季契約労働者

メラネシアという地域は、言語の多様性に彩られ、社会組織も東のポリネシアほどに政治統合が進んでおらず、部族ごと、親族集団ごとに政治体が形成されている状態であった。ハワイ、タヒチ、トンガのように王権が存在することはなかった。ポリネシアでは早くからキリスト教化が沿岸から内陸に至るまで進んでいったのに対して、それぞれの島が大きいメラネシアでは、沿岸部にキリスト教が広まりつつあったものの、島の内陸部には届いておらず、また部族間の小競り合いも日常的に存在していた。一部を除くメラネシア人は概ね、焼畑農耕を営んでいたので、アボリジナルとはその点で大きく異なっていた。

❶ メラネシアのブラックバーディング

太平洋諸島は、それぞれに列強が植民地化を狙いながら、第一章で述べたように、植民地分割はまだ進んでいなかった。わずかに、ニューカレドニアをフランスが一八五三年に領有宣言したのみである。その後、一八八四年にドイツとイギリスがニューギニア島東半分の北部と南部を分割する協定を結んだ。さらにその後、ドイツ、イギリス、アメリカ合衆国がサモア諸島の領有をめぐってつば競り合いを繰り広げたのちに協定を結んで分割する際、イギリスは手を引く代わりに、ドイツの勢力下にあった西部ソロモン諸島（ブーゲンヴィル島を除く）を得たのが一八九九年である。[6]ニューヘブリデス諸島（現ヴァヌアツ）は、一八八七年からイギリスとフランスの両軍隊が共同統治していたが、両国が協定を結んで共同統治を正式に始めたのが一九〇六年のことである。

このように主権の曖昧な地域に出かけていって、現地の人々と交渉して契約書にサインを求めて年季契約労働者を連れてくる、労働力徴集の免許を持った船が暗躍したのが一八六三年からの時代である。実はメラネシア人の年季契約労働者が最も多く連れていかれたのがクイーンズランドであるが、フィジーやサモアのプランテーションにも労働力の供給は行われた。クイーンズランドには一八六三年から一九〇四年

写真 3-1　ハーバート川下流の青少年南洋諸島人労働者，1870 年代（クイーンズランド州立図書館所蔵）

の間に約六万二五〇〇人が連れてこられた（Price & Baker 1976: 110–111）[7]。フィジーには一八七六年から一九一一年の間に約一万七四〇〇人（Siegel 1985: 43–44）[8]が連れてこられ、サモアには一八八五年から一九一三年の間に五七四六人が旧ドイツ領ニューギニアから連れてこられた（Meleisea 1976: 127）。

クイーンズランドのメラネシア人年季契約労働者導入が開始されたのは一八六三年からである。最初はニューヘブリデス諸島（現ヴァヌアツ）から、やがて一八六六年にはロイヤルティ諸島[9]から労働力徴集を行った。一八六八年にポリネシア人労働者法[10]ができるとその数はどんどん増えた。七〇年代頃になると、ソロモン諸島からの導入が増え、一八八三年と四年には、ニューブリテン島、ニューアイルランド島からも徴集された。ニューヘブリデス諸島とソロモン諸島が双璧であり、それぞれに約四万五〇〇人（バンクス諸島、トーレス諸島、サンタクルス諸島を除く狭義のニューヘブリデス諸島では約三万三三〇〇人）、約一万七八〇〇人が徴集され、メラネシア人総計六万二五〇〇人が連れてこられた（**表3－1**）。

ブラックバーディングにはとりわけ用心していたイギリスは西太平洋の労働力徴集には懐疑的であり、西太平洋高等弁務官事務所[11]からの報告を受けつつ、太平洋諸島人保護法を一八七三年に、その改正法を一八七五年に定め(United Kingdom 1875)、ブラックバーディングに対処することに努めた。主として、労働力徴集を行う船舶(船長)を絞り込んで免許を与え、契約書の整わない労働力徴集を取り締まった。ただし、以下に述べるように、この法律が着実に守られ、太平洋諸島人の人権が守られたとはいいがたい。一八八三年から一八八五年の間に連れてこられた一万人を少々超す人々のうち約三〇〇〇人は誘拐＝ブラックバーディングであったとも言われる(Saunders 2018: 226)。彼らは、クイーンズランドでは総称としてカナカ(Kanaka)[12]、または南洋諸島人(South Sea Islanders)と呼ばれた。カナカは、蔑称として一九世紀から二〇世紀前半にかけて、太平洋植民地で広く用いられた語である。[13]今日のオーストラリアでは、南洋諸島人は用いられるが、カナカは使われていない。

労働力徴集の船は、プランターの要望に応え、オーストラリアとの間を往復した。現地の港に停泊し、地元の有力者と交渉し、人材を集め、契約書にサインをもらった。当時のメラネシアはキリスト教の浸透も不十分で、人々の多くは現地語での読み書きもできるわけではなく、もちろん英文の契約書など読めるはずもなかったから、年季契約労働者といってもちゃんと契約書の内容を理解していたとはいいがたい。形式的に署名を求めただけというケースもあったし、字の書けない人(もちろん読めもしない)には署名の代わりに×印をつけさせた。嫌がる人を無理やりに誘拐したり、騙したりというケースもあった。また、商品を現地に持っていき、船の上で見るように誘い、だまして船倉に閉じ込めて出帆してしまうこともあった。以下は、ブラックバーディングでだまして連れてこられた女性から孫が聞いたストーリーの記録である。

「……船が全部の島を回っている間、船に三カ月もいたと祖母は言いました。船の船倉には、たくさんの人が閉じ込められており、嵐やサイクロンのときは恐ろしく揺れました。船倉で多くの人が亡くなり、彼ら（船長と乗組員）は、彼ら（屍体）を甲板から海に投げ入れました。病気の人は船倉に横たわり、苦しんでいたので、動き回ることも向きを変えることもできませんでした。衛生状態は悪く、食べ物は穴から落ちてきました。食事は十分ではないけれど、彼らに言わせると、天気の悪いときにカナカに食べ物をいっぱいやるのは時間の無駄なのだそうです。というのは食べたものをすぐに戻してしまうからです」

（Moore 1979: 15. 山本訳出、カッコ内付加も山本）

以下は、編者の地の文である。

「政府が労働力徴集を制限する政策を打ち出しているにもかかわらず、減っていかなかった。（このビジネスは）高い利潤が見込まれるからで、うまくいけば二〇〇〇ポンドも入手できる。政治家や役人たちが労働力徴集船に出資していて、彼らにも分け前が入ったからなくならなかった」

（Moore 1979: 19. 山本訳出、カッコ内付加も山本）

ブラックバーディングを行う労働力徴集船の事業家や船長には、賛否両論があるものの、当時は名声が

表 3-1　1863年から1904年までの選択した諸島から徴集した労働者数

諸島名 / 年度	ロイヤルティ	ニューヘブリデス	バンクス	トーレス	サンタクルス	ソロモン	その他	計
1863	–	67	–	–	–	–	–	67
1864	–	134	–	–	–	–	–	134
1865	–	148	–	–	–	–	–	148
1866	36	141	–	–	–	–	–	177
1867	329	874	–	–	–	–	34	1,237
1868	280	385	240	–	–	–	33	938
1869	–	162	151	–	–	–	–	313
1870	27	391	216	–	–	–	9	643
1871	292	831	147	–	–	82	–	1,352
1872	44	299	118	–	–	–	–	461
1873	7	685	228	74	–	–	–	994
1874	47	1,140	168	24	–	124	–	1,503
1875	5	1,795	130	6	18	710	17	2,681
1876	–	1,306	261	8	–	74	39	1,688
1877	–	1,738	162	86	–	–	–	1,986
1878	–	1,037	158	23	8	232	5	1,463
1879	–	1,553	234	34	12	342	7	2,182
1880	–	1,459	449	26	–	61	–	1,995
1881	–	1,785	167	24	12	629	26	2,643
1882	–	2,151	425	123	–	440	–	3,139
1883	–	2,527	342	8	99	1,028	1,269	* 5,273
1884	–	846	134	30	44	671	1,540	* 3,265
1885	–	1,111	211	57	17	516	4	1,916
1886	–	925	175	48	15	429	3	1,595
1887	–	1,152	219	60	18	535	4	1,988
1888	–	871	193	61	91	1,052	23	2,291
1889	–	1,109	183	120	–	620	–	2,032
1890	–	1,099	180	15	–	1,165	–	2,459
1891	–	451	63	20	–	516	–	1,050
1892	–	167	54	8	–	235	–	464
1893	–	600	64	50	–	416	–	1,130
1894	–	606	120	80	108	945	–	1,859
1895	–	418	76	24	19	577	191	1,305
1896	–	272	87	–	–	423	–	782
1897	–	155	46	–	–	733	–	934
1898	–	418	37	2	–	721	–	1,178
1899	–	615	59	–	–	848	–	1,522
1900	–	705	81	73	–	884	–	1,743
1901	–	461	56	13	–	1,151	–	1,681
1902	–	340	21	3	–	875	–	1,239
1903	–	345	21	8	–	663	–	1,037
1904	–	17	2	–	–	59	–	78
計	1,067	33,291	5,678	1,108	461	17,756	3,204	62,565

出典：Saunders (2018: 246)

* ほとんどニューギニア諸島（ニューギニア島の東側にある諸島）

写真 3-2　バンダバーグ到着の労働力徴集船メイ号。1890–1893 年の間にメラネシアとの間を往復（クイーンズランド州立図書館ジョン・オックスリー室所蔵）

付きまとっていたようで、クイーンズランドの都市、タウンズヴィル（Townsville）は、ロバート・タウンズの、マカイ（Mackay）はジョン・マカイの名にちなんでそれぞれ名づけられた。二人とも著名なブラックバーディング船の船長であった。

メラネシア人は砂糖生産の開始頃には一番安く供給できる労働力であったので、需要が高かった。人々はインド人年季契約労働者を連れてくる計画は忘れてしまっていた。といっても、太平洋諸島の人口は限られており、インドや中国のように人口過剰の問題を抱えているわけではなかったので、労働力徴集には限界があった。次第に徴集に応じる人々が少なくなると、その島に通う労働力徴集船は疎遠となっていった。ニューヘブリデス諸島は一八八三年の約三〇〇〇人をピークに次第に労働者の数は減っていく。ソロモン諸島出身者はニューヘブリデス諸島からの労働者の減少を補うかのように増えていった（表3－1参照）。徴集船の船長は、つねにプランテーション経営者の要望を満たすのに苦労をしていたし、十分に集まらないと手続きはおろそかになり、ときに騙したり、誘拐したりという手管も使ったと考えられる。また、世論からは、労働力徴集＝ブラックバーディングのレッテルが貼られ、裁判まで行くこともしばしばあった（豊田 2008）。

労働力徴集船は、一八六三年には、メラネシア人ひとり当たり七ポンドを要求したが、一八七六年になると一六ポンドを、その二、三年後には二〇ポンドを要求した。年季明けの労働者の帰国にかかる費用は、プランターの負担と決まっており、一八六三年には三ポンド一〇シリングだったのが、一八八三年には一〇ポンドであった。また労働者の賃金については、一八六八年には契約したての労働者は年俸六ポンドに衣食住付き、医療もタダであったが、一八八〇年代の半ばには、契約が初めての労働者は年俸一五ポンドで、年季明けの労働者はクイーンズランド南部では一五～二〇ポンド、北部では年俸三〇ポンドであった(14)（Saunders 2018: 225）。彼らの労働契約は、年季契約に比べると短期で、数ケ月単位であり、プランテーションの人手不足を補っていた。

❷ メラネシア人のプランテーション暮らし

年季契約は、最初はもっと短かったが、三年というのが基本となった。プランテーションの仕事で肉体的に一番きつい、植え付け、草取り、刈り取りなどの野良仕事に、彼らはグループを作り集団（ギャングと呼ばれた）で従事した。午前六時には隊列を組んで野良に出て、午後六時には隊列を組んで宿舎まで帰った。ハワイと同様に鞭をもった白人監督が見守っていて、怠けると容赦なく鞭で打った(15)。彼らはほぼ軟禁

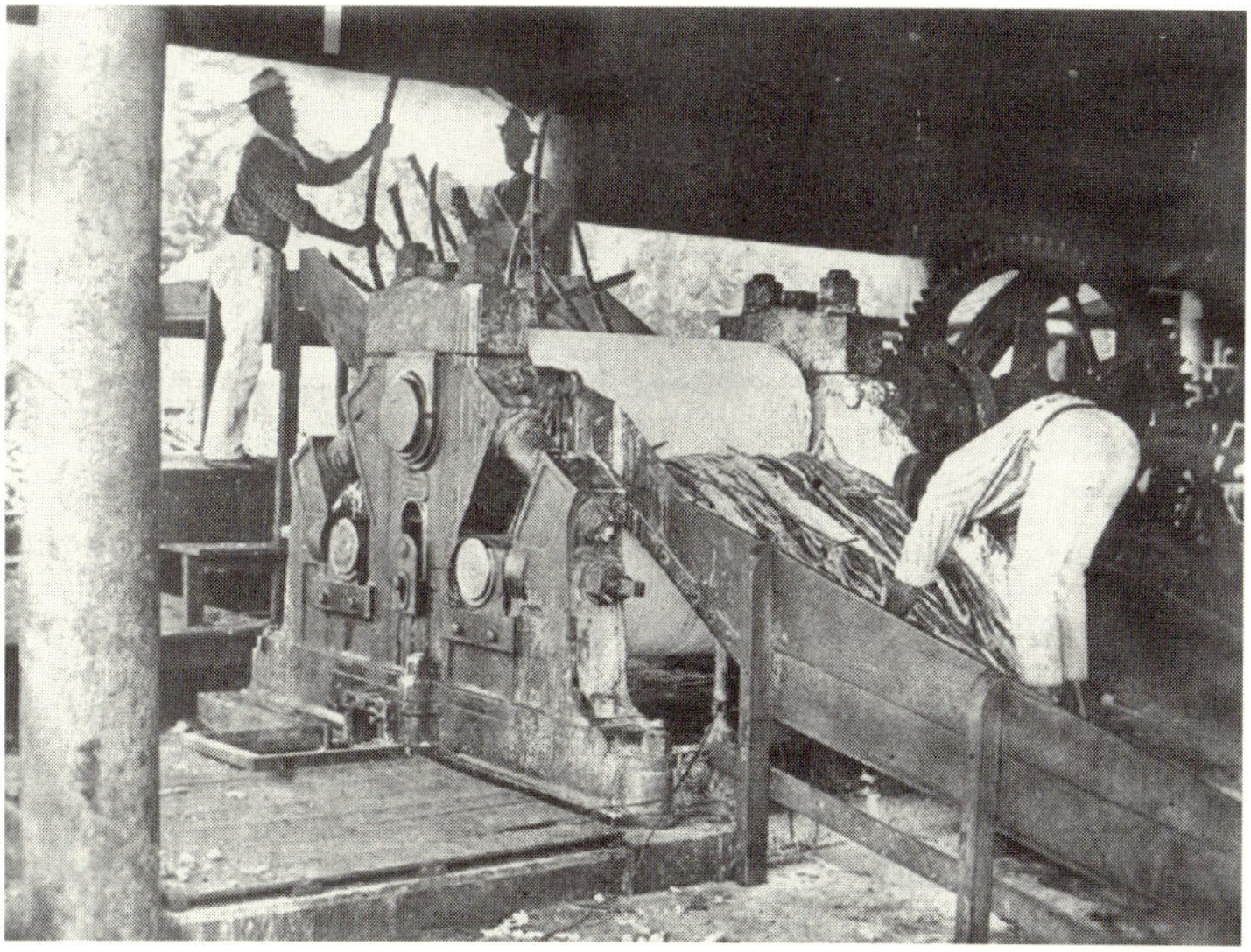

写真 3-3　マカイ付近のアレクサンドラ搾汁場で働く南洋諸島人労働者，1868–1884 年

状態にあり、見張りがつく場合もあった。宿舎は衛生的に問題がある小屋で、雑魚寝状態であった。衣類は給付金を使って自分で調達することとされていたため、初期はほとんど裸状態の彼らは熱帯の陽に照らされ、これも健康を害する原因となった。食物の供給も十分ではなかったし、かといって買える環境ではなかったため、彼らは小動物を捕獲したり、休日に川で魚を獲ったりした。過酷な労働および衣食住環境ゆえに、一〇〇〇人あたり毎年一四七人が亡くなったという（Saunders 2018: 226）。

ソーンダースの描く一八八〇年代半ば以前のプランテーションの居住形態は、エスニック集団ごとに居住する点はハワイと同様であるが、エスニック集団によって職種も分かれていて、中央から次第に周辺に向かって階層化されていた。概ねオーナー（プランター）は不在地主でロンドンやメルボルンに居住しており、プランテーション全体を切り盛りするのは総支配人――すでに他の大英帝国の植民地で砂糖産業に携わった経験を持つ場合が多く、それなりの専門教育を受けている――で、彼の住居が中心にある。その次に力を持っているのは圧搾工場の支配人で、彼らも別の植民地での経験を持つ。プランテーションでは工場で仕事をする人のほうがずっと地位が高い。その下に砂糖精製窯の技師、このあたりは広く趣味豊かな家具付きの家に住み、しばしば日本人の家事使用人がいた。その周りに白人の技術者、雇われ人は、さらにその外側に、結婚していればこじんまりした小住宅に住み、独身であれば、バラックに住んだ。ギャング（野良仕事をするチーム）に指示を出す親方、大工、鍛冶屋、車大工や白人の労働者はバラックに住んだが、プランテーションによっては、長屋形式の家に住んだ。さらにその下でさまざまな機械を操作する技師、メカニックなどは配下ごとに、別々に居住するようになっていた。野良仕事をする有色の労働者は、さらに外側の最も粗末なバラックで集団生活をした（Saunders 1982: 103–106）メラネシア人と一口に言っても、しばしば同じ島でさえ複数の部族や言語が存在していたから、いきなりのコミュニケーションは難しかったはずである。ニューヘブリデス出身者とソロモン出身者は争いが絶えず、住居空間も分けるようになっていた。

ソーンダースは、太平洋諸島人病院の研究を通じて、当時の論争やさまざまな勢力のせめぎ合いを詳細に論じている。サトウキビ産業に関わる経営者や労働力徴集事業に関わる船長や出資者、州政府で南洋諸島人の待遇や衛生状態を見て回る監視官や医師、ＮＧＯとして南洋諸島人の健康等を見守る人々などである。残念ながらメラネシア人が自分たちでそうした権利を主張することはなかったが、もともと医療は契約書のなかでうたわれており、雇用主が提供する義務があった。しかし、常駐や巡回する医師のいるプランテーションはなく、医務室があれば上等という感じであったが、薬は埃にまみれていて、いざというときの役には立たなかった。実際に病気になったとき、病院に連れていってくれたり、医者を呼んでくれたりする雇用主はほぼ皆無と言ってもよい。あるプランテーションでは、一八八三年から八五年の間に、四九六人のうち二九八人が亡くなった（Saunders 1976: 41）。死亡率が高いのには理由がある。赤痢や結核、腸チフスなどが蔓延するとバラック暮らしでは手の施しようもなかった。手がつけられなくなった状態で、（他の労働者から隔離する意味で）病院に連れていくこともあったが、白人以外お断りの病院も多く、入れてくれる病院も、通常の病棟の外の隔離された小屋にただ寝かして放置されるのが常であった。

雇用主は労働者を使い捨てと考えていた節がある。アボリジナルを保護するNGO団体は、南洋諸島人にも範囲を広げた。帰国するまでの貯金（物品に換えて持ち帰る）は雇用主が預かる慣習になっていたし、帰国費用は雇用主が払うので、雇用期間中に亡くなる労働者が出ると、雇用主は儲かるのだ、という風に非難する人もいた（Saunders 1976: 31）。

一八八三年と八四年には、プランターの要望に応えるため、労働力徴集船はそれまで踏み込んだことのない、ニューギニア島嶼部（ニューギニア島の東にある諸島群）――ニューブリテン島、ニューアイルランド島、ルイジアード諸島、ダントルカストー諸島――へと足を延ばし、この地域から合わせて約二八〇〇人を連れてきた。これまで訪れていた島々から連れてきた労働者と合計して、八三年に約五三〇〇人、八四年に約三三〇〇人を連れてきたことになる（一〇〇頁表3-1参照）。異なる言語の人々が入ってきて、年季契約の意味すらわからず、プランテーションで起きた混乱は目に余るものがあった。クイーンズランド州政府が、特別委員会を作り、調査した結果、誘拐や騙し――おとり、偽情報を用いる――などの手法が用いられたことが判明した。

このような事態が、州立の太平洋諸島人病院の設立を後押しした。最初の病院はマカイに、そして全部で四つの病院ができた（Saunders 1976: 39–41）。

近年オーストラリアにおいて、プランテーションの片隅で亡くなったと思われる人の骨が多数、発見されるケースが報道されるようになった。墓標もなく、ただ単に穴を掘って埋めたと見られる。何らかの疫病によって何人も連続して亡くなってしまったということかもしれない。このような発掘はオーストラリア国内では報道があり、人々にも知られるようになった。またクイーンズランド州では、『ティナナ太平洋諸島人病院と墓遺跡』という史跡指定をしている（Queensland Government 2017）。とりわけ、プランテーションがかつて乱立していて、多くのメラネシア人労働者が働いていたバンダバーグの市長は、二〇二一年に、クイーンズランドで初めて、サトウキビ産業のために行った「ブラックバーディング」について、南洋諸島人の子孫に対し公式謝罪を行った（Hope 2021）。

❸メラネシアの慣習と労働のインセンティヴ

グレーヴズは、メラネシア人労働者も、故郷の人々も、文明国のさまざまな品物が欲しかったので、帰国時に大きな木箱を必ず持ち帰ることとなっていたことを詳細に論じている。木箱はおおよそ、三六インチ（九〇センチメートル）×一八インチ×一八インチ（四五センチメートル）の大きさで、両端に取っ手がついていて、鍵がかかるようになっている。メラネシア人の間ではボキス（*bokis*）と呼ばれていた。給料は、嗜好品や衣類などをつけで買ったのを差し引いて、雇用主が貯金しておく。帰国時にはその貯金でお土産を買って詰めて持ち帰る。最も好まれたのがダイナマイト——魚獲りに使用——、ライフルやショットガン[16]——動物を狩るため、としていたが部族間抗争にも用いられた——で、その他、キャリコ布、酒、道具類（鉄器類）などなどであった（Graves 1983: 88–92）。グレーヴズはこれらの物資の現地への影響について以下のように述べている。

労働力移動に直接巻き込まれているコミュニティをはるかに越えて、メラネシア人は海外からの物資にどんどん依存していった。今日の観察者や後には人類学者を驚かせたこの地域の歴史の一側面は、メラネシア中、特にヨーロッパとほとんど、あるいはまったくかかわりのない地域においても、そこに広まった鉄の道具や他の商品の規模である。海外からの商品が、メラネシア古来の技術、貝貨のような文化的財物の生産に忍びよってくるばかりでなく、それらはすぐさま、地域特有の精密かつ広範な交換のネットワークに組み込まれていくのであった。（Graves 1983: 99. 山本訳出）

持ち帰って、親族にお土産をあげるといったことが、贈与交換、互酬性に依存した経済には大変重要で、それを人々に配る儀礼が行われる場合もあった。人々にものをあげることが大変尊ばれ、与えた側もそれで人々に一目置かれるようになるので、心理的にも満足の行くものであった。

さて、メラネシア人の年季契約労働の初期において、彼らの得るべき給料はプランテーション経営者が管理するのが普通であったが、倒産する経営者も珍しくなく、またクイーンズランドにいる間に亡くなる労働者も多かったので、実質的に労働者側がタダ働きとなってしまうケースも散見された。これを問題化したのは、労働者自身ではなく——彼らも不満だったであろうが、社会に訴えかける術はなかった——州

写真 3-4 ケアンズのプランテーションにて　南洋諸島人労働者集団，1890 年（クイーンズランド州立図書館所蔵）

政府やイギリス本国の植民地省であった。次第に制度は見直されていき、一八八〇年には、給料を労働者自身が州政府の貯蓄銀行に預ける制度に、また最後には、州貯蓄銀行に太平洋諸島労働者管理官がまとめて預かる方式に変更となった。管理官がまとめて預かる方式に参加した人数は最終的には五〇％程度にまで上り、自分の名で貯蓄銀行に預けていた人もいたので、半分以上が給料を確保できていた。亡くなってしまった人の積立金は、遺族に送るということになっていたが、これは実質的には難しく、州政府の基金に組み入れられることとなった。

❹ プランテーションの進化と労働環境の変化、そして白豪主義

一八八〇年には、太平洋諸島人労働者法が成立し、一八八四年改正により、メラネシア人労働者は三つのカテゴリーに分類された。一八七九年九

表 3-2　クイーンズランド，サトウキビ産業労働者のエスニック起源（1888 年）

地区＼エスニシティ	イギリス人	中国人	メラネシア人	ジャワ人	マレー人
バンダバーグ	704	97	1,864	90	－
マカイ	512	50	1,494	342	4
タウンズヴィル	190	7	532	6	50
ハーバート・リヴァー	202	136	666	20	109
ジョンストン・リヴァー	147	14	354	60	－
ケアンズ	57	29	388	24	－
クックタウン	30	10	－	132	－
計	1,842	343	5,298	674	163

出典：Graves 1993: 40, Table 2-1

月一日以前からずっとオーストラリアに居住しているメラネシア人労働者には労働許可証が与えられ、自由に職業選択ができた。三年の年季契約を終了した者は、新しい雇用主を見つけて新しい契約を行うが、通常はもっと短い期間の雇用となった。許可証がない場合は、熱帯での農業にしか関われない。すなわち前より給料はよいがプランテーションの仕事しか選択できないのである。三年経過していない者は最初の期間を過ごすまで、雇用主を変えることはできない。許可証を持っている者以外は、砂糖工場の機械操作係、運搬人、家内労働者、自営業者になることは禁じられていた。そのような作業に雇われるメラネシア人もいたが、実際にあまり多くはない。人種と年季契約労働者かどうかによって作業や行動範囲が決まってくる。年季契約労働者はグループ（ギャング）を作って野良仕事に出かけて非熟練労働に従事するものとされた。三年の年季が終了して帰国する者も多かったが、残留組で労働契約を結んで働く場合、来たばかりの者より勝手がわかっているということで、給料は前よりよかった。けれども、野良仕事に縛りつけられるのは同じだった（Saunders 2018：226–227）。**表3－2**は一八八八年にはさまざまなエスニックの労働者が働いていることを示す。

ハワイでは、大きいプランテーションを営むほうが単位コストが下がり、そのため規模の大きいプランテーションが次第に周囲の小プランテーションを統合していく過程があり、しまいにはビッグファイヴという五大会社（財閥）が残ったのであるが、クイーンズランドでは、一八九三年に砂糖業保障法が成立して、一一二の圧搾工場（mill）が政府のイニシアチヴで建設された。圧搾工場を持たない小規模農場主（farmer）はそれまで、工場を持つ大規模プランテーションの傘下に入らざるをえず、新しく事業を始める足かせとなっていたが、この後、政府が創設した圧搾工場を利用できるようになり活気づいた。ソーンダースによれば、

それら（政府の工場）は古いプランテーションの工場よりはるかに能率的だった。一八八四～五年には一六六の圧搾工場があり、約三七万ｃｗｔ[17]が植民地から輸出された。一五年後には、六二の圧搾工場があり、約二四六万ｃｗｔの砂糖が輸出された。一八九二年には、クイーンズランドの小規模農場主は四五〇人であったが、五年後には一四五〇人に増えていた。（Saunders 2018：232）

グレーヴズによれば、一八八〇年代の初めには、南洋諸島人労働者のうち、年季の明けた者は一〇％程度であったが、終わり頃までには五〇％まで増えており、その比率は一八九〇年代終わりまで続いた。年季明けの労働者が増えていったこともあり、作業の能率は上がっていったし、それと同時に給料も上がっ

ていった。ちなみに、雇用主対南洋諸島人労働者の比率は、一八九二年の一対四四から一八九九年の一対七まで下がっていた（Graves 1983: 107）。メラネシア人たちもお互いに情報を交換し、団結して、その給料は他のエスニック集団と変わらないものとなった。

最初は安い労働力として重宝されたメラネシア人であったが、キリスト教団体や反奴隷運動家などからブラックバーディングが批判を浴びるようになると、待遇改善を図り、必ず帰還させるようになったため、導入のコストは次第に増していった。そのうえ内陸の牧畜業が不況となったので、白人労働者が海岸のほうに移動してきた。彼らは、プランテーションでの仕事を求めたが、南洋諸島人とともに働くのはいやがった。彼らはバティ・ギャングという集団を作り、時間単位で働くのではなく、刈り取りサトウキビの重さ当たりの賃金を要求した。そういう集団をつくること自体はすでにメラネシア人たちのほうが先行していたのであるが、そのような集団を雇って賃金を払うほうが、従来型のプランテーションのシステムを維持して、年季契約労働者を雇い入れ、生活の世話をしたり、規律を教え込むなどの労働管理、政府への支払いなどのすべてをしなくてもすむので、プランターには重宝がられた。

写真 3–5　ビンゲラのサトウキビ・プランテーションで働く南洋諸島人労働者，1898 年頃（クイーンズランド州立図書館所蔵）

表 3-3　クイーンズランドのメラネシア人 1867–1907

年	導入			送還			年末時クイーンズランド滞在人数推計			対クイーンズランド総人口比率
	男性	女性	計	男性	女性	計	男性	女性	計	%
1867	1,237	–	1,237	–	–	166	–	–	1,287	1.29
1872	455	6	461	441	7	448	2,621	54	2,675	2.00
1877	1,912	74	1,986	844	22	906	6,840	206	7,046	3.47
1882	2,788	352	3,140	1,113	87	1,200	8,105	698	8,803	3.55
1883	**4,693**	**583**	**5,276**	**1,026**	**88**	**11,066**	**11,066**	**1,138**	**12,204**	**4.18**
1887	1,879	109	1,988	1,797	275	2,072	7,573	627	8,200	2.23
1892	450	14	464	773	73	846	7,514	769	8,283	1.97
1897	910	25	935	853	71	924	7,807	537	8,344	1.72
1902	1,094	45	1,139	1,736	85	1,775	8,296	639	8,935	1.75
1907	348	2	350	3,067	211	3,278	1,371	197	1,568	0.29

出典：Graves 1993: 244–245 より，元データは 1863 年に始まり，すべての年度の表示があるが，ここでは短縮したデータを示した。なお導入の最大数，クイーンズランド滞在人数と総人口比率の最大は，1883 年であり，その年度は表に示した。送還の最大数は，1907 年である。

一八九〇年代初めにはバティ・ギャングの標準的サイズは二〇人であったが、一九〇六年には一二人程度になっていた。鞭で労働管理していたより、ずっと能率的であった（Saunders 2018: 235）。

そうこうしている間に、白人労働者の組合が異人種労働者を排除する方向に動いた。こうした動きは、国内に人種問題を抱え込みたくないオーストラリア連邦政府の白豪主義と呼応することとなった。白豪主義の移民法はあからさまな人種主義ではない[18]が、すでに入国して労働者として働いていたメラネシア人はあからさまに排除された。クイーンズランド州政府は年季契約労働者を帰還させることに取り組んだのである。**表3-3**はクイーンズランドに滞在するメラネシア人人口の推移を示している。

こうして、メラネシア人の年季契約労働

は終わりを迎えた。そしてそれは、白豪主義と連動していた。一九〇一年に成立した太平洋諸島労働者法では、一切の新規採用を禁止し、一九〇四年までには契約をすべて終了し、一九〇六〜七年の間に特例を除いて労働許可を持たないメラネシア人労働者を帰還させるというものだ。一九〇一年にオーストラリアにはおよそ一万人のメラネシア人がいた。労働許可証を持った七〇〇人だけが帰還を免除されていたが、さらにオーストラリア人の配偶者がいるといった諸事情で許可される者もいて、最終的に一六五四人を残して帰還が終了した。しかし実際に残った人数は二五〇〇であったことが後に判明している。彼らの子孫は、今日でもオーストラリア、特にクイーンズランドに住んでいる。

5　ブラックバーディングは存在したのか？

オーストラリア・クイーンズランドでは、自由労働者だけでなく、割り当てで受けた囚人、労働許可証を持つ元年季契約労働者、仮釈放者、刑期を済ませた元囚人の労働者の他に、中国人、インド人、ドイツ人の年季契約労働者、アボリジナルといった人種的・エスニシティ的にも複雑な構成の労働者たちが存在していた。そのなかで、メラネシア人年季契約労働者がもっぱら安価な労働力として使われた。プランテーションの底辺の労働力として活用された彼らは、しばしば、劣悪な労働環境のなかで、差別的状況に追いやられ、命を落とすことも多かった。やがて、白人労働者が増えてきたのと同時に、差別が次第に解消されてくると、コストの点で見合わないとされ、白人労働組合の排外主義と政治主導の白豪主義によって、メラネシア人の年季契約労働制度が終了し、残っていた人々は追い出される結果となった。それでも二五〇〇人ほど残留したメラネシア人の子孫は、クイーンズランドに今も住んでいる。

ブラックバーディングが本当にあったかどうか、という論争は学会では現在でも行われている。多くの良識あるオーストラリア人の認識としては、現在の南洋諸島人はブラックバーディングの結果連れてこられた人々の子孫であるとして、彼らは被害者、われわれ（マジョリティのオーストラリア人）は加害者、という図式が受け入れられているようである。ただし、たとえば歴史学者のクライヴ・ムーアなどは、初期の頃にブラックバーディングが存在したものの、ソロモン諸島からの年季契約労働者の契約書などを綿密にチェックする研究の成果として、一回ならずとも、二、三回渡航したリピーターが結構いるというデータを示して、彼らも、特にオーストラリア滞在の後期になると大半は自主性をもって労働力徴集に応じたと推測できると結論づけている（Moore 1978: 7–8）。

しかし契約書が有効であることをもって、個々のメラネシア人が自ら進んで年季契約に応じたのかどうかを、あまり杓子定規に考えることは危険ではないかと思われる。当時のメラネシアはまだ植民地化が十分なされておらず、その地域の住人は、自らの国家によっても植民地政府によっても保護の対象ではなかった。ハワイに送り込まれた日本からの年季契約労働者は、日本とハワイの間で結んだ条約に基づき、通訳や医療の保証があり、最悪領事館に駆け込むこともできた。また、後述するが、サモアの中国人年季契約労働者も中国領事館ができてからは、領事が待遇改善の談判を行ったりしている。ただでさえ、主人と奉公人法によって、契約に基づいて弱い立場に追い込まれている上に、そうした国家の後ろ盾がなかったメラネシア人はあまりに弱い立場にあったといえよう。

そして、契約書通りにプランテーションの経営に関わる人々が対応していたかというと、それが怪しいことは、多くのプランテーションで病気になった労働者が人間らしい手当を受けられなかったというソーンダースの研究で明らかとなっている。ジョーンズは、メラネシアの人々が彼らの社会の常として、親族関係、社会関係のしがらみの結果としてクイーンズランドに来ることになったとして、(誘拐による)完璧な奴隷ではないが、奴隷のグレーゾーンにいたと述べる。首長は労働力徴集の船長から贈りものをもらい、その見返りとして、若者を差し出した(Jones 2019: 548)。労働力徴集を仕事として行っている人々が、現地のホテルで、契約の成立したメラネシア人を賭けて、カードゲームに興じたさまも描かれている(Jones 2019: 549)。また、奴隷であれば永久の所有物であるから、生命に気をつけて働かせるが、年季を限った奴隷であれば、与えられた時間内でできる限り働かせるので、年季契約のほうが労働はきつい、と述べるニューヘブリデス諸島の統治に関わった観察者の記録を引いている(Jones 2019: 550)。

厳密な意味でのブラックバーディングそのものは、初期の頃に限らず確かにあっただろうと思われるが、すべてではないだろう。しかし、国境を越えた年季契約労働者の常として、弱い立場に追い込まれていたことは間違いなかろう。

注

(1) 自治植民地(Dominion)のことである。

(2) 一九九二年の同裁判は、アボリジナルの土地権を初めて認めたものである。これ以後、アボリジナルの土地に対する権利をいかに認めるか、法制化も進み、アボリジナルの権利を求める運動が拡大した。それ以前は、農業を行っていないないし、半永続するムラやマチがないのであれば土地所有者がいない、という判断でオーストラリア全土の土地所有のコントロールは政府が一手に行っていた。

(3) イギリスの当時の法律では、convict と felon を区別する。前者は盗みなどの軽犯罪であるが、後者は財産の没収や体罰などを含めた刑に処せられる重罪人である。ここでは、convict を囚人とし、felon を重罪囚人として区別するが、一八四〇年に流刑を廃止しているので、その一一年後にまだ囚人であった者は重罪囚人だけであったと思われる。

(4) 元年季契約労働者は、引き続きクイーンズランドにとどまることもできるが、そのときには労働許可証を得るものとされた。

(5) もっとも、クイーンズランドの場合、工場併設のプランテーションではなく、単にサトウキビ栽培だけを行う小規模の農場が後には増えていく。こうした農場主は、工場をもつプランテーションに最後の過程をゆだねることになるので、最終的にはプランテーション経営者に支配されてしまう。

(6) 西半分は、当時はオランダ領東インド、現インドネシアである。

(7) 正確な人数については、研究者間で必ずしも合意されていない (c.f. Saunders 2018: 246) ので、ここは概数とした。

(8) イギリスが主権を委譲されるまでの間のデータや、年度データにブレがあると調査者が述べているので、概数で示した。

(9) ニューカレドニアの東側にある諸島で、一八六四年にフランスが領有宣言をした。現在はフランス領ニューカレドニアの一部となっている。メラネシア人の居住の後にポリネシア人の植民があり、ニューカレドニアではユニークな存在となっている。ニューカレドニアからクイーンズランドにやってきた労働者は、ロイヤルティ諸島出身者のみであり、総計一〇〇〇人程度に限られ、一八七六年以後は来ていない。

(10) 当時はメラネシアのあたりもしばしばポリネシアと呼ばれた。

(11) 具体的任地はなく、初代高等弁務官は当時フィジー総督であったアーサー・ゴードン卿が務めた。

(12) 語の由来については、序論注7を見よ。

（13）例外として今日でもニューカレドニアの先住民はカナック（Kanak）と呼ばれているが、蔑称ではない。
（14）最初南部から始まったサトウキビ・プランテーションの開発は次第に北のほうに延びていった。
（15）年季契約労働の基本概念を提供した、「主人と奉公人」の慣習（後に法律）は、もともと未成年の少年を親方に弟子入りさせて職業教育をする、という慣行に基づいていた。日本でいえば、丁稚奉公のようなものである。最初の頃の年季契約労働者にこれを当てはめた際に、契約通り働かない奉公人を鞭打ち等の体罰で従わせるというのが常態化していたが、それが奴隷制廃止以降でも慣習として行われていた。ハワイでもサモアでも法律では禁止されていたのに、どうやら行われていた。契約に反する行為、で想定されているものは、勝手に休んだり、逃亡したりすることであったが、病気で動けない、というのも怠業として罰を下されることがしばしばあった。法律では、これを罰金や給料の減額で対処することとなっていたケースもあるが、実際に体罰をなくすのはなかなか難しかった。
（16）火器に関してはずいぶん多くがメラネシアに流れ込み、部族間対立が激化し、命が奪われたといわれている。一八七八年に、クイーンズランドでは、太平洋諸島人に火器弾薬を売ってはならない、という法律ができた。また大英帝国としてもとても気になるところで、一八八四年には、メラネシア地域への火器の持ち込みを禁止した（Graves 1983: 94）。ただ、メラネシア人は、火器を持って帰ることこそが年季契約労働の目的として来ているのであるから、箱の底を二重にしたり、キャリコ布の間にライフルを忍ばせたり、さまざまな工夫をしてできる限り持ち帰った。法律の実効性はなかった模様である。しかし、火器がオセアニア社会にもたらした影響は重要ではあるが、実際にその殺傷能力がそれほど現地の戦いに効果があったかというと、近年ではやや疑問視されている。殺傷能力よりは威信獲得のための入手に血眼になったともいわれている。
（17）質量の単位で、一ｃｗｔ（ハンドレッドウェイト）はイギリスでは一一二ポンドに相当。
（18）一九〇一年の移民制限法で、英語のテストを行うようにして、非白人移民の制限を行ったのがいわゆる白豪主義である。労働組合も非白人の労働者導入に極力反対を貫いた。

第四章 ドイツ領サモアのプランテーション開発と労働力

サモア諸島は南太平洋の日付変更線付近の南緯四度付近に位置する。一九世紀のサモアは、一八三〇年にロンドン伝道協会の宣教師らが初めてここを訪れた後、激動の時代を経験する。一八七〇年代になると、イギリス、ドイツ、アメリカ合衆国の三国がサモアの植民地化をめぐってつば競り合いを演じ、それに合わせて、諸島内の首長間の緊張も高まる。一九世紀末には内戦も激化し、イギリス、ドイツ、アメリカ合衆国はベルリンで会議を行い、ドイツが諸島の西側（大きな二つの島と周辺の小島）を、アメリカ合衆国は諸島の東側（ツツイラ島と以東の小さい島々）を分割してそれぞれの領土とした(1)。サモア諸島の西半分が本章の舞台であるが、一九〇〇年以降ドイツ領、第一次世界大戦後ニュージーランド委任統治領となり、一九六二年に独立し、現在サモア独立国を名乗る。平地があまりなく、面積もあまりないために、プランテーション開発が行われなかった東サモアは、一貫してアメリカ領となっており、現在は自治が行われている。

土地が広い西サモアは一九世紀半ばのまだ植民地化される以前からプランテーション開発が始まるが、当初より労働者不足が課題とされた。ギルバート諸島より年季契約労働者を入れるものの、その試みは成功したとはいい難い。ドイツの半官半民の開発会社はドイツ領となったソロモン諸島から年季契約労働者を呼び入れる一方、民間の入植者はそれがかなわなかった。一九〇〇年にドイツ植民地政府ができてから、ドイツ人以外のプランターの希望を入れて、中国人苦力《クーリー》の年季契約労働者を導入する。この章では、欧米との接触以降の変化とドイツ時代の経験を分析する。第一次世界大戦後もニュージーランドの植民地政府はさまざまな議論を挟みつつも年季契約労働を継続するが、一九三四年が最後の導入となった。ニュージーランド時代については次章で述べる。

1　植民地化以前のサモアのプランテーション開発と土地所有

サモア諸島が西欧と接触するようになるきっかけは、一八三〇年にロンドン伝道協会のウィリアムズ(John Williams 1796–1839)師が布教のためにこの地を訪れたことである。比較的速やかにキリスト教を受容したサモアは、サモア語のアルファベット表記に続き、聖書翻訳事業、神学校の設立が順調に進み、一九世紀半ばまでには、アピアに多国籍(欧米系各国)の人々のコミュニティが誕生した。アピアは現在も首都となっており、ウポル島の北岸のちょうど中央部にある湾に面していて、大きな船が接岸でき、後背地は唯一の平野であった。アピアに住むのは(2)、ほとんどが欧米系の国籍をもつ男性とそのサモア人妻とハーフの子どもたち、さらに妻の親族たちであった。男性たちのなかには、ビーチコマーと呼ばれる、いわゆる南洋の冒険者たちが多く含まれていた。捕鯨船や貿易船等で辿り着いてそのまま住み着いた人々である。ほかに南洋で一旗揚げようとした人々などもいて、彼らはコプラやヤシ油の輸出に携わり、かつサモア人相手の商売を行ったりしていた。まだプランテーションは誕生していなかったが、宣教師の指導のもと、コプラ作りとヤシ油の生成は、換金商品としてサモア人自身が行っていた。[3][4]

そのようななか、ハンブルクに本社をもつゴドフロイ（Godeffroy）父子会社が一八五七年にここにオフィスを開設し、一八六〇年代にはプランテーション開発を始めた。ちなみに、ゴドフロイ一族は、ハンブルクの財界で活躍した名家である。父子で会社を経営して商船を有し、世界各地の商品の輸出入に携わる貿易会社であり、バルパライソとアピアに支店を設けた。アピアで行ったように、新しい土地でのプランテーション開発に興味を持っていた。大々的な開発を計画し、現地支配人のヴェーバー（Theodore Weber）は経営を軌道に乗せると同時に、土地の購入にも精を出した。これをきっかけとして、プランテーション開設を念頭においた小規模プランターの土地購入が始まる。サモアでは当初綿花やゴムなども栽培されたが、やがてココナツとカカオが主力の商品作物となった。

本書でこれまで扱った作物はサトウキビであったが、サモアではサトウキビは作られなかった。プランテーションでの作業はサトウキビとは異なるものの、栽培や果樹の世話などには、人手が必要であり、収穫後の簡易作業は機械を操作して行われることが多い、という点でサトウキビと似ているかもしれない。まず、綿花はアメリカ合衆国南部の作物として有名なので、解説はいらないだろう。ただ、種がはじけて中に詰まっている綿を取り出す作業はどうしても人間が手で行う必要がある。ゴムもかなり栽培された。

これはゴムの木の幹に傷をつけて樹液をとる。いずれも最終段階では簡易工場などで作業が必要となるが、野良仕事の部分は機械化が難しく、人手が必要である。ココナツの場合、ヤシ林の下草を刈ったりして、林そのものを維持する作業がある。実（ココナツ）は成熟すると自然に落ちるので、それを拾い集めて外側の繊維質の部分をはがすと、中に固い殻に覆われた種の部分がある。殻を割ると、中に白い脂肪質の果肉があり、果肉だけをとったものがコプラであるが、これをサモア人は天日干しに、プランテーションでは低温のドライヤーにかけて干して完成品とする。(5) またカカオは低木の樹木を植えるが、手入れが必要である。熟した実は手でもぎ取ることができ、これを割ると、甘い果肉と茶色の実が取れる。これをしばらく置いて熟成発酵させてから、乾かして輸出する。

西欧流の土地の私有観念をもたなかったサモア人との土地取引は、さまざまなトラブルをもたらすこととなった。缶詰やタバコとの交換で土地を手放す現地人といったイメージが先行するが、一方で白人もいったん買ったと思っていた土地の「真の所有者」が次々と現れ、何度も支払いをさせられ、しまいに本当に買ったのかどうか明確でなくなることもあった。問題は、自らが開発を行うのではなく、開発したい白人入植者に転売する目的で土地購入を行う者がかなりいたということである（Gilson 1970: 276–290）。

当時のサモア社会について触れておく必要がある。サモアはハワイやトンガのようにいわゆるピラミッド型に親族集団と首長称号が積み重ねられている社会ではない。アイガ（*'āiga*）という親族集団が特定の村に耕地と宅地、首長称号名を有し、親族集団のメンバーが首長称号名を継承して、親族集団のリーダーとなる。首長称号名保持者はアイガの土地の名目的所有者となるが、首長称号名保持者は、アイガのメンバーの間にその称号名を冠した土地を割り振って、実際の使用に委ねる。リーダーはメンバー全員の生活が成り立つよう、面倒を見なくてはならない。概ね父系的な継承であったが、後述するようにいつもそうとは限らない。首長称号名の格は全サモアに名の響いたものから、無名の称号名まであり、村の格、地縁組織を越えて名前の響いた一族の名声というのもある。そのような称号名の格はすでに規定され、伝承によって語られ、意味づけられたものではあるものの、互いに競争して名声をあげることも可能であった。そのため、サモアでは戦争や小競り合いが常態化していた。一方、いくつかの称号名をパラマウント首長としてかかげることはできるものの、一人の首長に権力が集中する「王」の存在はなかった。

ロンドン伝道協会のジョン・ウィリアムズが、「平和の使者」号で一八三〇年にサモアを訪れたとき、ちょうど戦いから帰ったマリエトア・ヴァイイヌポー（Malietoa Vaiinupō 1774?-1841）とその一族に出会った。当時勢力拡大中だったマリエトアはウィリアムズに協力を約束したので、布教はうまくいったといわれている。マリエトアはその後も勢力拡大し、サモア社会に珍しい平和をもたらした。サモアには、ツイアアナ（Tuia'ana）、ツイアツア（Tuiatua）、タマソアリイ（Tamasoali'i）、ガトアイテレ（Gatoaitele）の四つの称号名を手に入れると、サモアを支配する王、タファイファー（*tafa'ifā*）になれるという言い伝えがあり、過去にサラマシーナ（Salamasina）がそれを入手して女王として君臨し、そのあと数代タファイファーが続いたとされている。この伝説の偉業を現実に成し遂げたのがマリエトア・ヴァイイヌポーであった。しかし、一八四一年に彼が亡くなると、後継をめぐって絶えず武力による小競り合いが生じるようになった。一八六〇年には、マリエトアの称号を引き継いだモリー（Molī）が亡くなり、その後継者争いで大きな戦争が始まる。この政情不安は断続的に継続し、プランテーション開発はなかなか軌道に乗らなかった。

戦闘が常態化したなかで、勝者は帰還する前にその土地をしばしば外国人に「売って」、対価を入手した。一方形勢が悪くなって自分の村から移動する者たちは、その自分たちの土地に戻れるかどうかも不確かだったから、外国人に「売って」対価を入手した。対価はしばしば銃であった。このときの土地売買を根拠として、メレイセアーは、勝者が敗者の土地を奪う習慣がサモアにもあったと述べている（Meleisea 1987: 43）が、この議論には賛成しかねる。というのは、サモアには境界争いはあるが、全面戦争において敵の村や地方を乗っ取ったという事例は口頭伝承などにもみられないからである（山本 2012: 180）。土地の排他的所有権という考えが確定していない上に、土地権を持つ人（サモアでは単独の人が権利を独占することはありえない）が誰かも曖昧なままで行われた取引はきわめて問題だったし、土地を売る、という概念がどこまでサモアで認識されていたかは疑問である。

入植者たちはそれぞれの祖国に助けを求め、その結果イギリス、ドイツ、アメリカ合衆国の三国がサモアの植民地化に触手を伸ばし、それぞれに勢力争いをする異なる首長と結託してサモア政治に陰に陽に関与するようになるのである（Davidson 1967: 60）。

一方、ゴドフロイ社はドイツ政府の植民地化政策の一翼を担う存在であったが、一八七八年に本国で倒産の憂き目にあう。その後、ゴドフロイ社をそのまま引き継ぐ形で、半官半民のＤＨＰＧ（ドイツ貿易植民会社 Deutsche Handel- und Plantagen- Gesellschaft）がサモアでもプランテーション開発を行うようになった。その他は個人のプランターたちで、規模からいえばごく小さなものだった。

政情不安解消、土地問題の解決、多国籍外国人コミュニティの制度化など、「サモア問題」解決のために三国は数回ベルリンで会議を行っているが、一八八九年の会議は最終決議を行ったものとされた。そこでは、アピアを租界として、居住者の白人が自治を行うアピア市民会議（Apia Municipality）[6]のシステム作りや、サモア諸島の独立と平和とともにサモア人を統治するためにマリエトア・ラウペパを王とすることなど全七項目が取り決められるが、なかでも重要だったのは、サモアの土地問題を終結すること──売買契約書の真偽を確かめ、土地所有権の確定を行うこと──であった。そのために、土地委員会が組織された。土地委員会メンバーの構成は、それぞれの国の推薦による偏りのない能力ある委員三名と、王が指名して最高裁長官の承認する委員一名の計四名からなった。当初は二年かけるはずが三年半かけて、一定の原則のもとに、土地の売買契約の有効性を調べ、登記を行った。外国人の土地所有の登記申請の行われた総面積は何とサモア全土の二倍であったが、実際に認められたのは全土の八％であった。利用されていない、すなわちプランテーションの作られていない土地（投機目的の土地）は売買そのものが無効とされ、サモアの慣習的土地所有が認められた[8]。慣習地は、この後売買禁止となった（Gilson 1970: 406-408）。

サモアの慣習的土地所有制度（customary land tenure）[9]の下にあって、慣習地とは、親族集団が代々所有するものであり、サモアの伝統的な称号名保持者が名目的に所有するものであるが、親族の誰もがそれぞれに耕作する土地の割当てを経て、食料生産を可能とするサブシステンスを行うためのものであったし[10]、この土地委員会はそれを第一に位置づけたといえる。称号名保持者が自分の考えだけで売ったりリースに出したりすることはできない。特に売ることは禁止されていたが、リースすらもそれほど簡単ではなかった。サモアの場合、ゴドフロイ社を除いたプランテーションは比較的小規模零細であった。とはいえ、プランテーションと慣習的土地所有とは、まったく異なる農業の形態である。その意味で、プランテーション経営が必要としている広い用地はごく限られていた。ということを考慮すると、サモアではプランテーションが精彩を放って、プランテーション経済にまっしぐらというよりは、プランテーションを行うことのできる土地が広大にあるわけではなく、プランテーションの産業化は限定的だった。

この点についてドレスラーは、この全体面積の八%は耕作可能な全土地の三五%であり、ウポル島北岸の西半分のプランテーション・ベルトの六〇%であったと述べている（Droessler 2022: 26）。しかし、実際のところ、サモアのコプラは、サモア人がそれぞれの占有する慣習地でサブシステンスの傍ら作る商品作物生産によるものが、一八九六年には八〇%にのぼるなど、残りの二〇%がプランテーションとすれば、プランテーションの産額はあまり芳しくなかった（Droessler 2022: 38）。

サモア独立国の今日の土地所有は、二〇一九年現在で、七九%が慣習地、政府有地の借地が三%、自由所有地が一六%、私有地の借地が一%、そのほかに教会の借地が一%となっている（Government of Samoa, Samoa Bureau of Statistics 2021: 8）ので、慣習地転換の圧力がありながら、慣習地の土地全体の比率は現在も高い。

2　ギルバート諸島から年季契約労働者の導入

プランテーション労働は工場での労働に似ていて、契約によって毎日の労働開始・終了時間が定められており、サブシステンス農業の働き方とは別物である。一九世紀のオセアニア各地で、現地人が労働に向かないという言説が流通していた。それは怠惰であるといった意味が込められていたが、実際には現地の人々のほとんどはサブシステンスでの食料生産を抱えており、プランテーション労働でいくばくかの現金を得ることは喜ぶものの、長期間にわたり、長時間決まった時間に働くという働き方は彼らにとって好ま

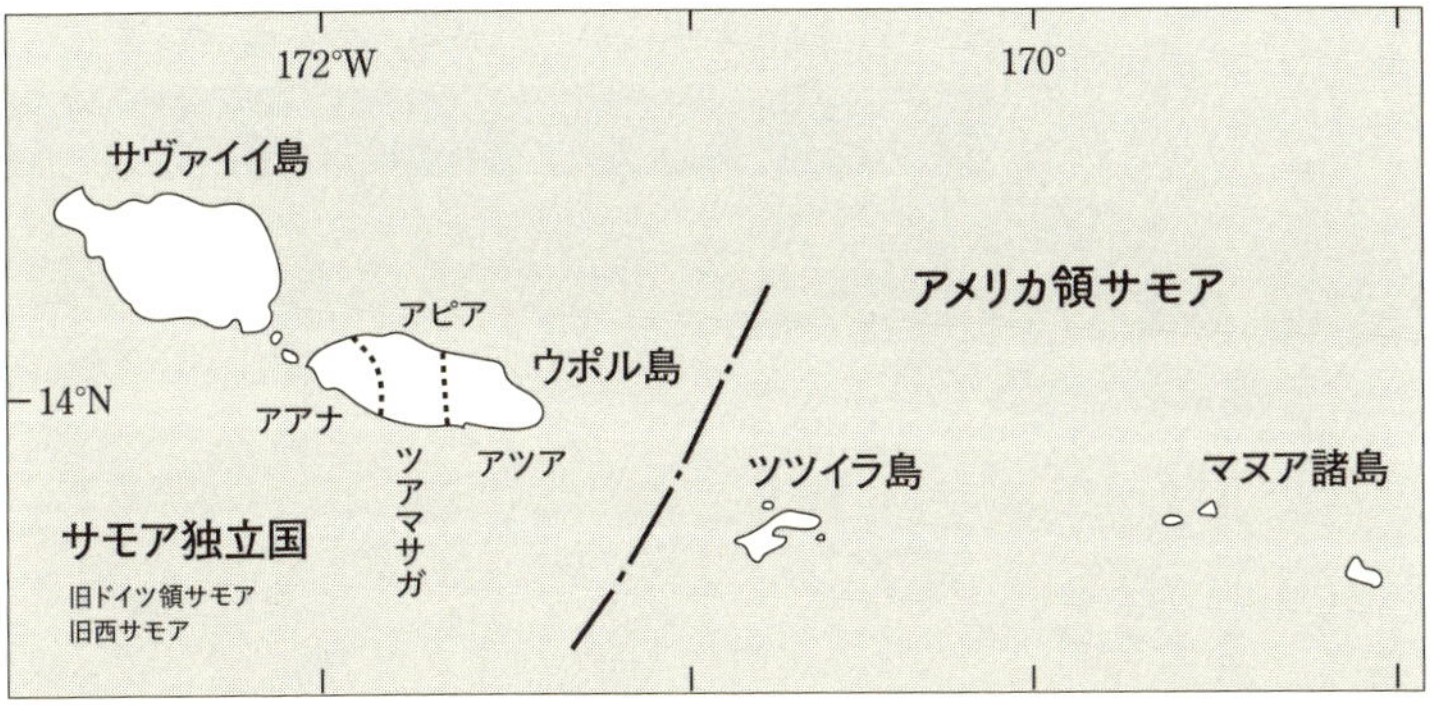

地図 4-1　サモア諸島

サモア諸島がドイツとアメリカ合衆国により分割されたのは 1899 年。その後ドイツ領サモアであった西側島々は，第一次世界大戦後ニュージーランドの統治を受ける西サモアとなり，第二次世界大戦後 1962 年に独立し，1997 年にサモア独立国となった

しいものではなかったのである。

一方異国人である移民の年季契約労働者はどうだろう。彼らは働かないと食料の分配を受けられず、購買のための現金も入手できない。このような労働条件のなかに投入された人々は好むと好まざるとにかかわらず、労働せざるをえなかったのである。

サモアでも、サモア人は外からの年季契約労働者の一〇倍近くの労賃を要求したため、サモア人を労働者とすることは最初からプランターの構想から外れた。一九〇一年頃、サモア人はプランテーション労働について、一日一ドルの欧米人と同じ額を要求しており、メラネシア人にDHPGが払う給料が年額二一から二三ドルであったことを考えると、途方もない額であった（Droessler 2018: 426）[11]。

まだサモアのプランテーション農業が始まったころ、ゴドフロイ社が主となり、独立のプランターたちは自前の船を派遣して、労働力徴集も行っており、最初にサモアに連れてこられたのは、ギルバート諸島（現キリバス）の労働者であった。マンローとファースによれば、おおよそ二五

表4-1　19世紀ギルバート諸島人の労働力移民

行　先	獲得労働者数	獲得年
ニューサウスウェールズ	22	1847
レユニオン	51	1857
ペルー	312	1863
フィジー	2,398	1866–95
サモア	約 2,500	1867–95
タヒチ	889	1867–85
ハワイ	約 2,000	1872–87
中央アメリカ	約 1,000	1890–92
ライン諸島	90	1890
クイーンズランド	155	1895
計	9,417	

出典：Munro & Firth 1987: 25

○○人のギルバート諸島人が、年季契約労働者としてサモアに入国したという（Munro & Firth 1993: 101）。ゴドフロイ社の労働力徴集は一八六七年に始まったが、他の地域からの労働力徴集船も含め、だましたりさらったりして連れていくことが当時横行したために、ギルバート諸島人は警戒するようになった。しかし一八七〇年代になると、ひどい干ばつに見舞われた人々は進んで労働力徴集に応じるようになった。ギルバート諸島は環礁島嶼群であったため、土地が少なく資源に恵まれないところに人口過剰で生活の困難を抱えていた。ハワイの年季契約労働者導入について、一番最初がギルバート諸島人であったことはすでに第二章で述べた。**表4-1**にはオセアニア各地に労働者としてギルバート諸島人が渡航していったことを示す。彼らの特徴として家族で移住してくることが比較的多く、女性や子どもも含まれていた。しかし、当時はプランテーションの側の準備が整っておらず、扱いはきわめて悪かった。かなり残酷な体罰が行われたし、待遇もひどかった。一八七一年と一八七五年には、ギルバート諸島人が反発した。特に七五年にはムリファヌア・プランテーションの二一〇人全員が給料支払いと待遇改善を求めてストライキを行った。そのとき、サモア人の首長らは、アメリカ人のスタインバーガーの指導の下、アピア湾の西端のムリヌウ半島にて、国会を作る話し合いをしていた。三人のパラマウント首長、イギリス、ドイツ、アメリカ合衆国の領事三人も同席していた。そこにムリファヌアから三〇マイル行進してギルバート諸島人年季契約労働者の一団が逃げ込んできたのである。それらサモアの当時の政治を動かしていた人々は、調査委員会を作ってこの問題に対処したのであるが、ほとんどギルバート諸島人にとっての成果は得られないままとなった。要するに列強国の代表者もサモア人たちも無関心であった。しいて言えば、冷酷な体罰を加えた現場監督やプランテーションのマネジャーが非難されたに留まった（Munro & Firth 1987: 29–30）。しかし当時、ギルバート諸島を保護する国がまだ存在せず、サモアも国家体制ができていなかったので、労働者をまともに保護する機関は存在しなかったということである（Munro 1989: 178）。

ゴドフロイ社以外のプランテーションでも問題はあった。ロンドン伝道協会の印刷技師としてサモアにやってきて、その後廃業してプランターとなったコーンウォール（Frank Cornwall イギリス領事代理）の件は、マンローが詳述している（Munro 1989）。彼は二隻の船を所有していて、総勢二〇二人のギルバート諸島人を干ばつの著しいギルバート諸島南部からサモアの僻地にあるプランテーションに連れてきた。ほとんど飢えている彼らに食べさせる食物はまだ十分育っておらず、泊まる宿舎も自分たちで建てなければならない状況だった。また現場監督はすぐ体罰に訴える残酷な人物だった。五カ月の間に、一三五人のうち二二人が亡くなった。逃げ出したギルバート諸島人が何人もいたが、沼にはまって死にそうになったりした上、捕まえたら賞金五ドルにつられた周囲の村人に捕まってしまうのだった（Munro & Firth 1993: 111–113）。

このコーンウォール問題に最もまともに対処したのは、イギリス西太平洋高等弁務官事務所であった。それが可能だったのは、コーンウォールがイギリス人だったからである。イギリス西太平洋高等弁務官はフィジー総督が兼務しており、ゴードン卿であった。イギリスは、一八七三年に太平洋諸島人保護法を、その改正法を一八七五年に定めており（United Kingdom 1875）、その法律をもとに太平洋諸島人をブラックバーディングから保護し、理不尽な労働から守ることを考えていた。実際にクイーンズランドのケースを見てみると、イギリス西太平洋高等弁務官がどれだけ取り締まりができたかは疑わしいが、少なくともコーンウォールに関してはこれを盾に在サモア・イギリス領事が罰金を科すなどした。彼は破産状態に陥り、プランテーションを失うこととなった。

その後、一八九二年にイギリスがギルバート諸島を保護領化すると、一八七八年に破産したゴドフロイ社の資産を引き継いだＤＨＰＧ（ドイツ貿易植民会社）は、ドイツ領事と親しい関係にあったり、ＤＨＰＧのマネジャー自身が領事だったこともあったが、いまやイギリスの保護下にあるギルバート諸島人はさまざまな要求が絶えず、仕事もあまり真面目に取り組まないようになり、徴集船もギルバート諸島からは足が遠のいてしまった。

3 メラネシア人の導入とドイツ支配

こうして、徴集船は西へと向かい、メラネシアから労働者を連れてくるようになった。一八八四年にドイツがニューギニアの一部と西ソロモンを併合すると、メラネシア人の年季契約労働者の導入は軌道に乗った。しかし、国際関係等の諸条件――当時メラネシア人労働力は、フィジー、クイーンズランドのそれぞれと競合するので、難しい側面があった――から、連れてこられるメラネシア人の数は限られており、サモア諸島内ではDHPGとドイツ人経営のプランテーションの独占となってしまい、その他の国籍のプランターにとって労働者の確保は重大事案であった。ゴドフロイ社とDHPGは、一八六七年から一八八四年半ばには累積四五七五人の太平洋諸島人（ギルバート諸島人とメラネシア人）労働者を入れ、一八八五年から一九一三年には累積五七四六人の太平洋諸島人（ほとんどはメラネシア人）労働者を年季契約で入れた（Meleisea 1976: 126–127）。ほぼ一万人にあたる総数のうちギルバート諸島人を除くと、おそらくは七〇〇〇人程度のメラネシア人がその総数となる。彼らの年季は三年であり、三年たつと順次帰国していった

表 4-2　ゴドフロイ社およびDHPGがサモアに連れてきた労働者の出身別統計 1867 年～ 1885 年半ば

年度	年度計	ギルバート諸島人	メラネシア人
1867	81	81	–
1868	115	115	–
1869	40	40	–
1870	69	69	–
1871	48	48	–
1872	15	15*	–
1873	438	438*	–
1874	140	140	–
1875	280	280	–
1876	101	101	–
1877	251	251	–
1878	272	189	83
1879	718	115	570
1880	535	300	235
1881	378	–	378
1882	264	8	256
1883	355	2	353
1884	245	29	216
1885 半ば	512	124	388
総計	4,857	2,345	2,512

出典：Munro & Firth 1993: 102 を一部変更。
* カロリン諸島人それぞれ 15 人，80 人を含む
メラネシア人は，ニューヘブリデス諸島，ソロモン諸島，ニューブリテン島，ニューアイルランド島出身である。

写真 4-1　ウィルヘルム・ゾルフ（中列左から 2 人目）とマタアファ・イオセフォ（中列右から 2 人目），1903 年（ニュージーランド国立図書館蔵）

（表4－2）。

ドイツは、一八八四年にニューギニア東部を南北に分割することでイギリスと合意し、さらに一八八六年にはその境界線の延長で、その東の島嶼地域をイギリスとの間で分割した。それによって、ドイツが支配するメラネシアから年季契約労働者を導入することが可能となった。それがギルバート諸島人労働者からメラネシア人労働者に切り替える大きなきっかけであった。

さて、一九世紀から二〇世紀の変わり目に、サモア政治には大きな転換が訪れていた。一八八九年の最終決議によって、いったんすべてが収まる場所に収まったと思ったのも束の間、一八九八年にマリエトア・ラウペパが亡くなり、その息子のタヌマフィリ（Tanumafili）と人気のあるマタアファ・イオセフォ（Mata'afa Iosefo）の間で後継争いが起こった。戦闘が続き社会不安が広がった。結局、最終決議を行ったイギリス、ドイツ、アメリカ合衆国が再び一八九九年にベルリンで会議を開き、最終決議を反故にし、ついにサモア諸島の分割に踏み切ったのであった。サモア人の意向とは関係なく、諸島の西側をプランテーション開発に熱心であったドイツが、東側を南太平洋の軍港建設を狙っていたアメリカ合衆国が領有し、イギリスは別の地域の利権をとることで、決着した。ドイツ領サモアの植民地政府は一九〇〇年に創設され、外交官であったウィルヘルム・ゾルフ（Wilhelm Solf 1862–1936）が初代総督となった。ドイツの植民地支配というとアフリカやメラネシアなどでは、強権的支配をすることが多かったが、サモアでは現地人保護の意識が高く、現地の制度をとりいれた土地称号委員会（後に裁判所）を作ったり、サモア人が一九世紀に土着の制度の上に作り上げた議会（Fono a Faipule）を使って自治を行わせたりしている。

ここから先は、ドイツが支配した西サモア（ウポル島、サヴァイイ島とその周辺の小島群、現在はサモア独立国と呼ばれている）が本章および次章の対象となる。アメリカが領有した東サモア（アメリカ領サモア）は、もともと平地が少なく、プランテーション開発の対象とはならなかったし、今日もそのような土地利用はない。

ゾルフがサモア統治について常日頃述べていた内容が以下のように記録されている。

> サモアはとても小さく、遠いから、幸いにも儲かる将来はない。ドイツの官憲はいわゆる進歩をもたらして、世界でまたとない魅力的な人種を破壊する手伝いをしてはならない（中略）わたしにふさわしい役どころは、サモアを現在のまま、小さな楽園にとどまるようにし、ベストを尽くしてエデンの園を通り過ぎる蛇から守ることである。
>
> （L. Osbourne in Rowe 1930: xii. 山本訳出）

ゾルフがサモア文化に心酔して、サモア社会の諸制度を保護しようとしていたという解釈の源はこうした彼自身の発言にあるかもしれない。しかし、実際にゾルフが行ったことを見てみると、現地社会から自発的に出てきた反植民地運動としての第一次マウ運動（後述）を弾圧しているし、サモア議会議員、最高位首長は、総督の任命制であり、ドイツ政府の支配を、現地制度を通じて円滑に行おうとしていたことは明白である。保護主義的であるけれども間接統治を行っていたと解釈すべきと考える。ゾルフがサモアの暮らしやサブシステンス農業のあり方に理解をもっていたことは確かである（Wareham 2002: 91–96）が、一方で彼は植民地政府の舵取りを果たさねばならず、保護主義はサモア人のためというよりはすでにある土着の政治システムを通じての統治方法を優先させるためだったと考えられる（Steinmetz 2007 : 355–358）。

一方、プランテーションの労働者は依然として不足していた。メラネシア人労働者は、ドイツ植民会社（Gesellschaft für Deutsche Kolonisation, ＧＤＫ）がドイツ領ニューギニアの開発に利用する大義があり、イギリスが領有化した地域[12]については、イギリス自体の政策転換があって年季契約で労働者を海外に連れ出すということに批判的であった。一九〇〇年以降、オーストラリアも合衆国も年季契約労働の制度自体の廃止を行っており、メラネシア人の年季契約労働者は減りつつあった。またニューギニアなどでは、ＧＤＫのニューギニア内での開発事業の必要があったため、労働者を同じドイツ領とはいえ外部に出すことは難しくなっていた。

ドイツが植民地政府を設置した一九〇〇年から、第一次世界大戦が始まった一九一四年——開戦直後にニュージーランドに占領されてしまった——までの間に連れてこられたメラネシア人は主としてブーゲンヴィル島出身であったが、ビスマルク諸島やマライタ島の出身者もいた。サモアの売買可能な土地は限られており、そのほとんどはDHPG社が所有していた。DHPG社はアピア市の東のヴァイレレ、西のヴァイテレ、ずっと西に行ってムリファヌアの三か所の開墾を行いつつあり、一九〇六年に合わせてほぼ三六〇〇エーカーの面積を有していた。たとえばヴァイテレの場合、一八〇〇エーカーのココヤシ林、三〇〇エーカーのカカオ林、五〇〇頭の牛、四〇頭の馬、四二頭のロバを有していた。ここに一三〇のメラネシア人労働者と三〇人の中国人労働者、そして、若干の欧米系の大工等の職人がいた（Meleisea 1980: 5–7）。

メレイセアーは、一九七三年から翌年にかけて、まだサモアに残留して暮らしているメラネシア人六人の旧年季契約労働者のうちの四人にインタヴューをして、記録を残している。彼らは比較的若くして労働者募集に応じてやってきた。無理やり船に乗せられたという者はいない。誘拐のような噂は聞いたことがある、ということだが、彼らはどちらかというと、広い世界を見て外の世界に触れてみたい、といった希望をいだいて、募集に応じたようである。すでに年季契約労働徴集の終盤では、だましたり誘拐したり、ということは少なくともあまり頻繁に行われていなかったようである。彼らはおおむね徴集船やプランテーションに来てからの食事には満足していた。また、三年の契約期間が終了した後の帰国も予定通りであった。

ドイツ時代の評価は結構ポジティヴであるが、ネガティヴなのは体罰である。鞭で殴るという、年季契約労働が行われている各地で聞こえる慣習はここでもあった。またプランテーションには、いうことをきかない労働者を懲罰する監禁部屋があり、そこに閉じ込めることもあった。メラネシアの言語事情も彼らの孤立感を深めた。トライブごとに言語が異なる多言語領域であるため、メラネシア人とひとくくりにされても互いのコミュニケーションをはかるのが容易ではなかった。また、コミュニケーションの問題があったので適切な医療を受けることなく亡くなった人もいた。インタヴューのなかでも、亡くなったメラネシア人への言及は何度もあった。メラネシア人少年で幼い者は、主人の家庭内の家事担当になることもあったが、さらに幼いとメッセンジャーボーイとして、メモをもって広大なプランテーションのあちこちを走り回る役もあった。

彼らはキリスト教に関心があり、教会に行きたくてプランテーションの近所の教会に通ったりした。教会が教えてくれる文字の読み書きに言及することが多かった。サモア人の反応は、やや見下したところがあったが、一方でメラネシア人労働者が配給のタバコをくれるのを歓迎していた。また、サモア人は月単位の短期でプランテーションで働くことがあったが、それも知り合いを作る良い機会だった。メラネシア人労働者が年季契約労働を志願する大きな目的として、お土産の箱をもらう、ということがあった。お土産を箱に詰めて帰るというのは、たぶん日系移民が故郷に錦を飾るような意味があったのであろう。すでに第三章4の❸項でオーストラリアのメラネシア人のお土産のボキスについて述べているが、サモアから帰還するメラネシア人労働者も同様であった（Meleisea 1980）。

ニュージーランド軍が進駐してから、帰還の順番がスケジュール通りでなくなり、プランテーションのために働いてくれ、と残された人々もいて、結局その後の帰還がかなわなかった人々も出た。体罰もなくなったし、いろいろ許されたことも多くなったが、ニュージーランド時代はあまり組織立っていなかったという印象をメラネシア人労働者はもっていた。

メレイセアーのインタヴュー調査のときまで生き延びてきた人は、若くしてサモアにやってきた人々であったため、配偶者を得て残った話は、次章に譲りたい。

相変わらず、サモア人の労働力を当てにすることはなかった。サモア人はゾルフにしてみれば保護の対象であった。また白人労働者を入れることもあまり考えていなかった。鍛冶屋、荷車大工などの職人は必要であるが、肉体労働専門の労働者は入れていない。潜在的には階層の問題があり、ドイツの下層の労働者に対する支配者側の差別意識があったとする意見もある（中村 2017: 275–278）。しかし公的には、白人は熱帯での労働に難があるといった議論がされていた（Wareham 2002: 76–80）。

4 中国人の導入とドイツ支配

メラネシア人を徴集できないとしたら、新しい労働者獲得を目指す必要があったが、その矛先は中国に向かった。植民地政府ができる以前、年季契約労働者は駐在する各国の領事の許可を得た事業者がそれぞれに船を仕立てて訪問先で契約を結んで連れてくる（といってもほとんどはＤＨＰＧが他のプランテーションの分も代行して行っていた）のであった。しかしメラネシア人労働者をまったく回してもらえない中小の、特に非ドイツ系のプランターたちは、サモア・プランター協会（Samoa Planters' Association）という団体を作り香港と交渉して、二七九人の中国人労働者を一九〇三年に導入した（Keesing 1934: 354; Firth 1977: 160）[13]。しかし、民間団体の窓口の問題があり、それ以後は植民地政府の管理の下で交渉・導入が行われた。一九〇三年から一九一三年の間に、七回の航海があり、およそ三八〇〇人の中国人労働者を導入

表 4-3　ドイツ時代に導入された中国人年季契約労働者

到着日	船名	到着労働者数	延べ人数
1903/4/28	S.S. Decima	289	289
1905/5/30	S.S. Progress	528	817
1906/7/22	S.S. Holstein	575	1392
1908/6/10	S.S. Progress	351	1743
1909/11/28	S.S. Mathilde	535	2278
1911/12/28	S.S. Paklak	551	2829
1913/5/18	S.S. Michael Jepsen	1039	3868

出典：Tom 1986: 36

した（Firth 1977: 160）（表4－3）。

契約の条件は、三年間の労働で、月一〇マルクの給料、無料の医薬品と帰国運賃、一〇時間で週六日の労働、中国の主要な祝祭日休日。雇用主は食事と宿舎を十分に用意する必要がある。仕事をしなかった日については、給金は支払われず、労働者に過失がある病などに関しても同様である、プランテーションの外に移動するときは主人の許可を得ないとならない、といったところである（Moses 1973: 106）。体罰や、プランテーション内での監禁、不服従などに関してのルールは法律に定められていた。

サモアのプランテーション開発推進者であり、ドイツ・サモア会社を経営するデーケン（Richard Deeken）は、中国人の現場監督の異議申し立てを聞いているうちに彼に暴力をふるった。重症を負ったこの現場監督を担架に乗せて運んで警察に駆け込んだ年季契約労働者四人と監督本人を、デーケンはプランテーションから許可なく移動したものとして、警察に連れ戻すよう訴えた。彼の雇用した年季契約労働者の死亡率は他と比較しても突出しており、デーケンの活動を快く思っていなかったゾルフはこれを良い機会として、刑事裁判に訴え、デーケンを有罪とした（Firth 1977: 164）。その後デーケンはいったんドイツに戻り、そこで刑期を務めた後、サモアに帰って来た。

プランテーション開設に先立って書き、ドイツで出版したデーケンの著書は、サモアがいかにすばらしい南洋の楽園かということを説き、これに触発されてサモアにやってきてカカオ栽培を始めるドイツ人もいて、ドイツ人の間に入植ブームをもたらしていた。世界の辺境の開発を推進しようとするデーケンは、サモア人から土地を奪い、苦力を踏みつけにするのも厭わない人物だった。

当時、プランテーションを推進する民間の入植者からは、伝統的所有地の売買禁止を解いて、プランテーションを増やすことを許可してほしいという要望があり、年季契約労働者導入に加えて、土地売買の解禁を望む声があったが、この声をゾルフは封殺した。植民地経営の視点から、プランテーションが増え税収が増加することは望ましいが、税収はDHPGに頼ればよい。労働者にせよ、プランテーション開発業者にせよ、素性のよからぬ者が入ってきて、それがサモア人に同化する（サモア人化する）ことをゾルフは恐れていたようである（Wareham 2002: 75–88）。ゾルフにいわせれば、支配者としての「白人の責務」がある、というわけである。サモア人は人生のモデルではなく、保護すべき対象であった。

また、土地を増やしても、労働力確保に無理があることをゾルフは理解していた。メラネシア人が確保できないなら、中国人を呼ぶのは無難な選択だろう。さりながら中国での労働者募集すらも計画通りの人数は集まっていない。彼が恐れていたのは中国人がやがてサモア人女性と結婚して定着し、ビジネスを始めて成功することであった。黄禍論はハワイでも、オーストラリアでも出ていたが、サモアにもあった。メラネシア人を含め、年季契約労働者は年季終了に際しての帰国を義務づけ、サモア女性と結婚できない法律が作られた。

当時のプランテーションでは、メラネシア人労働者が最下層となり、最も単純なフィールドでの下草刈り、果実の収穫などの作業に従事し、中国人は多少技術の必要な機械オペレーションや現場監督などをまかされていた。プランテーションではエスニックごとに異なる宿舎があてがわれ、それぞれに契約に沿った食料の配給があった。食習慣の配慮もあり、各自調理して食べることとなっていた。ギルバート諸島からの労働者が家族ぐるみで来島していたのに対し、メラネシア人で妻帯するものはあったが少なく、中国人はまったくといっていいほど、妻帯はなかった。中国人の場合、出稼ぎ労働者に妻が同行しないのは常のことであり、アメリカ合衆国での苦力の暮らしも単身が普通であった。妻帯を許可するという条項が契約のなかにあったが、一回の航海で一人を超える女性の参加はなかったという。メラネシア人女性はこれよりは数がいたが、少数であったことは間違いない。

年季契約労働者の人権は、もともとの契約書（本書巻末・**資料①**）のなかに盛り込まれておらず、体罰、罰金などは労働関係の法律で定められていた。

統治法令一九〇五年四月発令の第三巻第四号、第二〇条

この法令に違反した契約労働者は以下の刑を受ける。とりわけ

(1) 怠業した者

(2) 他人にそのように告げずに職場を理由もなく離れる者

(3) 隠れてしまう者、または他の労働者がそうするのを助ける者

(4) 許可なくプランテーションを離れる者、許可された時間を超過してプランテーションの外にいる者

(5) 雇用主や現場監督に対して反抗的になり、不快にするのは、外出の権利を二カ月間失うか、三〇マル

ク以下の罰金、または三カ月以内の独房または雑居房での監禁。単独で同じ者の場合、一週間の内一回の鞭打ちで罰することは可能である。もし一人の契約労働者に鞭打ち一〇回以上が与えられるとき、またはそのような措置が罰によって傷害を負うと予想できるときには、医者に診断を仰がなければならない。罰はコミッショナーか、公的に任命された地区判事同席のもとで行うべきである。[14]

（Haynes 1965: 84. 山本訳出）

プランテーション管理者によるいじめも、後を絶たなかった。残酷なプランテーション管理者のなかには、年季契約労働者を人として扱わない人物も多かった。体罰の先には、監禁（部屋に閉じこめてしまうこと）といった罰もあり、病欠は給与が支払われなかった。犯罪者に対しては、過度な罰や人権侵害があったし、契約に反する長時間労働の実態もあった。結婚もできず、雇用先の変更もできなかった。それでも、植民地政府が介入することにより、ギルバート諸島人の頃よりもましではあった。しかし、それ以上に出身国が介在して、年季契約労働者の権利を守ることは意味があった。中国人の場合は、次第に中国政府が国家として介入した。[15]労働者自身が実態を訴え、それがヨーロッパまで伝わると、中国人留学生の間で問題視されるようになった。中国政府は使者を派遣して実態調査を行い、一九〇九年には中国領事館ができ、林潤釗（Lin Jun Chao）が領事として赴任した。こうして彼はなかなか強力な交渉力をもち、苦力の人権の救済、平等な権利などが図られた。植民地政府も対策に手を焼いた。また、年季契約労働者供給の市場が次第に縮小していくなか、サモアは比較的労賃も安かったため、売り手市場として林潤釗は大きなバーゲニングパワーを持っていた。

5 ドイツ支配とその人種政策

ドイツ時代には、サモア在住者を二つの身分に峻別する厳しい身分制が存在した。外国人すなわち欧米人（白人）[16]とネイティヴの二つである。ネイティヴはサモア人を想定したものであるが、外国人のサモア人妻は外国人カテゴリーとなる。もともと中国人は外国人のカテゴリーに入れられていたが、一九〇五年に植民地政府は法律の変更を行い、ドイツ統治（一九〇〇年）以前から商売や仕事などで住み着いていた若干名の中国人は自由移民[17]として外国人のカテゴリーとし、年季契約労働者の中国人はネイティヴのカテゴリーに入れるものとした。メラネシア人はもともとネイティヴとされていた。外国人は、ドイツ領事法に従い、ネイティヴはサモアの慣習法に従うものとされていたが、結局中国人やメラネシア人は実質的にサモアの慣習法[18]からも疎外されていたため、プランテーションの経営者の支配に従うしかない。しかも、年季契約労働者の契約違反（労働規律違反、逃亡、夜の外出など）に対する体罰（鞭打ち）やプランテーションの監禁部屋および警察の留置所への監禁などが法律に定められた。ドイツ時代の人種区分による人口統計を**表4－4**に示した。

林潤釗領事がまず取り組んだのは、未払い給料の支払い、食料の改善、休日を増やすこと、賃上げ、などに加えて、体罰の禁止といった問題であった。また、苦力の送り出し機関となっていた広東地方政府も、苦力の前渡金などの値上げを図った。しかしそうした問題に加えて林領事がこだわったのは、中国人年季契約労働者がネイティヴに分類されたことである。ここには差別を是正する意味もあったが、メラネシア

表 4-4 ドイツ植民地時代の人種区分による人口

	サモア人	太平洋諸島人	中国人	自由移民の中国人	白人	ハーフ	外国人計	総計
1901	32,815	811	13	–	347	536	883	34,522
1903	32,612	978	12	–	381	599	980	34,582
1906	33,478	1,182	770	–	454	815	1,269	36,699
1908	33,478	1,347	1,050	–	436	938	1,374	37,249
1910	33,478	1,347	1,353	–	473	1,003	1,476	37,654
1912	33,554	1,349	1,613	12	504	996	3,125	38,028
1914	33,554	1,422	2,083	17	603	1,019	3,722	38,698

出典：Wareham 2002: 177 に基づく

ウェアハムの注：サモア人人口は 1901, 1903, 1906, および 1911 にしか調査が行われていない。1911 年までは，アピア在住中国人は「白人」に分類されていた。ハーフの数は嫡出子も非嫡出子も含んでいる。太平洋諸島民はおよそ 800 人ほどいたメラネシア人年季契約労働者（DHPG プランテーション）と在住非サモア人を含んでいる。1908 年と 1910 年の間はとられていない。

山本による注：総計は山本の計算。ネイティヴ身分のものについては薄墨色をかけた。

人やサモア人に対する上から目線もある。われわれは高度な文明を築いてきた、という黄色人種としての人種差別かもしれない。が、それ以上に、年季契約終了後にこの地に残って、経済活動——土地を購入して農業を始めることや、ビジネスをしたり、さまざまな職人となること——を行い成功する、という華人としての夢があった。実際、ハワイなどでは年季明け後に許されていた経済活動がサモアではできない仕組みとなっていた。ドイツ領植民地サモアでは、外国人は資本主義的経済活動が許されるが、ネイティヴのサモア人は、慣習地を親族内で割り振ってサブシステンス農業を行って生計を立てることが想定されていて、資本主義的経済活動は想定されていなかった[19]。先に述べた通り、サモアの土地はほとんどが慣習地であり売買はできない。とりわけ外国人に売ることはご法度であった。一方、自由に取引ができる自由取引地を売買できるのは外国人だけであった。そして、年季明けの中国人は原則として帰国しなくてはならず、さもなければ年季契約を新たに結ぶしかなかった。

林領事や中国政府は、中国人年季契約労働者の身分について、ネイティヴはおかしい、何とか外国人にできないか、という主張をかなり強固に行い、年季契約労働者としての中国出国を認めないなどの措置をちらつかせて、ドイツ側を追い詰めていった。ついに一九一二年一月にはゾルフは中国人年季契約労働者の身分を外国人に変更することを認めた（Wareham 2002: 114）。実質的に年季契約労働者の法規のほうが優先するので、外国人であっても、自由移民（一九〇〇年以前からいる中国人の得ているカテゴリー）と同じ職業選択の自由はなく、「ネイティヴではない者」というあいまいなカテゴリーが新たに作られたに等しかった。

サモアの労働者不足は慢性であったが、さらに悪化していった。小さいプランテーションのオーナーたちは破産の危機に瀕しており、さらに苦力を増員することを植民地政府に願い出た。その次の一九一三年の交渉はかなり熾烈な戦いであった。ただし、中国は一九一一年に辛亥革命が起こり、一九一二年には中華民国が誕生した。そのような大きな政権交代があり、政治システムがおそらくは完成していない時期にあり、サモアでの交渉――ゾルフが一九一一年末に本国の植民地省長官に移動したため、総督はシュルツ（Erich Bernhard Theodor Schultz-Ewerth 1870–1935）となっていたが中国領事は林であった――、広東での交渉――ドイツ領事対広東地方政府――、北京での交渉――ドイツ公使対北京外務省――の三段階があった。サモアでの交渉は、中国人年季契約労働者の年季が明けた後の自由移民への身分の変更が焦点であり、これは職業選択の自由[20]、永住、自由所有地の購入といった権利を内包するものであったし、同じ主張は広東地方政府も行っていた。シュルツは、サモアでの権利行使は難しいが、ドイツ領ニューギニアでならば認めてもよい、とか、最終的には自由移民の許可を与える際、入国税として一〇〇〇マルクの支払いを行うといった制度の提案を口頭では行っていたが、何としても中国人の自由移民を受け入れたくない植民地政府としては、ぎりぎりの譲歩であった。ゾルフ、シュルツ共に、ハワイ、タヒチなどの現状を横目で見つつ、自由移民とすれば、土地を買ってプランテーションを始めるだろうとか、商業を牛耳るに違いないとかいったことを心配して、ゾルフはこれが実現したらサモア人にとっては「死刑宣告」だ、と述べるほどであった。

結局、ドイツ政府と北京政府との交渉にあたっては、給料の増額、食物の改善、苦力用の菜園の土地提供、プランターとの交渉力の強化を認める回答のみだったが、中国側は、月二〇マルクへの給料の増額を要求しただけであった。自由移民の件は、議定書に言及もなかった（Firth 1977: 175–176; Moses 1973: 123)。当時、実際には、南中国は人口過剰に悩んでいて、募集をかけたところ、一五〇〇人近くの応募があったが、積載トン数ぎりぎりの一〇三九人しか運ぶことができなかった。植民地政府は、このままで数年いけるという感触があったけれども、翌年一九一四年に第一次世界大戦が勃発し、ドイツのサモア支配はそこで終了した。

最後に、混血（ミックス）について説明しておきたい。サモア人はあまり異文化異社会の人と通じることにこだわっておらず、外国人がサモアにやってきた当初からハーフカースト（half-caste ハーフ）の誕生を見てきた。外国人男性とサモア人女性の結婚がほぼすべてであったが、その際に正式の結婚の形をとることは少なかった。また正式な結婚をしたり、子どもの国籍を男性の自国のものにしたりすることは、実質的に難しい場合もあった。たとえばイギリス人の場合、結婚のライセンスを持った役人または聖職者に結婚証明書を作ってもらう必要があったが、サモアにそうした人がおらず、フィジーまで行かなくてはならないことが往々にしてあった（Salesa 1997: 95–102）。かくして、ドイツが植民地政府を樹立したとき、無国籍のハーフがサモアには大勢いた。政府役人のアシスタントや、会社で働いているハーフもそのままではネイティヴとされてしまうことが多いため、ドイツ政府は、これらの人々に関して、欧米語を話すかどうか、どのような生活様式なのか、といったことを面接で確かめ、合格すれば外国人の登録を可能とした（Wareham 2002: 128–129）。

ドイツ統治が始まって、中国人労働者を入れるかどうか、といった議論があった頃に、サモア人の将来像は考察の対象となった。人類学者のクレーマーは、以下のように述べている。

> サモア人男性は、中国人を黄色い兄弟とみなし、サモア人女性は単なる敬意以上のものを持つかもしれず、黒人（メラネシア人もバンツーの人々も含め）は軽蔑を込めて見下すだろう。人種混合を通じてサモア人の結束が緩む一方で、退廃や仏教の影響が第一の集団〔サモア人集団〕に生じるだろう。この本のなかですでに繰り返し述べているように、黒人の影響などは大した問題ではない。
>
> （Krämer 1904; cited by Wareham 2002: 103. 山本訳出、〔 〕内付加）

クレーマーは、中国人を入れた結果、サモア人の文化や社会の統合が失われていく危険性を感じ取っている。しかし一方、官僚や外国人商人たちのなかには、サモア人が中国人の導入と混血化によって「人種改良」されていくのであれば、それは良いのではないかと述べた者たちもいた。プランターたちにとっては、土地と労働者が必要であるが、良質な労働者であることが大事で、先住性にはこだわらない。しかし施政者ではあるがゾルフは年季契約労働者を導入しても、サモア人全体の保護という観点から、結婚は避ける方針をとった。一九一一年に、ドイツ政府の方針が変わり、それまで寛容だった混合婚を禁止することとなった。これはむしろアフリカでの混合婚禁止とそろえたものである。

それを告げる布告は以下の通り。

……

(1) ネイティヴでない者とネイティヴとの結婚を以後禁ずる。

(2) 今日まで合法であるとみなされてきた混合婚の子孫は白人である。

(3) 非合法の混合婚から生まれたハーフ(ハーフカースト)は、彼らが現在存在するハーフのリストに載っている限りにおいて、白人と同等と見なされる。リストは改訂が必要であり、掲載に値しない者は除かれる。

(4) この原則の布告後に生まれたハーフはネイティヴである。

(5) ドイツ語を流暢に話すことができ、欧米での教育を受けた証明を提出できるネイティヴは、申告することで白人と同じ地位を与えられる。

(ゾルフからドイツのサモア植民地統治記録一九一二年一月。Wareham 2002: 141. 山本訳出)

これは、むしろ白人とサモア人の間に生まれた多くのハーフの身分と大きく関わる布告であるが、本章との関わりは、明確に中国人年季契約労働者——中国領事の要望により、ネイティヴのカテゴリーから外されたばかりだった——とサモア人女性との結婚を禁じていることである。結婚を通じてのサモア社会への接近、女性方の親族集団に入って伝統的土地を入手することも明確に禁じたのである。この問題は、次章で詳しく論じる。

6　奴隷制とつながる年季契約労働制

サモア諸島の西側、大きな島が二つと小島群に囲まれた部分について、ドイツが領有を主張したのはプランテーション開発のためであった。まだサモアを領有する前から、ハンブルクのゴドフロイ社が進出して、一八六〇年代にはプランテーション開発を始めていた。ゴドフロイ社はやがて倒産するが、そのあとを引き継いだＤＨＰＧが最大面積を有するプランテーションを経営し、あとは小規模のプランテーションばかりだった。それは、土地所有を明らかにして登記を進めるための国際的に形成された土地問題委員会の決定により、サモアの大部分の土地は慣習地となり、白人プランターが開発に携われるのはごくわずかの自由取引地だけとなったからである。そしてサモア人は慣習地を活用して食料生産を行うばかりでなく、換金作物も作ることができたので、プランテーション労働はしたがらなかった。

そのため労働力は外部から連れてくるしかなかった。最初はギルバート諸島人が、そしてその後はドイツ領ニューギニアのメラネシア人が年季契約労働者として連れてこられた。前者は総計二五〇〇人ほど、後者は一八八五年からサモアがドイツ領でなくなるまで、七〇〇〇人ほどである。ギルバート諸島人に関しては、奴隷制の代替の扱いであり、イギリスがギルバート諸島を領有することとなって以後、労働力徴集は行われなくなった。その後一八九九年にドイツ領有が決まり、翌年植民地政府ができた。しかしこのころから、ドイツ領ニューギニアからの労働力供給があまり思わしくなくなり、特に規模の小さいプランテーションなどは、深刻な労働力不足となった。

模索した結果、中国から年季契約労働者を連れてくることとなった。いわゆる苦力である。計七回の航海でおよそ三八〇〇人が連れてこられた。ドイツ植民地政府は、体罰や監禁などの手法で労働者管理を行うことを法律で定めており、同様の労働者管理はＤＨＰＧ時代から存在していたので、奴隷制の名残はここにもみられる。やがて中国政府が労働者の扱いについて調査を始め、一九〇九年には中国領事館ができた。領事は実態調査も行って、体罰の廃止をはじめ、彼らの人権救済に努めた。また新しい契約を行うごとに賃上げなどの要求もつきつけた。最後まで課題となっていたのは、中国人労働者の年季契約終了後の扱いである。それまでは一貫して、契約終了後に帰国させる方針であり、年季明けの労働者の残留を許さなかったが、中国領事は、サモアの労働者不足から強力な交渉力を得て、彼らを自由移民として受け入れるよう迫り、植民地政府は苦境に陥った。結局、辛亥革命や第一次世界大戦がこの交渉の流れを断ち切ってしまった。

サモアでは、政府に労働者の労働だけを買い取る、という意図が見える。労働さえ売ってもらえたら、あとはいらない。現地社会になじむ前に帰すのであり、そうすることで人種・民族間の問題を最小限にくい止めようとしていた。そのために、労働環境に慣れた労働者の再契約を求めるプランターたちの要求を押し切って、三年で帰国させる方針を貫いた。完全に徹底することは難しいが、移民コミュニティをできるだけ作らせない、という方針だった。これはハワイの場合、また第六章に述べるフィジーとは対照的である。

注

（1）ちなみにイギリスは、サモアをあきらめる代わりに地球上の他の地域の利権を手に入れた。

（2）一八五八年には、二四九人の欧米人がおり、その半分はサモア人妻との間にできたハーフであった（Salesa 1997 : 58–59）。

（3）サモアではミックス（混血）の人のことをハーフカーストと呼びならわしてきた。half-caste という語には、現在のサモアではそういうことはないが、やや差別的意味が込められる傾向にあるので、この論文中では一貫してハーフとしておく。

（4）ココナツの殻の中の果肉を乾燥させたもの。良質のオイル（ヤシ油）が取れるので、石鹸の材料となる。石油から石鹸を作るようになる以前は、南太平洋の貴重な産品であった。最近また見直されている。

（5）ココヤシ以外は、プランテーション用にサモアに持ち込まれた外来種である。ココヤシはもともと、食用として栽培されていた植物であり、葉はカゴ等に、幹は材木として、また果肉を取った後の殻は燃料に、殻の外側の繊維質の部分はヤシロープの材料として、すべて無駄なく利用されていたし、現在でも利用は行われている。

（6）一八七九年に、三国と「サモア政府」の間で、存在については合意されていた。

（7）その他の四項目は、既存の条約の修正とサモア政府による承認、最高裁判所の設置、関税と税収の件、武器・弾薬・アルコール飲料のコントロールである（山本 2008c）。

（8）ハワイ、ニュージーランドで先住民の土地の多くが奪われ、生活が困窮していることから、現地人保護が必要であるという認識が、先進国リーダー（たとえば、フィジー総督だったアーサー・ハミルトン・ゴードン）にも生まれていたようである。

(9) まったくの土着のものというよりは、植民地時代に白人が持ち込んだ土地の商品化などとの交渉のなかで形成された制度であろう。慣習下で無自覚的に行われていたものが、土地委員会などが顕在化させた、ということもできる。

(10) もっとも独立以降は、家族単位で商品作物を作り現金収入を得ることが政府によって推奨された。現在もそうした家族生産は行われている。そのような生産者は、商品作物のみならず、自家消費用のサブシステンス生産も行っている。

(11) 一方同じドレスラーの著書では、メラネシア人の給料は年額ではなく、月額となっている(Droessler 2022: 43)が、前後の文脈からは、年額が正しいものと考える。

(12) サモア諸島のドイツとアメリカ合衆国の間で分割する際に、イギリスはサモア諸島から手を引く代わりに、トンガを保護領にすると同時に、ドイツからブーゲンヴィル島を除く西ソロモン諸島の利権を譲り受けていた。すなわち、ドイツはソロモン諸島のほとんどをもはや領有していなかった。

(13) 各航海でやってきた労働者の数は、統計データに若干の齟齬がある(Tom 1986: 36; Moses 1973)が、ファースは、それに加えて、若干名の現場監督と仕立て屋が到着した、と書いているので、その違いはそれらの人数を含めるかどうかにありそうだ。

(14) ただし、この五項の罰については、一九一二年のシュルツによる改正により、体罰を除くこととなっている。「単独で同じ者の場合……」以下が削除された(Heynes 1965: 90)。

(15) 最初は清朝政府であったが、辛亥革命後は北京政府が領事を任命していた。

(16) アメリカ人も含む。これは生物学的人種としての欧米人の意味であるが、自由移民として過去にやってきた中国人を欧米人カテゴリーに入れるなど、人種とは自然的分類であったはずだが、社会的なものとして作用し、カテゴリー化することを示す好例である。

(17) この時代は、年季契約労働者であると契約が切れてしまったら帰国させられ、雇用主を変更することもできなかったはずで、土地も買えないし、商売を始めることもできない、とさまざまな制約に囲まれていたが、自由移民であれば、そのような活動の制約はなかった。

(18) サモアは首長制に基づく社会であり、それぞれの大家族は代表する首長をもち、村の首長会議ではその首長が大家族を代表していろいろな議決を行うのに参加したり、また家族内に犯罪者がいれば、その首長が責めを負い、謝罪をする。首長は称号名をもち、その称号名の下にランキングが決まり、われわれの民主主義とは異なるのであるが、大家族と首長に保護され、社会へとつながっている。しかし中国人やメラネシア人は、ネイティヴに類別されてもそのような形で社会とつながることはなかった。

(19) 一九〇四年に、欧米系住民に独占されていたコプラ取引を、その仲介なしに行おうとしたラウアキ・ナムラウウル・マーモエ(Lauaki Namulau'ulu Mamoe)を中心とするオロア運動は、サモア人の生活協同組合的なものであり、一種のレジスタンス運動でもあったが、当然のように植民地政府と対立したものの、独立運動に至ることはなかった(Draeslle r 2022: 48–50)。欧米人とのハーフが事務局長となったが、彼の仲介なしに国際貿易に参入は難しかったと思われるので、参入が禁止されていなくても、当時のサモア人の世界と資本主義経済とはかみ合わなかったといえる。

(20) 中国人年季契約労働者を導入する一九〇三年に、年季明けには仕立て屋、仮縫い師、サドル職人、庭師などの職能者として政府の許可を得て残ることができるということは法制化されていた(Moses 1973: 121)が、実際にそこまで許可が出ることはまずなかった。

第五章　ニュージーランド時代西サモアの曖昧な契約労働者

一九一四年の第一次世界大戦開戦後間もなく、ニュージーランド軍がウポル島アピアを占領して、ドイツ領サモアのドイツ支配は終了した。ニュージーランド軍政は大戦終了後まで続くが、その後、一九二〇年に国際連盟のもとでニュージーランド委任統治領となり、民政が始まった。地域名は、このときから西サモアとなったが、旧ドイツ領サモアと領土は同じである。軍政時代には、インフルエンザ（いわゆるスペイン風邪）の流行による急激な人口減少が生じる。サモア人たちはニュージーランド政府の統治能力に疑問を持ち、また人頭税の導入などもあって、一九二六年に反植民地運動である第二次マウ運動が起きた。人々が暴力に訴えることはなかったが、不服従運動（いわゆるレジスタンス）が長期間続いた。その後ニュージーランドでは労働党が政権を取るに至り、植民地での膠着した政治もほどけて和解が成立したのが、一九三六年のことである。

写真 5-1　コプラを作るソロモン諸島の労働者。1918 年前後，アルフレッド・タタソール撮影（テパパ博物館所蔵）

ＤＨＰＧを核としドイツ人プランターから接収したプランテーションも加えて、一九二〇年には、サモア王立エステーツとしてニュージーランド植民地政府の管理の下で、プランテーション経営は継続した。年季契約労働者は、ニュージーランドがここを占領した一九一四年において、中国人とメラネシア人を合わせて三〇〇〇人近くいたが、ローガンは帰国船を手配して順次帰国させるようにした。戦争中は、年季契約労働者のプランテーション間の移動自体が禁止されていたので、契約の切れた者を帰国させても補充人員が配置されるわけではなく、サモア人は相変わらずプランテーション労働をしたがらないので、プランテーションは機能低下に陥った。その後、サモアにニュージーランドによる政府が誕生すると、

写真 5–2　ゴムの木から樹液を採取する。中国人労働者と思われる。1918 年前後，アルフレッド・タタソール撮影（テパパ博物館所蔵）

再び中国人労働者を導入することが決まり、一九三四年までの間、八隻の船便による導入が行われ、約三〇〇〇人が導入された。

一九二〇年から、契約労働者導入を行ったが、その頃までには奴隷制の代替であるという理解がかなり浸透していたため、移民労働者として船便は西サモア統治政府が招待し、契約は到着したときに結ばれるという形式がとられた。しかし、体罰などは制度的には廃止されていたものの、労働者の人権にはさまざまな形で制限が設けられ、請願による自由移民の地位を得る者がいたことは事実であるが、大多数は実質的に契約に縛られる労働者の地位に留まらざるをえなかった。労働者自身は、番号でＩＤが付されて、名前よりＩＤで識別されていたこと、最後の帰還船が出航するまでサモア人女性との間の結婚が認められなかったこと、職業選択に制限があったことなどに多く不満があったことをあげることができる。そのような意味で、年季契約労働者制度は実質的に継続していた。これが解消されたのは、西サモアが独立する直前のことである。では、西サモアでのさまざまなできごとや歴史の流れとの関わりを含めつつ、中国人移民労働者の足跡をたどってみよう。

1　ニュージーランド軍政時代の年季契約労働者

第一次世界大戦開戦から間もない一九一四年八月二九日にローガン大佐（Colonel Robert Logan）の率いるニュージーランド軍がアピアに入場しドイツ領サモアを占領した。ここから一九一九年にパリ講和条約（ヴェルサイユ条約）が締結され、ニュージーランドのC級委任統治が認められるまでの間、ニュージーランドは軍政を敷いた。その間、ドイツ植民地政府の残した統治システムを使って統治に当たった（Meleisea 1987: 102）。開戦の折に西サモアにいた中国人労働者は、中国人が二一八四人、そしてDHPGにメラネシア人が八七七人いた（Keesing 1934: 354–55）。彼らは契約書に従う限りでは、三年経過後に帰国する決まりとなっており、一九一六年までには、全員が帰還しているはずであった。しかし、プランテーションの作業がまったく滞ってしまうことには、DHPGなどから抗議があり、すべてを帰国させることはできなかった。

戦争が終結するまでの間、ニュージーランド政府やイギリス政府は軍政府に対して新しい年季契約労働者の導入を許さなかった(1)。またローガン大佐自身も、アメリカ合衆国西海岸やハワイなどで生じている中国人の経済活動の展開を横目で見ながら、黄禍論に与するところがあった。サモア占領直後に、タパタパオー・プランテーションで生じた、配給の食料を減らしたことに抗議する中国人労働者による暴動(Liua'ana 1997: 33-34)からも、中国人をできるだけ排除したいと考えた。さらに一九一五年には、当時のマタアファ・ファウムイナー・フィアメー・ムリヌウー一世(Mata'afa Faumuinā Fiamē Mulinu'ū I)がローガン大佐に手紙を送り、中国人労働者がサモア人女性と同棲することが見られ、それによって「サモア人の血が汚れる」と訴えたことが、これに拍車をかけた。実際にローガン大佐は、ドイツ時代の法律を再確認するように、中国人労働者がサモア人の家を訪れることも、サモア人が中国人労働者の住居を訪ねることも禁止するという布告を何度も繰り返し発出している。こうして、ローガン大佐は、契約の終了した労働者を帰還させることに熱心に取り組んだ。軍政府は一九一五年から一九一九年にかけて、契約の終了した中国人労働者一二五四人を五隻の船で帰国させている。残ったのは八三八人である。補充なしに帰国させたのだから、地元のプランテーションにとっては死活問題となった。労働者が減るばかりの現状に対して、プランターたちは早くからこの危機を何とかすべく動き、ニュージーランド政府やイギリス植民地省に請願の手紙を送っている。ラバー・エステート社のアトウェル氏が、支社ウポル・ラバー・カカオ・エステート社のために同役所に送った手紙は以下の通りである。

……サモアでの中国人労働者の継続雇用を許可する件について、……ニュージーランド政府内にて議論されているとのことですが、まだ決定のご通知をいただいていないので、その件に関する問い合わせをお許しください。

サモアの駐在員から届いた最新の情報によれば、状況は難しくなっており、労働力不足により、我が社の財務状況はかなり切迫しております。滞在期間の過ぎた労働者たちの強制帰国により陥った苦力不足のために大変な人材難であります。……

私どもは中国政府が中国人労働者を補充することに拒否的反応はないものと理解しておりますが、ただ現在のサモア行政長官が帝国政府の決定した政策に逆らうことになるので、さらなる導入は許可できないとのことであります。

新しい労働力が入って来ない上に、現在の年季切れの労働者を帰国させることになれば、プランテーションは苦力を欠くことになり、それで現状を保つことは困難です。……

こういう次第ですので、この最も重要な質問をよろしくお考えいただき、早期にご通告いただきますようお願い申しあげます。そして、サモアの現在の労働力不足問題を解決し、プランターたちがサモアの農業生産を継続し発展させることができるようお取り計らいください。（NZA R24534621. 山本訳出）

労働者不足と戦況がわざわいして、倒産するプランテーションが出始めていたが、ローガン大佐はプランテーションが倒産するのだから、そこまで労働者は必要ないと強弁するほどであった。ただし、プランターはたまらない。当座をしのぐために、残留して帰国を待っている労働者の契約を六カ月を限度に再契約することをイギリス政府は認めたが、それ以上はなかなか許可が下りなかった。一九一九年にソロモン諸島人はまだ四八四人残っていたが、イギリス政府が二年までの契約延長を認めてくれた。結局一四五人がサモアにとどまったのである（Meleisea 1987 : 107）(4)。

それに加えて、第一次世界大戦直後の西サモアには実に不幸なことが起こった。いわゆる「スペイン風邪」――スペインが発症地というわけではないが、この名でしばしば呼ばれている――、すなわち世界的なインフルエンザの流行が到達したのである。一九一八年春頃にフランスからスペインにこの感染症が移動した後に世界中に広がり、一九一九年初夏まで一五カ月続いた。世界中で当時の人口の三分の一に相当する五億人の人が罹患した。死者数は一七〇〇万人から五〇〇〇万人ともいわれるが、一億という推計もある。

宗主国ニュージーランドでは一九一八年一〇月にこの流行が始まっていた。ニュージーランドを出港した輸送客船タルネ号は、サモア、トンガ、フィジーを巡行しており、一一月七日にアピア港に到着した。この疫病の知らせを軍事政府は受け取っておらず、ローガン大佐は、タルネ号が運んできた新聞を読んで病気の流行を知った。そのときにはもうすでに遅く、乗船客に含まれていた罹患者が下船したあとだった。その後瞬くままに、西サモアは全土でこれが大流行した。人口の九〇%が罹患し、成人男性の三〇%、成人女性の二二%、子どもの一〇%が亡くなった(Tomkins 1992: 181)。特に、隣のアメリカ領サモアは、アメリカ合衆国海軍のポイヤ司令官が厳しい検疫を行って病気の侵入を防ぐことに成功した事実があり、この対比はますます、西サモア人たちのニュージーランドに対する不信を招き、さらに第二次マウ運動へと展開したといわれている。なお、中国人労働者も三一人が亡くなっている(Liua'ana 1997: 35)。これだけの病気の流行は社会経済に深刻なダメージを与えることは明らかであった。

すでにアメリカ領となっていた東サモア(ツツイラ島および近隣小島とさらに東の離島であるマヌア諸島)は、アメリカ海軍の支配下にあったが、こちらは西サモアに罹患者が出た情報をいち早く入手すると同時に、それまで比較的自由だった東西サモアの海上交通を遮断して往来を禁止し、見事防御に成功した。西サモアには援助を申し出たが、ローガン大佐はかたくなに拒否し、通信網を切ってしまったと後々までその失政が伝えられている。

ローガン大佐は、サモア人がプランテーションで働くことを想定して、問題ないと考えていたのであるが、相変わらず、サモア人は自分たちの慣習地での耕作に努め、プランテーションでの賃労働は長続きしなかったところに、この人口減が追い打ちをかけることとなった。ニュージーランド政府は、失政の続いたローガン大佐と交代すべく、一九二〇年に西サモアの委任統治が開始することを見越して、一九一九年二月にテイト（Robert Ward Tate）(5)を行政長官として派遣した。

2　ニュージーランド民政とともに契約労働者導入

一方、植民地を運営していくのにそれなりの歳入が必要だから、現地の産業振興も植民地政府の重要な役割である。ローガン大佐は面倒に巻き込まれまいとドイツ植民地政府時代の一九一二年に体罰のルールを削除したことを継承して追認する布告（Proclamation no. 17 1915/06/13）を発した。ただし、体罰が規則として布告に入っていないだけで、体罰を禁止しているわけではない。若干規則を緩めてあり、禁固刑を労務に変更することも可能となっている。もっとも、体罰の習慣が完全にはなくなっていなかったと思える。また、留置所に入れられる場合は警察の対応が厳しかったと想定できる。

ローガン大佐は、それだけではなく一九一五年に中国人年季契約労働者を帰還させることに熱心であったが、サモアでの税収が途絶えてしまうことはまずいことだ——すなわち、国際連盟委任統治領西サモアを統治するのに赤字が生じたら、ニュージーランド市民の税収から費用を出してもらうことになる——と軍政府ならびに引き継ごうとしている文民政府も理解するようになり、プランターたちの陳情に応じ、労働力導入についてニュージーランド政府、ニュージーランドの宗主国イギリスに相談を行うようになった。[6]

しかし、終戦となれば労働者の海外からの導入も可能である、という読みは、実はあまり当たらなかった。一九世紀初頭の奴隷制の廃止以後、イギリスは植民地において、プランテーション農業、特にサトウキビ・プランテーションの奴隷労働の代替として主にインド人、そして中国人の年季契約労働者を導入していたが、そうした労働力徴集のあり方はかなり見直されてきていた。一つには年季契約労働者に対する非人道的な扱いが、奴隷労働と大差ないとの批判を浴びていたこともあるが、北方のサトウダイコンの生産に押されてサトウキビ生産やそれを加工する砂糖の産額が落ちていたということもある。また植民地インドでのナショナリズムの高揚とともに同胞が海外で過酷な目にあっているという認識から、年季契約労働に対する批判が強まっていたこともあるだろう。イギリス領ガイアナ、トリニダード、スリナム、モーリシャス、レユニオン、ナタル、フィジーなどの植民地である。いずれも年季契約労働者の導入は、一九世紀終わり頃から一九二〇年頃には廃止している。西サモアの隣国フィジーでは、インド本国での反発が大きく、一九一六年の導入を最後とし、その労働者が五年の年季を終えたところで制度を廃止した。

オーストラリアは白豪主義の結果として、ごく一部の特殊事情を除いてアジア系移民労働者を導入する話はなくなり、第三章で述べたように、ソロモン諸島人の年季契約労働者は一九〇一年には導入を停止し、一九〇六〜七年には一部を除きすべて帰国させたのであった。イギリス政府はまた、ソロモン諸島人を年季契約労働者としてサモアに送ることは不可とした。つまり、過去のブラックバーディングの問題があり、「原住民を強制労働させている」「原住民に火器を与えた」などの問題を抱えていたメラネシア人労働力徴集は許可しない構えであった。奴隷制に近いと考えられていた年季契約という仕組み自体、あまり触れたくないなかで、とりわけメラネシア人という選択肢はない、という厳しい態度が、イギリス側にはうかがえる。

ジャワ人という案もどこからか出てきた。オランダ領バタヴィア（現インドネシア）が人口過剰であることはよく知られていたし、これまで、オランダ領スリナムや南アフリカ等に移民させたこともある。しかしバタヴィアの植民地政府は、このときスマトラ島の開発を計画していたため、他国に労働者を移民させるなどは考えていない、というつれない返事であった。日本人が考慮されたのは、カップルでの移民が多く、女性も働くし、そうすれば現地人との結婚問題が少ないだろう、ということがあった。しかし日本人もやはり単価が高いので、交渉の段階まで行かなかったようである。

結局選択肢は限られていた。中国政府と交渉して、許可が出ればよい、というのがイギリス本国の考えであった（British Parliament 1920）。つまり、中国と交渉して何とか「諾」を引き出すしか、道はなかった。当時中国は辛亥革命後に共和国が誕生したはずであったが、いまだ国内勢力をすべて掌握したとはいいかねる北京の中国政府は、世界中の華人（中国移民）の出身地として名高い南中国（広東省、福建省など）の地方政府にこの件を預ける方針であった。

香港は当時もすでにイギリスの植民地であったから、ここをつてとして、年季契約労働者を調達することを企画した西サモア統治政府は、役人の一人、キャプテン・カーター（Robert J. Carter）を交渉人として、香港に派遣した。カーターの機密報告書（NZA R15420628）は見方によっては冒険談のごときもので、なかなか興味をそそられる。一九一九年一一月一七日にアピアを出発したカーターは、シドニーを経由して翌年一月一四日に香港に到着する。サモア領事として派遣される予定のアロ（Lee-fong AhLo 李楠芳）に面会し、彼が労働者を連れていってやる、といったようであるが、カーターは距離を置こうとする。広東のイギリス総領事は、アロを通さないほうがよい、広東の地方政府と交渉すべき、とのアドバイスをくれた。役所に行くとさまざまな部局で、手続きの費用を請求され、領収書も出ないままお金をもぎ取られるとカーターは苦情を述べている。どう経費を西サモア委任統治政府に請求すべきか、カーターは頭をかかえる。イギリス人ビジネスマンと親しくなると、広東での労賃を月三〇ドルと教えてくれた。(7)

西サモア統治政府としてはこれまでも、中国人がサモア人女性と同棲するなどの問題についてサモア人の側から苦情が発生していることに、実は困惑していた。この件は、節を改めて記載するが、これを考慮する必要があった。政府は最初、妻帯を奨励すれば、サモア人コミュニティとの摩擦を避けることができると考えたりもしていたが、中国人は出稼ぎの伝統が長く、結婚していても妻は故郷に置いて単身で海外に出かけるのが普通で、妻を連れていくことは考えておらず、また妻の旅費を誰が負担するか、という問題もあったので、強く奨励することはしなかった。そのため、このときには五〇二人の労働者を調達したが、そのうち妻帯は二人のみである。

広東州政府との交渉で難航したのは、年季契約労働者として導入するかどうかである。出発地で結ぶ年季契約という契約の仕方を州政府はとてもいやがっていた。年季契約の制度は、労働者の渡航前に労働者の国で、雇用主となる人の代理人と年限を限った労働契約を結び、そこから渡航が始まる。労働者は居住地では仕事がなく、しかし渡航費用がないから海外で仕事がある場所に出かけることができない。そこで地元で契約を結んで、渡航費用は雇用主や、移住先の政府が負担する、という構図が成り立つ。ただし実際には、渡航費用は前貸金として、移住先での給料から雇用主が源泉で差し引く場合もあるし、初めからそれを差し引いて給料が設定されている場合もある。結局はまわりまわって、労働者が支払っているのと同じことなのだ。また、渡航に先立って、前渡し金を渡すこともある。そうして労働者は家族の窮乏をしのぐ手助けをするが、それは給料から源泉されたりする（場合によっては高い利子がつくこともある）、というわけである。そして、勤務地に到着して初めて雇用主と対面することになる。

しかし実際に労働者が行ってみて、こんなところには住めないとか、こんな働き方をさせられるのは金輪際いやだ、と思っても、契約はすでに結ばれているから、今さら解除できない。どんなに労働条件がよくても、決まった年限縛られることは間違いない。年季契約労働が、年限が決まっているものの、その間奴隷となることを承諾する契約といわれるゆえんである。

それを緩和する意味で、契約は出発地で結ぶのではなく、現地について現地のことを多少なりとも見分してから契約を結ぶことによって、労働者の苦しみを緩和する、という考え方を広東州政府はしていた。政府は、契約を香港ではなく、サモアに到着した時点で結ぶということなら、労働者を送ることを許可する、という。年季契約労働者（indentured labourer）ではなく、補助移民労働者（assisted labourer）ならよいということに中国側はこだわった。そして、この形式は他の労働者を必要としているところ、ナウル[8]、セイロン（現スリランカ）、シンガポール、ヌーメア（ニューカレドニア）、南米、マカテア[9]にも適用されていた。

これはどちらかというと形式論にすぎない。論理的には労働者が現地到着した時点で、この契約を結ぶのを拒否する、ということになれば、同じ船が帰国する労働者を載せて帰還するのであるから、そこに乗船して帰ることはできる。しかし労働者も何日も費やす船旅が稼ぎゼロの時間になることは避けたい。結局、現地に来てから契約を結ばない者はまずいない、というのが普通だった。また、カーターが用意した雇用契約の文面（本書巻末・**資料②**）を見てみると、体罰はまったく許されていないし（実際には行われたようであるが）、雇用主を裁判に訴えることも可能であり、かつての年季契約労働の契約書を考えてみれば、ずいぶん労働者に対して「理解ある」契約となっている。ただしこの契約を香港でとりかわすのではなく、サモアで取り交わすようにという広東政府の意図はやや形式的な感じを覚えたが、中国側は本来は、自由移民としての西サモア入国を望んでいたので、これも妥協の産物であるといえよう。カーターは西サモア統治政府、ニュージーランド政府とそれぞれ粘り強い交渉を重ね、補助移民労働者としてサモア到着後に契約を結ぶよう手配する[⑩]。

筆者の閲覧した契約書の写し（**資料②**）は、タイプで打たれたもので、公式な印刷文書とはなっておらず、最終版であるという確証はないので、この後修正が施されているかもしれない。しかし、当時の年季契約書のひな形であることはまぎれもない。

カーターは、船会社の契約にも制限があり、そのなかでさまざまな難関を潜り抜け、勝手に船に乗り込む密航者たちを排除し、一九二〇年七月九日金曜日に五〇二人の労働者、若干名の技能者、二人の妻たち、通訳一人と一人の中国領事館に行く私的秘書を載せて無事ハルディス号で出航し、同年八月九日に西サモア・アピアに到着した（NZA R15420628）。

一方この頃、ニュージーランドでは、新しく獲得した植民地西サモアでの年季契約労働の制度を批判する多くの議論が新聞紙上をにぎわせていた。西サモアでの法制は、ニュージーランド議会で議論する必要があり、それを批判する記事はさまざまな新聞・雑誌で連日伝えられた。たとえば『コロニスト』誌には、「年季契約労働」と題した記事が掲載されている。

本日（一九一九年一〇月二〇日）の下院議会における平和条約案の議決の二回目の提案を行う際に、サー・ジェームズ・アレン（首相）が、サモアの発展のために労働者を海外から調達することに言及すると、労働党の議席からは「奴隷制！」と驚きのつぶやきが漏れた。彼はサモアを委任統治で得るとはニュージーランドには大きなチャンスが巡ってきているのだと述べた。労働に関していろいろ大きな問題はあるものの、生産を振興するのはわれわれの責任であるとも。

T・W・ローズ――年季契約労働を禁止するつもりですか。

サー・ジェームズ・アレン――いいえ、そんなことを提案はしません。過去四年間の経験とあの諸島を知る限りにおいて、サモア人の労働に任せることはまったく困難であると信じている。

マッカム氏――奴隷所有者らめ！　奴隷所有者らめ！

サー・ジェームズ・アレン――奴隷制って何ですか？　奴隷制といった語を用いて、議員諸氏が深刻に語ることのなきようお願いします。委任統治制度により私たちは奴隷制を一切禁止されているし、国際連盟も許可はしてくれません。……

（Colonist 1919: 6. 山本訳出と（　）付加）

と続く。当時の与党保守党は、サモア人がプランテーションで働いてくれないので、労働問題の解決のためには外国から労働者を導入するのはやむをえない、としているのに対し、野党の労働党は、年季契約労働は奴隷制に等しいものとして、徹底的にかみつく。「どんなにカモフラージュしても、それは奴隷制なのだ」という野党に対して、首相は「年季契約労働が同じ旗印の下で奴隷制である場合もあると認めるが、大英帝国内部では決してそのようなことはない」と述べ、両者の議論は平行線をたどった。保守党対労働党の対立は西サモアの年季契約労働制を通じて先鋭化した。先の下院での論争で労働党を率いたホランド（Henry E. Holland）は『年季契約労働――これは奴隷制か？』（一九一九年）という冊子を出版している。

西サモアが正式にニュージーランドの委任統治領となったのは、一九二〇年一二月一七日である。それに先立つ五月一日に民政はスタートしている。その後、一九二一年九月にアスコット号で九五九人の中国人労働者を運んできたときに、彼らの契約が年季契約だったのか、補助移民契約であったのかを、行政書類のなかに見つけることはできなかったが、このあとの歴史の流れを見る限り、曖昧なまま労働者を連れてきて、サモア到着後に契約を結ぶ形をとったと思われる。二年後、ニュージーランド政府は法律的に労働者の扱いに大きな転機となる「中国人自由労働法」を決議する。そこでは法律の指針が示されると同時に、契約上の取り決めが示されている。

3　働かないサモア人

グレーバー著『負債論』の終章の締めに、彼がサーリンズ（Marshall Sahlins）の院生だったときに、先生がジョークとしてよく語っていた逸話、それは宣教師とサモア人の間の会話とされているのだが、その話を思い出すという記述がある。(11)

宣教師はサモア人がビーチに寝そべっている姿を見る。
宣教師「ねえ。あなたたちは人生を無駄に過ごして、そんな風に寝そべっているんだね。」
サモア人「何か問題がありますか。何をしていればいいと思うのです?」
宣教師「ココナツがこのあたりにはいっぱいあるのだから、乾かしてコプラを売ったらどうかね。」
サモア人「それからどうするんですか?」
宣教師「いっぱいお金を儲ける。その金で乾燥機を買って、そうするとコプラを早く乾燥できるから、もっとお金が儲かる。」
サモア人「オッケー。そうすると何ができるの?」
宣教師「金持ちになるさ。そしたら土地を買って、もっとヤシの樹を植えて、事業を拡大する。そうなったら、もう肉体労働はやめたくなるかもしれない。それをする人を何人か雇うこともできるよ。」
サモア人「オッケー。それではそのあとどうなるの?」
宣教師「そしたら、しまいには、コプラも土地も機械ももってるし雇人もいるし、金もあるから、けっこうな金持ちとして引退できる。そうすれば、もう何もすることがないよ。一日中ビーチで寝そべっていることができる」

(Graeber 2022: 546–547. 山本訳出)

私は、この逸話を読んでたまげた。もちろん、グレーバーはサモアに行ったこともないし、オセアニアは彼の視野の外にあるから、サーリンズの言をそのまま信じ込んでしまったとしてもかまわない。彼は、勤勉に労働しても、結局辿り着くところは、何もしないでゴロゴロすることなんだから、ひたいに汗して労働する必要はない、と提唱しているようでもある。しかし、オセアニアを専門領域とするサーリンズのジョークとしてはいただけない、と思った。まず第一に、サモア人だけでなく、トンガ人、フィジー人などオセアニアに生きる人々は、時間を無駄に過ごすことはよくあるが、ビーチで寝そべってのらくらすることはない。昼寝をするなら、家の中でする。ヤシの木陰、という表現があるが、ヤシの樹の下は影はあまりなくて、結構暑い。ビーチにヤシの樹が生えていても、その下で日向ぼっこなど考えられない。ビーチでのらくらするのは、欧米人ツーリストのレジャーである。

それから、フィジーもそうであるが、サモアも、土地を簡単に買う、ということはできない。フィジーでは先住民地[12]、サモアでは慣習地、と呼ばれているが、彼らは先祖代々の土地を（首長の名において）親族で受け継ぎ、親族関係を通じて、利用する権利を得る。このような土地制度は、もともと慣習で行われていた、と信じるアーサー・ゴードン卿（フィジー初代総督）が法制化したもので、フィジーではフィジーの法令として存在している。サモアではイギリス・ドイツ・アメリカ合衆国の会議で一八八〇年代にもたらされたルールであり[13]、このために両国ともに自由所有地（売買可能な土地）は一〇％以下しかない。フィジーの場合は、広大な先住民地が存在しており、フィジー人はほとんどがサブシステンス作物を作るのみで、かなりの土地がサトウキビ・プランテーション用に借地に出されているのに対し、サモアではサモア人自身がサブシステンス用地以外にヤシ林等をもっていて、そこで商品作物のコプラを作ることができる。トンガは土地は原理的にはすべて王のものであるが、平民男子一人は一六歳になると八・二五エーカーの課税用割当地と、〇・四エーカーの住居用割当地を得る権利をもつ。ただし、これは所有するのとはわけが違うので、売買はできない。

このように自由所有地がほとんどなく、それがプランテーション用に取引されており、機械化したり、人を雇ったりする農業のやり方は白人のもので、サモア人がそうしたプランテーションで短期に働くことはあっても、プランターとなることは、一八八〇年以降はありえなかった。それ以前も戦乱に明け暮れていた時代であるから、土地を買ってプランテーションを持つことなどないはずである。また本章6節に述べるように、ニュージーランド時代にはサモア人と欧米人の身分の制度化が行われ、経済活動においてもサモア人はサブシステンス活動と定められているから、自由所有地を買うなどということはありえなかった。そのあたりの歴史的な流れにサーリンズが無知であったとは思えず、だとしたら、どうしてこんな脚色がついてしまったのだろうか。いかにも欧米人のイマジネーションに訴える話だ。

ただし、サモアに常駐するキリスト教団（組合派教団、メソジスト教団、カトリック教会、二〇世紀になる頃から、モルモン教会、セブンスデイ・アドベンティスト教会等々も）は、土地をもっていてプランテーション経営を行うことがしばしばあったから、年季契約の中国人労働者が減っていくなかで、宣教師はサモア人信者に、プランテーションで働いてくれよな、くらいのことは言ったはずである。

しかし概ねサモア人は働かない、というイメージが植民地のプランターの間にはいきわたっていた。ドイツ時代が始まった一九〇三年には、当時のサモア王と認定されていたマタアファ・イオセフォは、ゾルフ総督に苦情の手紙を書いた。ドイツ人所有のプランテーションに、サモア人も雇用されているようだが、

「そのような契約は、一カ月限りのものとすべきである。それは、この島の人々は習慣として、人に使われる仕事に従事すべきではないからだ」。そして、マタアファ・イオセフォはサモア人の威信に言及する(Droesller 2022: 44)。使用人となることは威信を減じることだ、というのである。ゾルフがサモア人に奴隷並みの労働を押しつけようとしているという噂を勘案したのだろうと、ドレスラーは述べている。

この後、ゾルフは中国からの年季契約労働者を導入する。サモア人が働かないことについて、施政者やプランターの考えはニュージーランド時代も共通している。プランターたちはサモア人の怠惰さに苦情を述べているが、単にサブシステンス作物を栽培する都合があるだけでなく、サモア人は自分たちのヤシ林でココナツを採取し、コプラを作って売る、ということを恒常的に行っており、特に白人のプランテーションで働く必要はなかったのだ。サモア人特有の慣習、ファアラベラベ(儀礼交換)やマラガ(他村訪問)に際して多くの財を持ち寄る必要があり[14]、そのために臨時で一カ月働くことはあったけれど、それを継続する必要はなかったのだ。サモア人の労働がもしあったとしても短期であることは、ニュージーランド時代も続いている。

サモア人が「自由人」であることは、決して怠惰であることと同じなのではない。彼らは無産者ではないので、特にプランテーションの奴隷的労働に従事する必要は、ごく限られた場合を除いてはなかったのであるし、浜辺でゴロゴロしていることもなかったはずである。

4　「中国人自由労働法、一九二三年」の時代へ

さて、一九二一年にもう一度中国人労働者を運んでくる船があったことが記録されている。同年一〇月七日にアスコット号が九五九人運んできたという記録がある。これらの労働者の身分については、補助移民労働者であったであろうと思われる。イギリスの自治植民地（オーストラリアとニュージーランド）は国際連盟から委任統治をゆだねられたものの、最終的にはイギリスがコントロールを行っていた。インドが年季契約制度をやめてしまってからは中国人労働者がその対象となったが、それはイギリスが香港を支配していたからである。C級委任統治に関して、（現地人を想定した）奴隷制や強制労働は禁じられていたものの、（海外移民の）年季契約労働については言及がなかった。そのためオーストラリアが委任統治を任されたナウルは英国リン鉱石社が採掘を行っていて、多くの中国人労働者を使っていた。イギリスはマルティネスによれば、オーストラリア、ニュージーランドの市民が、どれだけ年季契約労働という形に敏感となっているかを見ながら、また国際世論を見ながら判断していたと見られる。香港の政庁は、一九一五年にイギリスおよびその植民地へのアジア系海外契約移住を禁じる「アジア系契約移民出国法令」を発していたが、実際その時点で禁止が守られていたわけではない。そこで、一九二〇年に、「年季契約制」の代わりに補助移住制」を行うこととした（Martínes 2024: 524）。これはまさにカーターが政庁に指導されたやり方であった。しかしそれは、年季契約を労働者の出発地（香港）において結ぶかわりに、到着地（サモア）で結ぶようにしたこと以外は変わらない。

もちろん、かつての年季契約労働者の扱いに比べれば、カーターが持参した契約書（資料②）には体罰について言及もないし、怠業や病気で業務に従えない場合、単にその期間の給与を差し引かれるだけで、大幅な罰金などはなかった。ドイツ時代に行われていた年季契約労働者に対する鞭打ちなどの体罰は、ドイツ時代の終わり頃、一九一二年の法改正で削除されており、ニュージーランド統治下でも体罰は法律に明記されてはいない。がしかし、実際には存在していなかったとはいえない。また、二〇年以降の公式文書のなかにも「年季契約労働者」の語を散見することができるので、役人の間ですら中国人労働者が「年季契約労働者」ではない、という理解が浸透していなかったことは明らかである。つまり彼らは「曖昧な存在」であった。

そんななかで、「中国人自由労働法、一九二三年」（資料③）が法律として成立した。この法律は、中国人労働者の契約が「年季契約」ではないことを明確に法律で明らかにしたものであったが、これが「隠れ年季契約」であることは疑いを容れない。

これまでと異なる点は、契約関係は出航に際して、コミッショナー（西サモア統治政府で中国人労働者を扱う部署の責任者）と労働者の間で結ばれるものとなっており、サモアで下船してから、雇用先を決めることとなっている。それは、補助移民でも何らかの契約を結び、確実に労働者となる保証を得ることができるという利点がある。そしてコミッショナーの介在は大きく、そのために雇用先を代えることも可である。従来の年季契約労働において、労働者は契約に縛られ、好まない雇用主や現場監督の元で労働を強いられる、それも決まった年限堪えなくてはならない、ということがあるが、その悩みはなくなったといえる。

ただし、**資料③**を詳細に見れば「自由労働」と謳っている割には、「自由」ではない、ということがわかる。まず、契約労働者の仕事は、農業労働と家事労働、その他コミッショナーが認めた仕事だけが認められているので、自分の技能を現地の需要を満たす方向で生かすことはできない。「自由移民」(free settler)という身分にはなれないので、職業の自由は彼らにはなかった。そもそも「自由移民」というカテゴリーは、マリエトア・ラウペパが中国人の入国を禁じた一八八〇年以前に入国していた中国人には与えられていた。その数は六人であった(Haynes 1965: 6)。またその後、この規制をすり抜けて入って来た中国人も、数は少ないがいたようである(Wareham 2002: 106)。通訳などで、この資格を特別に与えられるケースもあった。一九一七年の時点で、少なくとも一四人の中国人自由移民が存在し、三六人の契約労働者を雇用していた(NZA IT1 EX17/1 extract of report of the Administrator)。その最大の雇用者数は七人で、あとは二〜三人である。

また契約労働者は雇用主を選べるようになったとはいうものの、雇用主を見つけられない場合、帰国しなくてはならない。外出から帰宅するのは午後九時まで、九時半には消灯である。しかし、実際にはサモアにいる契約労働者の数が多くはなかったので、労働者にとっての売り手市場であり、プランテーションの労働者はつねに不足していた。そのために、契約労働者を農業労働に限るようにしてほしいという要望がプランターからはよく出ていた。家事労働者としての雇用もあり、アピア市内の商店の売り子になる者もいたが、その雇用についてはコミッショナーの監督下にあり、契約労働者には必ず雇用主がいた。契約労働者は自由移民にはなれないので、雇用主となって事業を始めることはできなかったのである。また、彼らがサモア人女性と接することをサモア人の政治リーダー(首長)たちはとても恐れていた。ローガンの軍政時代、ドイツ時代から存在していた、「サモア人の家に入ること、サモア人を家に入れること」の禁止は、何度も繰り返し布告されている。

政府が最も心配していたのは、中国人労働者がサモア人女性と懇意になって、家族をもつことであった。すでにハワイやタヒチでは、導入されていた年季契約労働者が年季明けに現地女性と結婚し、資産を蓄積し、商売を始めたり、プランテーション経営者となっていく、ということが起こっていたが、同様のことが生じたらサモア社会の人種社会階層秩序を崩壊させる可能性があると恐れていたし、彼らの経済活動はサモア人を抑圧することになると考えていた。[15]

一九二〇年に制定された、サモア憲法令のX部「結婚」箇所に、それまでドイツ統治法で禁じられていた、年季契約労働者とサモア人との結婚について言及がなかったため、中国領事からは問い合わせがあった。そのため一九二一年に憲法令に基づいて制定されたサモア（基本）法に第三〇〇条として、禁止が明記された。

三〇〇条　中国人とサモア人の結婚の禁止

（一）この法律のできる以前以後を問わず、サモアに単純労働または家事労働を目的とする契約の遂行のため、または政府が単純労働または家事労働を目的としてチャイナマン[16]の導入計画を遂行するためにサモアに到来したチャイナマン（中国人）は、サモア人女性と結婚してはならず、結婚の儀式を行うこともできない。

（二）そのような結婚も結婚の儀式もあらゆる場合に無効である。

（三）結婚承認免許人もそうでない人もそのような結婚を記録または承認してはならない。
（四）この条文のいずれかに違反した者は、有罪として、二〇ポンドの罰金または六カ月の禁固に処せられる。[17]

と、基本法のなかに明言しているのである。さらに何度も、中国人労働者とサモア人の物理的接触を禁ずる布告や法令が発出されている。差別であるとの指摘から、「中国人」を「海外労働者一般」に置き換えて発令した「海外労働者制限法、一九三一年第九法令」（資料④）では、年季契約労働者とサモア人女性の間で、互いの住居への訪問を犯罪として禁止し、違反した場合には禁固刑を科すことが定められている。差別であるという批判を避けるために海外労働者一般が対象であると書かれているが、実際に海外労働者は中国人がほとんどであったから、中国人をターゲットとしていることは明らかである。

自身ハーフのオーラフ・ネルソンなども、中国人がサモア人の純血を汚している、といった主張をし（Field 1984: 144–145）、とりわけ、ファイプレ議会（サモア人首長の代表者が作る議会）ではサモア人リーダーも中国人がサモアの血を汚さないよう、早く帰国させるべきといった発言を繰り返し行っている（Meleisea 1987: 172）。

しかし一方ではサモア人女性にとって中国人の夫は働き者でしっかりしているので、好まれているという意見もあり、女性の家族や親族は中国人の夫を毛嫌いしていたわけではない。サモアでは母方に身を寄せる人も多いため、ハーフの子どもたちは母を通じてサモア人社会に吸収されていくのであった。

できるだけ労働者はプランテーション内で労働し、生活する体制であり、年季契約終了後は速やかに帰国する、というルールがあった。しかし一方、雇用するプランテーション経営者の側からしたら、いったん仕事に慣れた労働者をすぐ手放すことは望ましくなく、そのために三年後に再び新しい契約を結び直すのを可能にするよう政府には願い出ていた。年季契約労働という制度に対して国際的な風当たりは強かった。そして、現実として労働者不足の問題があった。サモアの労賃はとても安く、応募者が予定人数に達しないことも多かったのである。ニュージーランド時代の最後の三回の航海では各二〇〇～三〇〇人程度しか集まっていない（一八二頁表5－1参照）。中国領事との交渉の過程で、全体的に労働条件は良くなったし、プランテーション以外にも職があり労働者が減っているために、経営者側の対応もかつてのように過酷な扱いをすることは皆無ではなかろうが減ってきていたと思われる。

5　民族分断とマウ運動――異なる住む世界

この節のテーマを論じるために、一九世紀に欧米人がサモアに住み始めた頃に遡って考察していこう。もともと、サモアはさして広い面積を持つ土地柄ではないにもかかわらず、人種の壁が社会を分断していた。欧米人は町（アピア）に住み、商売をしたり、貿易に携わったり、現金で衣食住を営む生活だった。アピアに欧米人コミュニティが誕生したのは一九世紀の半ばであり、一九〇〇年にドイツ植民地政府が活動を開始する五〇年も前のことだった。先住民サモア人は村で暮らし、タロイモ、ヤムイモ、バナナを育て、魚を獲り、祝祭にはブタを殺す生活である。前章注18に書いたように、首長制を軸とする位階のなかで、自らの政治を行っていた。サモア人の世界は慣習法の通用する世界であり、外国人（白人）の権利や施政者の権利と衝突がない限りは、彼らの慣習にまかせるのみであった。

しかし、欧米人が住み始めて長く、多くの欧米人男性はサモアに独身で来ていたから、サモア人女性と同棲の形をとることが多かった。第四章5節に記したように、正式な結婚をして子どもに父親の国籍を取らせるということは難しい場合も多かった。それゆえ、国籍を持たない外国人（白人）ハーフが多く存在していた。彼らは父親の仕事を引き継ぎ、父親の言語を話し、事業主、事業家として、また植民地政府の仕事に就くなどして、外国人（白人）の暮らしを維持している場合もあったが、一方で父親の暮らしを受け継ぐことができず、言語も学べない者もいて、しかも彼らは、母方とのつながりを大事にして慣習地を使わせてもらわなければ、サモア人として生きていく（サブシステンスを行う）ことも難しい。ドイツ時代にはアピアとその周辺に無産者の浮浪児が増えて為政者を嘆かせることもあった。ドイツ政府は、一方でまともな実業家として、あるいは政府の役人として外国人（白人）の暮らしをしているが国籍を持たないハーフ、また、後には混合婚結婚の禁止がルール化したときには、男性過多となりがちなコミュニティ内で、独身男性が「白人」の配偶者を探せるように、といった配慮で、生活、文化で欧米人として認定できるかどうかをテストすることとした。西サモア国内にあっては、自他ともに外国人（白人）のアイデンティティを得たということである。身体的に半々であっても、身分に半々はない。つまりハーフは、文化的・言語的に外国人（白人）であることを証明できれば外国人（白人）と見なされるが、そうでなければネイティヴ、つまりサモア人と見なされたのである。

一八八九年のドイツ・イギリス・アメリカ合衆国の三国会議[18]によって、アピアにもともとあった欧米系住民の自治会が格上げされて、アピア行政区（Apia Municipality）として選挙制や司法行政権まで認められた。ドイツ植民地政府ができると、アピア行政区は従来の住民自治は認められず、植民地政府が治めることとなったが、これによってサモアは、外国人（白人）が資本主義経済を担い、ドイツ統治法が適用されるアピア、すなわち外国人（白人）の世界と、アピアの外の村落部で、サモア人が首長制を通じて自治を行う、慣習法の世界と切り分けられていたのである。

そこに入って来た年季契約労働者は、幸か不幸か白人世界の延長であるプランテーションという閉ざされた空間に住み、働き、生活する者たちで、しかし自治はまったく行えず、雇用主である外国人（白人）に支配される存在であった。外出は不可能ではなかったが、サモア人の居住空間に足を延ばすことは禁じられていた。

このようにして、外国人（白人）とサモア人、中国人・メラネシア人労働者はそれぞれ生活する領域が異なり、権利も異なり、同じ島で暮らしていても、別世界に住んでいるかのごとくであった。ニュージーランド時代に至るまで、外国人（白人）の世界とサモア人の世界とが近接することはなかった。それが縮まったのが、マウ運動である。(19)

マウ運動は、世界大戦戦間期に生じたサモアの反植民地抵抗運動として名高い。それは抵抗運動として一九〇〇年代に芽生えた運動をモデルとしており、正確にはドイツ時代のものを第一次マウ運動、ニュージーランド時代のものを第二次マウ運動と呼ぶ。一九〇九年に生じた第一次マウ運動の契機は、DHPG優遇により貿易はすべて政府の管理下にあり、サモア人自身が商品作物を作っても、DHPGを通じてしか輸出ができなかったことに始まる。不満を持ったサモア人リーダー（首長ら）は、それを自らの手で実施しようとしたところでドイツ政府に止められ、反旗を翻した。指導者ラウアキ・ナムラウウル・マモエ

写真 5-3　左からマリエトア・タヌマフィリ一世，ジョージ・S. リチャードソン長官，マタアファ・ファウムイナー・フィアメー・ムリヌウー一世。両側のサモア人はパラマウント首長で，政府アドバイザー。1923–1928 年の間，アルフレッド・タタソール撮影（ニュージーランド国立図書館所蔵）

（Lauaki Namulau'ulu Mamoe）をリーダーとする首長勢力は、実質的権力がドイツ人の手にあることを日々感じざるをえず、不満が高まっていた。ただし当時のサモア国内の勢力は一致団結してはいなかった。マウの人々は戦闘用カヌーを乗りまわして示威運動を行ったが、結局ラウアキはとらえられ、親族や追従者とともにサイパン島（マリアナ諸島）へ連行され、運動は終結した（Davidson 1967: 84–87）。

一九一四年からニュージーランドが西サモアを統治するようになったが、ニュージーランドは大英帝国の自治領であり、属領を治めるのは未経験であった[20]。テイトの後任のリチャードソン（George Spafford Richardson）長官は、善意の人であったが、彼の行う改革はサモア人リーダーの考えとはことごとく対立し、リーダーは自決権を求めるようになった。また、治外法権であるアピア行政区で培って

写真 5-4　マウ運動事務所の前で，マウのリーダーたちの集合写真。中央がタマセセ・レアロフィ三世。事務所ドアの上に，サモア・モ・サモア（サモア人のためのサモア）のスローガンが見える。ヴァイモソ村に現存。1928 年もしくは 1929 年，アルフレッド・タタソール撮影（ニュージーランド国立図書館所蔵）

きた欧米人の自治制度は、ドイツ時代に廃止されてしまっていたのであるが、市民会議（Citizen's Committee）なるものができて、自治の復活を目指していた。サモア独立の歴史を書いたデイヴィッドソンによれば、この時代になるまで、アピアを中心とする欧米人の世界とサモア人の世界とは別個のものであり、互いに交わることはなかったが、一九二六年に両者が手を結んで、植民地政府に異議申し立ての活動をするようになった（Davidson 1967: 114–130）。この連携を作り出したのは、スウェーデン人を父にもつネルソン（Olaf Frederick Nelson 1883–1944）というハーフの実業家であった。彼はサヴァイイ島で育ち、母方の由緒あるタイシ（Ta'isi）という首長称号名を授与され、サモア文化や社会制度に親しんで育った。サモア人側の中心人物は、四大パラマウント首長の一人、ツプア・タマセセ・レアロフィ三世（Tupua Tamasese Lealofi III 1901–1927）であった。サモア生まれの欧米人ハーフとサモア人高位首長らとは互いに同じ目的追求のために話し合いを行った。彼らは自治の拡大、ひいては独立を求めて、平和裡にデモや集会を行ったが、政府はリーダーを国外追放としたり、ニュージーランドの監獄に押し込めたりして運動を弾圧した。一九二九年にはデモ隊に対する警官隊の発砲事件が生じ、ツプア・タマセセは銃弾に倒れた。マウの活動家たちは、人頭税の支払いを拒んで森へと逃げ込み、妻たちはサブシステンス生産を夫に代わって続けた。暴力革命は起こらなかったが、サモア人は辛抱強く不服従運動を一〇年もの間継続した。やがてニュージーランドで保守党から労働党に政権交代が起こると、ニュージーランド政府の方針が変わり、ネルソンの国外追放を解き、パラマウント首長らのリーダーシップを認めた。サモア人による自治と独立が将来の目標となった。一方で、一九三四年の契約労働者の導入を最後に、新しい政権下では新たな中国人労働者の導入は認めないこととなった。ニュージーランド時代になってから中国人は都合三〇〇〇人ほど渡航したことになる（**表5－1**）。

年季契約労働者の世界、プランテーションの世界は、サモア人社会とも欧米人社会とも接点はあまりなかった。マウの

表 5-1　ニュージーランド時代に導入された中国人年季契約労働者

到着日	船名	到着労働者数	延べ人数
1920/8/9	S.S. Haldis	502	502
1921/10/7	S.S. Ascot	959	1,461
1925/4/12	S.S. New Mathilde	280	1,741
1926/8/16	S.S. Hai Ching	180	1,921
1928/4/16	S.S. Hai Yang	456	2,377
1930/5/8	S.S. Apoey	251	2,628
1931/9/8	S.S. Apoey	207	2,835
1934/7/27	S.S. Seistan	281	3,116

出典：Tom 1986: 36 より

時代、欧米人プランターに命じられるまま、森に隠れたサモア人——生産活動も行わないし、人頭税も払わない——の捜索に協力させられたという話はあるが、反政府として連携があったかどうか定かではない。しかし、リウアアナはインフォーマルな形で金銭的援助やモラルサポートがあったと考えている（Liua'ana 1997: 44）。

マウ運動でサモア人とニュージーランド政府が対立していた時代は中国人年季契約労働者にとっても厳しい時代だった。いくつもの事件が起きている。もともと出身地によって二つに別れて争っていた集団が、一九二九年に一方がストライキを打つと他方がスト破りをしたり、役所に暴力的に訴えかけたりして大騒ぎになり、ニュージーランド警察官が銃で撃つといった事件がおきた（Field 1984: 143–144）。

中国社会にもともと存在した（秘密）結社組織は、サモアでもできていて、ニュージーランド側はそうした集団や仕組みについてよくわからなかったらしく、とりあえず不安が募った。中国とひと口にいっても地方ごとに言語が異なるので、同郷同士がまとまりやすい。こうして中国人内部での対立が生じやすかった。結社は同郷者で作るものだ。実際にそうした組織が犯罪や内部抗争に関わることもあった。中国コミッショナーの承諾を得ずして五人以上のグループを作って会合を開くことは禁止し、集団の会費徴収なども禁止となった。これを禁止したのは、「中国契約労働者規制法、一九二一年」（The Chinese Contract Labour Control Ordinance, 1921）である。

ほかに大きな禁止事項は、アヘン、飲酒、賭博である。こういった問題は、メラネシア人労働者にはなかった。アヘンの問題については、実際にアヘンが持ち込まれたケースもあり、労働者に売る目的でアピアの白人貿易商が入手したと疑われることもあった。またアヘンの持ち込みに絡んで、中国系の秘密結社が入ってくることを政府は恐れた。さらに密造酒を作ったり、ドラッグをサモアにある植物から作ったりして儲ける、といったことも起こっている。そして賭博も問題であった。実際アピアにはいくつかの賭場があった。ただし、サモア社会を揺るがすまでの規模で行われるようなことはなかった。

リウアアナによれば、また、何件かの殺人事件をニュージーランド警察が扱っているが、欧米人を襲ったほか、中国人同士のトラブルも多かった。大きな事件としては、政府に勤めている中国人通訳の中国人労働者による殺害未遂事件が起こっている。一九二一年に生じた事件後一〇年を経て、二人の中国人がこの犯罪を行ったことが明らかとなった。一九二八年に起きた二人の少女の身体を切り刻んだ残酷な殺害は、サモアではセンセーショナルな事件であったが、犯人と目された者のうち二人は食事も与えられずに処刑されたり、房内で手錠足輪をつけられたままで自殺しているのが発見されたり、また、他に捕えられた二人は、結局証拠も何も出てこずに釈放となった。裁判の公正さが保たれているか、留置所や監獄で捕らえられた人々の人権が守られているか、に大きな疑いがもたれることもあった。証拠のねつ造、留置所や監獄での体罰なども存在した（Liua'ana 1997: 39）。中国人労働者にとって、警察に捕まることはとても恐ろしいことで、死んだ方がましだという者もあった。テイト長官は、一九二一年七月二七日のニュージーランド外務大臣宛の書簡のなかで、中国人の規律は当初、罰金だけで何とかならないか行ってみたが、結局それだけでは中国人は怖がらないので、留置所に閉じ込めるという方法は必要であると述べている（NZA R19162269）。

中国領事は何度も改善を求めているが、あまり効き目はなかった。それどころか、一九二〇年に赴任したアロ（李楠芳）[21]領事に対して、中国人通訳殺害未遂事件に関する殺人教唆の疑いをかけ、留置を行うという事態が発生した。西サモア駐在の他国の領事らが抗議するなどして、結局彼の留置は解かれた（NZA R19162269）。しかし、裁判を経て国外に出たアロを、中国政府は北ボルネオ総領事に任命したので、西サモア統治政府の面目はつぶれたに等しい。

政府が好まない人物は国外追放したりできるようになっていたので、事件を起こしたと政府が認定した者を中国に送り帰すということが行われた。サモア人女性との間に一二人子どものいる仕立屋ア・クオイを労働争議に関与したとして、一九二九年に中国に強制送還したが、「妻」メレの陳情により戻ってくることができたというケースを、フィールドが取り上げている。その際送還も追放の取り消しも一方的な政府の決定となっており、裁判は行われなかった（Field 1984: 216）。テイト長官は二七人、後任のリチャードソン長官は三〇人を医療上と行動上の理由で送還しており、その後任のアレン長官も送還を行っている（Liua'ana 1997: 36–37）。

一九二三年の「中国人自由労働法」制定後、実際に中国人労働者が自由に労働できる体制になったであろうか。雇用主の変更ができるなど、一部緩和されたルールはあるが、彼らのサモア滞在が厳しくなく、リラックスして過ごせたといえるだろうか。リウアアナの記述からはとてもそのようなことは窺えない。自由労働法は名ばかりの法律であるといってよい。中国人労働者の味方であるはずの中国領事もつねに使命に忠実に動けたわけではない。本国の政治状況が必ずしも安定的な領事館運営につながってはおらず、副領事に格下げになったり、空席のまま時が経過したり、領事の給料の遅配があったりと不安定であった。その間をぬって歴代の中国領事が改善を要求したことは、(1)三年間の初回契約終了後に「自由移民」（free-settler）の資格を与えてほしい、ということと、(2)サモア人女性との結婚を許してほしい、ということであった。(1)の課題は、他の地域での例を引いて、是非とも実現してほしいという強い申し出であったが、西サモア統治政府としては、サモア人の経済発展を阻害してしまう、という理由で、自由移民にすることは固く拒絶した。あくまでも、移民労働者は先住民の経済システムが完成するまでの臨時の措置であるから、三年たったら帰国してもらうと力説した。委任統治の建前上も先住民の存在を中心に考えるようになっており、移民労働者の人権に配慮するという仕組みにはなっていなかった(Martínez 2024: 533–534)。(2)は、すでに事実婚が多く生じており、子どもも生まれている以上、彼らの結婚を正式のものと認めてほしい、という要望である。これについては、契約労働者は原則の滞在が三年であるので、そのあと帰国してしまう人が結婚した場合、サモア人妻は子を連れて夫を頼りに異国に行くか、母子でサモアに残るかという選択を迫られてしまう。どちらにしても厳しい選択となるから結婚は許さない、という理由づけであった。

この二項目は、ニュージーランド植民地政府が最後まで譲らなかったルールである。一九二三年に追加して加えて増えた自由移民で、一九二九年に残っていたのは二六人であるが、この年新たに一八人を加えて全部で四四人となり、この年の報告書には、これで自由移民の増員は終了とある。そして一九一四年より前(ニュージーランド占領以前)からいる一五三人について、限定的自由移民の地位を付与することとした。これは、自分で経営者となったり、土地を買ったりはできないが、雇用契約を自由に結んで労働することができ、中国コミッショナーの監督下にいなくてよい、というものであった(NZA EX17/12 IT1)。

さて、労働党政権ができたことで、ニュージーランドからマウの運動家に善意の使者が届き、活動家たちとの間の和解が図られたのが、一九三六年であった。そのときに西サモア在住の欧米人とサモア人には自治拡大を約束し、将来の目標として独立を約束した。同時に欧米人とサモア人には、新たな中国人労働者の導入は認めないと告げた。直近の一九三四年の契約労働者の導入が最後となったのである。一九三四年八月一日の西サモア統治政府からニュージーランドの外務省への報告では、ユンナン号が到着し、二八〇人の契約労働者を運んできた。そのときサモアにいた中国人労働者は六三二人で、合計九一二人となったが、そのうち帰りの船で帰国する者が四〇七人いるので、五〇五人がサモアに残ったこととなる（NZA R15420628）。トムによれば、その後一九三七年にもう一度、帰還船が出ており、一六八人が帰還している（Tom 1986: 67）。その後太平洋戦争を挟み、帰還船を運航することが難しくなって、一〇年以上のブランク後に最後の帰還船が出たのは一九四八年のこととなってしまった。

6　二つの身分と契約労働者

ニュージーランド統治は概ねドイツ政府の人種政策を受け継いだ。一九二二年に制定したサモア基本法[22]では、それぞれの人種集団の定義はトートロジーとなっている。「「サモア人」とは「ポリネシア人種」に属す者」であり、「「ポリネシア人」はメラネシア人、ミクロネシア人、およびマオリ人を含める」とあり、さらに、「「ヨーロッパ人」とは、サモア人以外の者のことである」となっている。そして「サモア人」とは、以下のようにさらに詳細に規定されている。

「サモア人」とは、出自の上で純血であろうが混血であろうが、ポリネシア人種に属す者のことであるが、しかし以下の者は含まない。

a. サモアでの規定や法令に照らして欧米人として登録される人。

b. 出生や上記サモアで施行される規定や法令等により欧米人と登録された男性――しかしその男性が何らかの条例や法令によりサモア人であると公認されない限り、またされる以前において――の嫡出の子ども。

（Samoa Act, 1921 サモア基本法三条、一九二一、山本訳出）

一九二〇年四月に制定された『サモア欧米人登録法令（Samoa Registration of Europeans Regulations）』によれば、そのような登録は「純血のポリネシア人種ではないサモア人は誰もが……請願により」可能となるのである。「高等裁判所は審理を行い、請願者の風貌を見て、かつ請願者が登録にふさわしいと確信したならば、請願を決する」。ただし、裁判所は、「請願者が一〇〇語以上の印刷された文書を読むことができる……」ことを確かめなくてはならない[(23)]。

このように、欧米人とサモア人の二通りの身分が存在していた。自由移民（free settler）の中国人は欧米人（ひと目で人種が違うと認められるはずだが）という身分に定義されていたが、サモアに存在するほとんどの中国人は（年季）契約労働者であり、契約労働者の権利義務はこの欧米人／サモア人の二分法の外に別途定義されていた。ドイツ統治の終盤には、欧米人とサモア人の間の異人種間結婚が政府により禁止されるに至っていたが、ニュージーランド政府はこうした結婚を禁止することはなかった。ただし年季契約労働者の場合は別である。

欧米人とサモア人は理論的には、地理的、経済的、政治的にそれぞれに分離されていた。欧米人の多くはアピアに住み、時にアピアの延長であるプランテーションや村々の商品取引所[24]に住み、サモアの資本主義経済を担っていた。そして彼らは代表者を植民地サモア統治の最高意志決定機関である立法会議（Legislative Council）に送り込んでいた。実際に当時の欧米人人口のマジョリティはハーフであった。すでに書いたように、結婚が正式のものでなくても欧米人登録をすることは、ドイツ時代にも可能であったし、ニュージーランド時代にも同じように可能とされていた。

その一方、サモア人は村に住んでいる人々であり、自分たちのサブシステンスで暮らしを立てていて、その暮らしの範囲内で商品作物などを生産している人々であった。彼らはファイプレ議会[25]の枠組みで慣習法上の暮らしに関する自治を行うことが認められていた。

この二つの身分の違いは、**表5-2**に分かりやすく示した。欧米人は、会社を所有し、飲酒をすることができ、サモア人は両方ともできない[26]。一方、サモア人であればサモアの首長称号をもつことができ、その結果として親族の慣習地を分けてもらってサブシステンスを行うことができるが、欧米人はそれができない。これは一九三四年制定、三五年実施の身分法令によるものであるが、政治参加も欧米人は立法会議への関与であり、サモア人は首長の代表者が参加するファイプレ会議を通してであった。とりわけ一九三八年には立法会議へ参

表5-2　西サモアにおけるニュージーランド政府の人種政策

欧米人	サモア人
飲酒可	飲酒不可
会社所有	会社所有不可
首長称号と伝統的土地にアクセスなし	首長称号と伝統的土地にアクセスをもつ
立法会議に代表権あり	ファイプレ議会に代表権あり

加する欧米人代表者を選挙で選ぶ制度が始まり、タイシという首長名をもつ実業家ネルソンはサモア人の身分をとるか、欧米人として留まるかの選択を迫られた。結局ネルソンは欧米人の身分をとり、この選挙に立候補することとなった。サモア人は相変わらず彼をタイシと呼んだが、タイシとしての権利は公的に行使できないのであった。

さて、契約労働者はこのような二つの身分のどちらにも属さない存在であることがわかる。前々節で述べたように、サモア女性と家庭をもつことは禁じられている（一七五頁参照）。接触することすら禁じられていたのである。何度もこの禁止は布告や法律として繰り返し発出されている。法律に則る限りにおいては、家族を持つことができない。実際にどれだけ有効であったか疑問は持たれているが、第一次世界大戦前夜の異人種間結婚の禁止のように、結婚が公認されない以上、外国人（白人）がサモア女性との間に子どもができたときには、その子はサモア人身分になる。それと同じように、中国人の場合もサモア女性との間に子どもができたときには、その子はサモア人身分となるのであり、公的には中国人労働者の子として登録されることはなかった。

常日頃取り締まるというわけではないが、ときどきある程度恣意的に取り締まりをしていたのではなかろうかと思われる。一九三二年には、家族として暮らしていた三四組のカップルが捕らえられた。男性には判決が下され、女性たちは子どもを連れて実家に戻り、「夫」と面会しないようにと諭された（Field 1984: 217）。一九三九年には六八組のカップルが捕らえられ、男性は猶予中だった帰国が強制され、母子は夫・父に会うことを禁ぜられた。男性たちは息子や、母子を連れ帰ることを願い出たが、聞き届けられることはなかった（Meleisea 1987: 173）。しかし、概ね平和裡に目立たぬように暮らし、子どもたちは母の実家に吸収されていった。これはメラネシア人労働者の場合も同様である[27]。

メラネシア人労働者はこれに比べて問題が少ない。人口が少ないこともあるが、メラネシア人がメラネシアのキリスト教化した地域から来ていて、キリスト教団体が保護下に置いたということがある。中国人にもキリスト教徒はいたはずであるが、概ね異教徒であると受け止められていたため、教団やキリスト教団体からのアプローチは少なかった。

トムは中国人労働者の夫とサモア人妻のあるカップルの話を記述している[28]。サモアではココナツの管理は女性の仕事であり、落ちてきたココナツを適宜熟成させて、ふさわしい時期に割ってコプラを取り出す。その作業のためにしばしば女性がプランテーションに雇われていて、これがサモア人女性と中国人労働者が知り合うきっかけとなっていた。英語もサモア語もたどたどしかったが、やがて女性がサモア語を指導し、話せるようになる。妻となる人には、「法的な結婚はできないが、心で結婚するから」といって、彼女の両親に承諾もしてもらう。儀式も宴会もなかったが、同じようなカップルが幾組も祝福してくれた。二人はやがて愛の印として土地を買う（Tom 1986: 61–62）。購入の時期が明らかにされておらず、場所も明らかではないが、おそらくは私有地であり、その後夫が帰化したとあるので、独立前後のことであったかもしれない。五エーカーとあるので、サブシステンスも、商品作物栽培も可能であろう。

レウンワイによれば、「一九一六年には、およそ一〇〇人の中国人労働者が、サモア人女性と事実上の夫婦生活を送っており、その頃ハーフの子が約一〇八人いた。一九三〇年には、中国人の祖先をもつ子どもが一〇〇〇人から一五〇〇人いた」（Leung Wai 2022: 70）[29]。

一九三〇年前後に行政長官をしていたアレン（Stephen Shepherd Allen）中佐の残した備忘録によれば、

本来はサモアに居着くことのないよう三年間に限っての雇用となっているが、労働者はまず例外なく残りたいと申し出、雇用主も作業に慣れた者を雇用したいから、再雇用に前向きであり、したがって契約更新が多くなってしまう、と述べている。今いる労働者は高齢者が多く、そうなると帰国しても本国で仕事があるかどうかわからないので、ますますサモアに残ることを選択したがる、と書いている（Allen 1931: 127–128)。これは一般的にいって、海外出稼ぎ労働者の多くが経験するところでもある。

7 一九三七年と一九四八年帰還船をめぐって

一九三四年の契約労働者導入を最後にするというニュージーランド政府の方針が、実際にどう運用されるかを決定づけるのは、一九三七年の帰還船のときであった。三年契約を守るとすれば、三四年に新規契約でやってきた労働者は三七年には帰還させなくてはならない。帰還させる船があるのであれば、契約労働者導入を再度検討してくれないか、といったプランターたちの要望はあまりに虫が良いところがあるが、契約労働者から今後はサモア人の労働に切り替える、というニュージーランド政府に、せめて全員を帰還させるなどといった強硬な政策はとらないでほしいと、サモアのプランター協会は陳情を重ねた。中国人労働者がいなくなってしまったら、サモアのプランテーションは崩壊して、破産することになる、とか、そうすると西サモア統治政府も税収はほとんどなくなる、という説明を重ね、陳情の手紙を何通も送っている。

一方労働者たちも全員が帰りたいわけではなかったので、副領事は、すでに自由移民となっている者、第一次世界大戦以前にやってきた者、それ以後だが長期滞在の者、人頭税を免除された者について、強制帰還させないでほしいと述べている。そこには八八人のリストがついているが、すべて番号表記となっているのが目につく。労働者として入国した者は氏名ではなく、番号が正式のＩＤとなっていて、屈辱的な扱いであったと当事者は述べている。プランテーションで点呼をとるときにも、裁判で訴えるときにも、番号ＩＤが正式のものとなる。このリストにはプランテーション労働者以外に、コック、大工、パン屋、行商人などの職業が散見できる（NZA R17961589）。

市民代表として立法会議の議員である実業家カラザース（Irving Carruthers）は、一九三七年六月ウェリントンを訪れて、首相代行フレイザー（Peter Fraser）に面会して窮状を訴えている。概ねプランターズ協会の主張と変わらないが、ニュージーランドにおいて当時世論で話題となっていたことに対する反論を行っている。たとえば、なぜサモア人を使わないか、といったことには、彼らは気まぐれで時間にルーズでまだ労働に慣れていない、中国人を大勢入れているうちにサモアは中国に乗っ取られてしまうのではないか、といったことに対しては、中国人ハーフはまだ九〇〇人程度なので、中国人がサモアを乗っ取ってしまうようにはならない、といった説明を行っている。フレイザーよりも同席した外務大臣ラングストーン（Frank Langstone）は、給料が安いからサモア人が働かないのでは、彼らも訓練し適度な給料を払えば働くようになるはずである、あなた方は中国人を搾取しているのではないか、職人もずいぶんいるらしいが、それはサモア人の職人を育てていないのではないか、と辛らつなことを述べている（NZA R17961589）。

しかし、西サモア統治政府は母国の指導通りにしていてはサモアのプランテーションが崩壊すると予想したと見えて、その間をとって必要な労働者を確保し、あとは帰還させるという方策をとった。ただし、滞在延長を希望する者が足りないところは、プランターズ協会が賃上げ（日給二ポンド）と労働時間の短縮をもって対処し、一応労働者個々人の自主的な判断で延長を決めたという体裁をとって、ようやく残留者三二六人を確保した。もちろんこのうちには、歳をとってまともに働けない者もいるが、必要数二五〇人を少し上回る人数を何とか確保した、と西サモア統治政府から本国に報告している（NZA R17961589）。

この後、三年契約の切れる三年後に帰還船を準備する必要があったが、日中戦争、太平洋戦争と戦争が続いたため、海上交通の安全が確保できず、中国人労働者はずっとそのまま契約更新もせずに、現状に甘んじる結果となった。一九四五年に第二次世界大戦が終結しても、すぐに帰還船は用意されないままだった。海上交通のネットワークも直ちに復旧はしなかったであろう。それでも西サモア統治政府は、すでに彼らを引き留める理由はなかったので、中国人全員に帰りたいかどうかという調査を一九四六年八月に行っている。またそれまでの間、ファイプレ議会では、中国人の話題が出るたびに帰郷させるという強硬な意見が出ていたが、制限付き自由移民の方向で納得してもらうことができた。子どもはサモア人となる。全員を帰国させるとしたら、サモア人妻や子はすべて生き別れとなってしまう。妻子を連れて帰還させるということは政府は考えていなかったようである。もし全員帰国させたら、プランターたちは大勢の労働者を一遍で失ってしまうので、大変な損失となる。

ニュージーランド政府からの問い合わせに答える詳細なレターを西サモア統治政府から送っている。全部で二九二人の中国人が在住しているが、そのなかで、労働者は二〇五人。一二六人は帰国したいと言っているが、七九人は残りたいとのことである。本人の希望に沿った措置をとることができる。残留の人々は制限付き自由移民となるが、これは土地を買うことはできず、商売やビジネスができない。ただし永住できるし、結婚も可能である。労働者として自分の労働力の値段は自分で交渉して決める。これまでのように、政府が一律に決めるということはない。以上の条件である。ニュージーランド政府が心配していたのは、プランターたちの反応である。ただ、西サモア統治政府の説明では、これまでいずれは中国人労働者をあきらめなくてはならないときがくるので、準備をするようにとずっと言ってきたので、自分たちで何とかしてほしい、ということだ。ここでは詳細は書かないけれども、ニュージーランド賠償農業事業所[30]の給料のほうがいいので、そこに労働者が集まるかもしれないが、私立のプランテーションも搾取ばかり考えずにもっと給料を上げるべきだ、といったコメントもついている。最後の部分を引用しよう。

フォノ（首長会議）の議事録をみればわかるように、最も大きな困難は、また私自身とマタアファ（Mata'afa Faumuinā Fiamē Mulinu'ū II）[31]議員が渾身で訴えたのですが、ファイプレ議会のフォノを、すべての中国人を帰国させることを要求するというもともとの議決を遂行しないよう説得することでした。私の訴えはもともと経済的視点からというよりは、人道的かつクリスチャンとしての土台の上にあるものですが、全員帰還させられたら、プランターたちは大打撃を受けるところ、その結果が多少軽減されたので、それが大きな安堵となっているのであればよかったです。

もうひとつだけ挙げておきたいことがあります。国際連合の信託統治合意事項の最終原稿を受け取ったばかりなのですが、第四条（d）の下では、統治領に残留する中国人の活動を、サモア人の表明した願望に合わせて制限するのは難しいかもしれません。これはサモア人の意見が一致していることであり、タヒチの中国人やフィジーのインド人の教訓があるので、彼らを責めはしません。

（一九四六年一〇月三〇日付　サモア行政長官からニュージーランド島嶼領土庁事務次官へのレター）
（NZA R17961590）

行政長官が言っているのは、中国人の資格に土地を買えない、ビジネスができない、といった制限がつくことである。こうして、個別の中国人の帰国か残留かは決まったのに、帰還船の手配は一向に進まなかった、結局一九四八年九月に帰還は実現し、ユンナン号に帰国希望者たちが乗船して出発した。これが最後の帰還船となったが、乗船予定だった一二六人の内、一〇四人だけが乗船し、あとの二二人はサモアに残留することとなった。

8　西サモア独立と元年季契約労働者の人権

さて、ここからはサモアに残留した中国人に焦点を当てる。サモアに残留した中国人は結局一九八人であった。そのなかには自由移民として欧米人身分の人々と同様の権利がすでに付与されているが、ヘインズによれば一九四九年の西サモア在住中国人は一七〇人となっている（Haynes 1965: 123）。他の中国人の多くは、大戦をはさみ、それぞれの植民地政府の政策転換で長居を強要された者もいるが、戦争の結果帰還船がなくなるという不可抗力の者もいた。サモア人女性と「結婚」したために、望郷の念を捨てた者もいた。トムによれば全部で六九八四人が年季契約労働者、後には契約労働者としてサモアに渡航し、五一七九人が帰還船に乗って帰国した（Tom 1986: 36, 67）。その差一八〇五人から、一七〇人を引いて、およその一六三五人は、サモアで亡くなった。不幸な命の落し方をした者もあるかもしれないが、サモア人家族に看取られて亡くなった者もあるだろう。

表 5-3　1951 年 9 月センサス

サモア人		79,600	サモア人ハーフ	4,142
他のポリネシア人		501	欧米人	450
トケラウ人	194		中国人	164
ニウエ人	137		欧米人身分者	4,756
ギルバート・エリス諸島人	109			
トンガ人	61			
メラネシア人		52	総計	84,909
フィジー人	9			
ソロモン諸島人	43			
サモア人身分者		80,153		

出典：New Zealand Government, Department of Island Territories 1954: 169

ニュージーランドの西サモア統治政府は、ドイツ植民地政府の作った二つのカテゴリーの身分制を基本的には踏襲した。一九五一年のセンサスでもこの二分ルールは継承されている（**表5－3**）。すなわち、欧米人（外国人）とサモア人（ネイティヴ）である。それぞれに非対称で権利が付与されており、それによって社会が区切られているわけだが、サモア人としての権利は、サモア社会のなかでの慣習によるところが大きい。すなわち出自により親族集団に所属し、その首長称号名を持つ人を中心にする生活である。労働も所有もすべて親族集団中心に営まれる。中国人労働者の場合、制限付き自由移民になったとしても、会社経営者になれるわけではないので、年季契約に縛られないということ以外には、どのような良いことがあったのだろうか。たぶん職業選択の幅が少し広がったことと、正々堂々と結婚してサモアに安心してずっといられるということが大きいだろうが、それ以外はあまり変わらない。

政権交代後のニュージーランド労働党政府は、やはり契約労働という制度に対して、時代遅れのもので、人権を守ることが不十分であると考えたためか、再三のプランテーション経営者からの要請にもかかわらず、契約労働者の導入は断固阻止した。現地の役人は、法規上の問題というよりは慣習的問題であるが、運転免許を与えないとか、結婚を認めない、といった差別があったことを認め、反省している（NZA IT 1 17/1 pt.2）。一九四八年九月二二日（帰還船の出航日）に彼らは通常の移民となり、以降五年を経て、彼らは西サモアの法律上の永住者となった。結婚に関しては、制限をしないのが望ましい、ということである（NZA IT 1 20/1 pt.3）。最後の帰還船がいってしまった後、「労働局の事務所は結婚許可を求める数多くの中国人男性であふれかえった」（Tom 1986: 92）。法律の変更はなされなかったが、彼らには結婚許可証が下りた。五年経過後は問題なく永住権が与えられたので経済活動の制限はなくなった。法律家であるレウンワイによれば、その後中国人たちにも市民権が与えられ、一九五一年四月二七日には個人投票者として一六〇人が投票した（Leung Wai 2021: 69）。しかし、結婚の新しい規定が法律に加筆されたのは、一九六一年であった。

彼らもようやく安住の基盤を見いだしたのであった。その後の彼らは、小売店やレストランの経営など西サモアのビジネス世界での活躍がよく知られているところである（Leung Wai 2021: 71-72）。一九世紀にサモアにやってきた中国人は、自由移民の資格を与えられ、ビジネスに花咲いた。レウンワイの曾祖父は、二〇世紀初頭ドイツ時代の初めころに年季契約移民として広東からやってくるが、珍しいことであるけれども制限つき自由移民の資格をもらい、さまざまなビジネスを手がけて実業家になる(32)。サモア人妻との間に生まれた長男のミン（レウンワイの祖父）を母国に残した中国人妻のもとに送って、現地で教育を受けさせた。これは東南アジアなどではよくあることだが、サモアでは珍しいことである。ミンは中国で結婚したが、日中戦争のなか辛くも生き延び、妻と一緒に一人息子を連れ、父親の送金で何とかサモアに辿り着いた。レウンワイの一族はビジネス・セクターで有名な一族である。しかし、サモアの中国人ビジネス界では自由移民が何とかつなげてきたのであったが、それは自由移民しかビジネス活動ができなかったからである。マルティネスとザンの研究には、第二次世界大戦前の中国人コミュニティ内のビジネスが描かれているが、あまり景気のよい話ではない (Martinez and Zhang 2024: 167–172)。しかし、二〇世紀後半には、中国系(ハーフ)のビジネスマンが活躍を見せた。

一方、二〇〇〇年以降、経済活動(商業活動と建設業)のために来島する中国人が増えているが、サモアに親族がいる場合もいない場合もある (Leung Wai 2021: 72–73)。中国の援助活動が拡大するにつれ、中国からの新しい移民が増えている。これらのニューカマーの活動は大変気になるところであるが、今回の論考の視野からは外れる。

9 竜の不運

西サモアの年季契約労働の実態に迫ることを目的として、サモアの政情や国際情勢なども交えつつ、経緯を叙述した。施政者の態度からして、少なくともドイツ時代は年季契約労働が奴隷制の代替であったことは明らかである。鞭打ち、体罰、罰金(法律に盛り込まれていた)、賃金不払が横行していた。プランテーションのなかにも、監禁部屋がある。「困った」または「言うことをきかない」労働者を閉じ込めておくための施設であった。リウアアナが述べているように「小さな楽園の竜(33)」は「自分の幸運を追求するのに大いなる犠牲を払い、同時にサモアの開発に尽くした。しかし、不運は幸運を上回り、その犠牲は困難な旅路に値するものではなかった」(Liua'ana 1997: 47)。またニュージーランド政府は労働者をドイツ人ほどに「奴隷」扱いはせず、次第に状況は改善しつつあったが、それでもドイツ時代にいったん構築された差別の仕組みは、なかなか消えず、最後の帰還船が出航するまで続いていたことは事実である。とりわけ、中国人労働者はサモア人女性と結婚ができず、事実婚家族を営みながら、陰の存在に甘んじ、官憲を恐れながら暮らさなくてはならなかったことは悲しい。そして、中国人について自由移民の資格をはじめから排除していたところに、人種主義に裏打ちされた人権意識がある。しかし、第二次世界大戦後にはそれが通用しないだろうと、ニュージーランドの役人が考えていたというのは救いである。

年季契約労働者に関するポジティヴなケースについて、今後比較が課題となってくる。契約内容の比較、とりわけ契約終了後の労働者の身分に関する取り決めがどうなっていたかを比較しながら個別のケースを見てみたいと考えている。サモアでは、政府に労働者の労働だけを買い取る、という意図が見える。労働さえ売ってもらえたら、あとはいらない。現地社会になじむ前に帰すのであり、そうすることで人種・民族間の問題を最小限に留めようとしていた。完全に徹底することは難しいが、移民コミュニティをできるだけ作らせない、という方針である。そのために、生まれた中国人ハーフの子どもはサモア社会に自然と溶け込みなじんでいったというのは興味深い。一方で、欧米系のハーフは、二つの身分カテゴリーのあった時代には、上位と思う欧米系の身分に同化しようとした。

それに対して、人口問題解決のために、年季契約の終了後も移民として残す、という政策上の選択肢もある。これは、むしろ年季契約をよい機会として労働者不足、人口不足を解消しようという方策である。ハワイでは労働者不足を補うためにも、延長や定住も可能な契約であり、それによってさまざまな人種・民族からなるレインボー社会が生まれた。また次に取り上げるフィジーの場合も、帰国しなかったインド人がおそらくは半数以上おり、現在のフィジー国家の構成員としてインド系の人々は無視できないほどに多く、一時は人口の半数以上を数えた。次章はこうした社会について分析を行いつつ、サモアの場合と比較したい。

注

（1）軍政を行っている行政長官（administrator）から、ニュージーランド首相に希望を述べ、外交問題の絡む案件に関しては、ニュージーランドの元首（植民地総督）を通じてイギリス政府にお伺いを立てる、というきわめて根気のいるプロセスが必要であった。

（2）西サモアの四大パラマウント首長の一人。

（3）この見解は、この後サモア慣習法を司る首長会議（フォノ）の主流の主張となっていく。

（4）その後新しい導入はなかったが、メレイセアーが一九七〇年代に調査したところでは、六人が確認され、すべてサモア人女性と結婚していた。第二次世界大戦以前、中国人も含め、滞在を延長したいという労働者の多くは、違法であったが、サモア人女性と家庭を築いていた。

（5）彼は大戦中義勇兵であったので、「大佐」の名誉称号を得ていたが、文民行政長官として西サモアに派遣されており、もともとは法律家であった。サモアから帰還後は治安判事を務めた。

（6）法制的には、ニュージーランドは大英帝国（United Kingdom）傘下の自治植民地（Dominion）という位置づけである。

（7）しかし、カーター船長の用意した契約書では月給三〇シリングと書いてあり、二シリングで一香港ドルに換算するような記述もあるので、これでは、広東の通常の給料の半分にしかならない。

（8）ミクロネシアで第一次世界大戦までドイツ領。当時は未定であったが、イギリスないしオーストラリアが実効支配。リン鉱石の採掘を行っていた。

（9）フランス領ポリネシアのツアモツ諸島のひとつの島。リン鉱石の採掘で苦力を入れて盛んに採掘したが、取りすぎてしまって、今は廃墟となっている。

（10）実際に、サモア到着後に契約を結ぶこととなった、とニュージーランドの新聞には記載されている（『北方の主張』誌、1920. 9. 29）。また、年季契約労働者をイギリスの船で運ぶことも禁止されている、と記事にはある。

（11）この逸話は二〇一四年版で加筆された。

（12）かつては native land と呼ばれていたが、近年は *i-taukei* land（先住民地）と呼ばれるようになった。

（13）ハワイ、ニュージーランドで先住民の土地が白人に奪われていき、窮乏化していったことへの欧米人としての反省があったという。

（14）ファアラベラベ（儀礼交換）やマラガ（村同士の公式訪問）が迫ってくると財の集積が必要となるのは、過去も現代も同じである。筆者はすでにサモアの儀礼交換について詳細な研究を行っている（山本・山本 1996、山本 2018）。

（15）しかしそれと矛盾することではあるが、欧米人とサモア人の混合婚はあまり問題としなかった。

（16）チャイナマンとは狭義には中国人を指すが、アジア人一般をさす場合もあり、当時蔑称として用いられることがあった。

（17）この部分は明らかに差別であるとのの中国領事の指摘に関する西サモア統治政府からの問い合わせに、ニュージーランド本国政府からは、「チャイナマン」とする代わりに「契約労働者」一般に置き換えてはどうかと指示している。一九四五年に改正。

（18）サモア諸島領有に野心をもつ三つの国。

(19) マウ（*mau*）とは意見、発言、といった意味で、サモア人自身の考えなどを表出する欲求を表していた。

(20) とはいうものの、一九〇一年からクック諸島とニウエ島もニュージーランド圏内に入っていたので、実質植民地をもっていないわけではなかった。ニュージーランドのサモアに対する関心は一九世紀にさかのぼる。近隣諸島をドイツが領有するのを嫌っていたニュージーランドは、三国の干渉の際にはイギリス本国よりさらに強くイギリスによるサモア領有を願っており、実現しなかったときには大変に失望した（Kennedy 1974: 7–8, 258–263）。

(21) テイト長官は一九二一年七月二七日のニュージーランド外務大臣宛の書簡で、この間のアロの件を報告しているが、そのなかではアロがかなり強硬に、三年の年季明けの労働者に帰国か自由移民になるかの選択の自由を与えてほしいと要求したことが窺える（NZA R19162269）。

(22) ニュージーランドはまず、一九二〇年に『サモア憲法令』（Samoa Constitutional Order）を発令し、その後『サモア基本法』（The Samoa Act）を制定して、『サモア憲法令』に代えた。サモア基本法が施行されたのは一九二二年である。

(23) 『サモア基本法』には、「サモア人」にならんで「ネイティヴ」という語が繰り返し用いられている。ニュージーランド政府はそのために一九五一年に法改正を行った。これにより、ネイティヴ裁判官はサモア人裁判官となり、ネイティヴの土地はサモア人の土地、ネイティヴ所有はサモア人所有となった。

(24) 主な村にあり、サモア人からココナツオイルやコプラ、カカオ豆等を買い上げ、代わりに西洋製の工業製品を売るところ。この時代、ほとんどは欧米系ハーフの人々がそれらの取引所のマネジャーとして勤務していた。

(25) 一八七三年に成立したサモア議会の下院を起源とするサモア議会の議員をファイプレ（*faipule*）と呼ぶ。いくつかの村落がひとつの選挙区を形成し、選挙区ごとに代表となる首長を選んでファイプレ議会が成立している。

(26) 委任統治下であり、ネイティヴに飲酒をさせることは国際連盟によって禁じられていた。

(27) ドレスラーは、メラネシア人労働者がサモア人の村の教会の礼拝に参加するようになり、それがきっかけとなって、サモア人側にも人種を横断する親近感や交流が生まれ、それが混合婚への入り口だったと述べている

（Droessler 2022：82–83）。

（28）トムの記述は実話というよりは、いくつかのインタヴューを総合して書いた手記のような作品であると思われるが、実情がよくわかる記述である。

（29）この数値はあくまでも推計なので、データごとにずいぶん違っている。

（30）New Zealand Reparation Estate 旧ＤＨＰＧとドイツ人所有のプランテーションを合わせて始めた農業公社。独立後はWESTEC=Western Samoa Trust Estates Corporationとなる。

（31）サモア四大パラマウント首長称号のひとつを持つ人物。同名の一世の息子で、独立時の首相となる政治家。当時はヤング・リーダーであった。

（32）制限付き、というのは、土地を買えない、経営者になれない、ということなので、ここはビジネスマンになったという証言と矛盾している。しかし、誰か自由移民か欧米人の共同経営者がいれば、可能だったかもしれない。

（33）中国語の表現で高い志を持つ者を意味する。ここでは中国人を指す。トムの著書の副題『千里の彼方から来た竜』を含蓄する。

第六章

コミュニティを生成したフィジーのインド人年季契約労働者

フィジー諸島はメラネシアとポリネシアの間に位置しており、地域的、言語的にはメラネシアに分類されることが多いが、首長制をもつなど、社会組織上はポリネシア的要素が大きい。サモア諸島の西南、トンガ諸島の西北に位置し、二つの比較的大きな島のほかに無数の小島を有する。面積は一万八二七四平方キロメートルあり、これはサモア独立国の六倍を超えている。

フィジーのプランテーション開発の特徴は、サトウキビに重点が置かれており、インド人年季契約労働者、すなわちクーリー(1)の導入がもっぱらに行われたことである。インドが年季契約による移民労働者を多く送り出したのは、いうまでもなくイギリスの植民地であったということによる。ジャマイカをはじめとする西インド諸島、ガイアナ、トリニダード、モーリシャス諸島、マレーシア、南アフリカ等々には現在インド系の人口が存在するが、それらは、年季契約労働者として導入された人々の子孫を中心に形成されたコミュニティである。

前章のサモアの場合は、中国人の年季契約労働者を導入しており、その場合との比較は大変興味深いところである。ここでは、その比較材料をつねに念頭に置きながら、フィジーの場合について、その経緯を考察したい。

1　フィジーのプランテーション開発始動の経緯

フィジーは、ヨーロッパ人との接触以前からサモアおよびトンガとは交流があり、財の交換も行われていた。とりわけトンガは王国としてフィジーに影響力をもっていたし、現在のフィジーの東側にあるラウ諸島は、トンガの文化的影響が色濃いばかりか、身体形質的にも強い影響がある。

西欧人の到来は一七世紀にさかのぼるが、密な接触が始まるのは、白檀やナマコの採取や、捕鯨船の寄港によるものであり、一九世紀初頭のことであった。首長間の小競り合いが常態化しているなかで、キリスト教が受け入れられて後、ザコンバウ（Cakobau）という首長が、諸々の勢力を束ねていく過程で一八五八年にイギリスに主権譲渡を申し出る。四年後に受け入れられるものの、植民地政府が置かれるのは一八七四年からである。(2) この間にザコンバウを盟主にフィジー王国が成立するなど、首長間の争いは植民地政府ができるまで続いた。

この間にイギリス系アメリカ人、イギリス系オーストラリア人のプランターの入植が続いた。最初は南

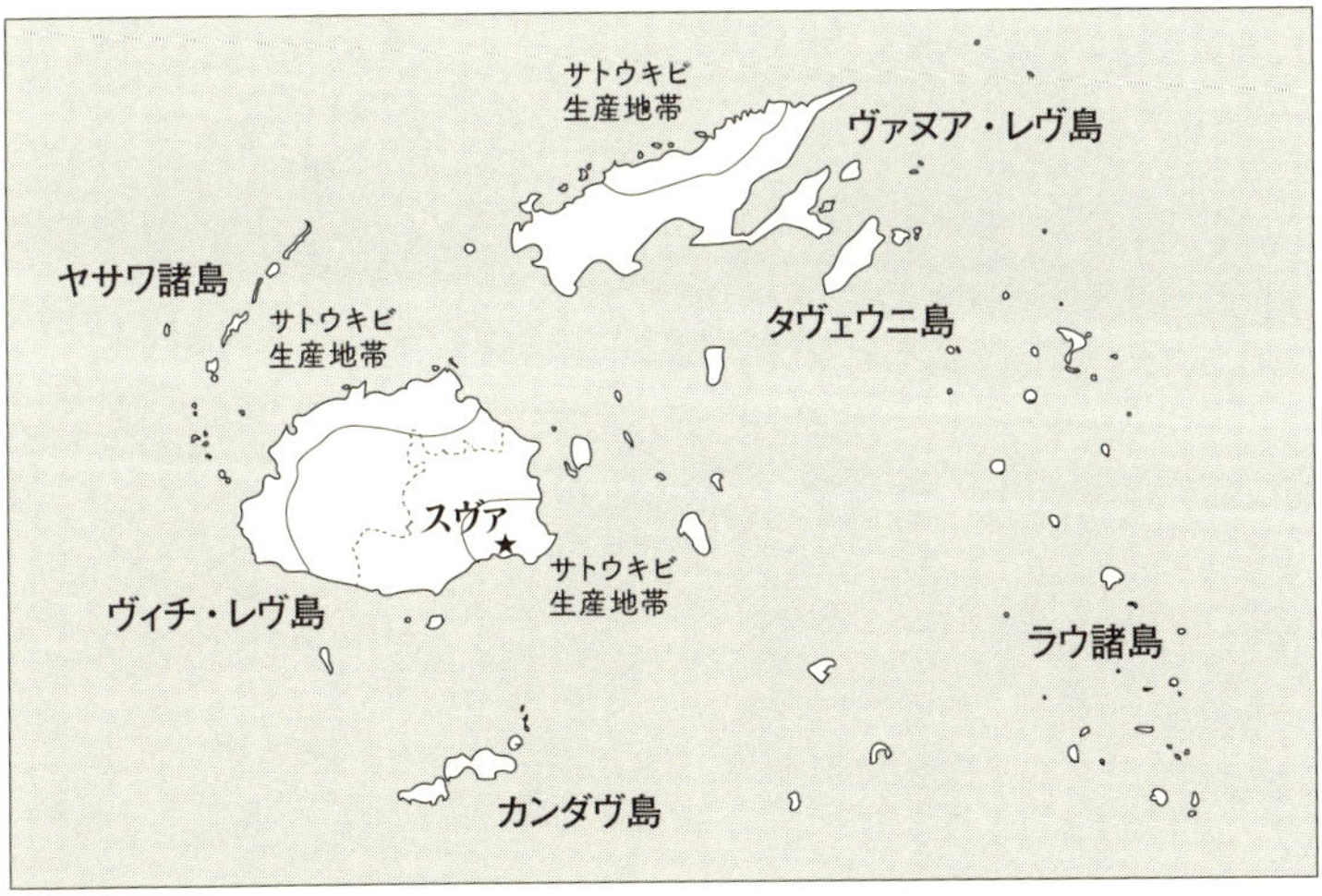

地図 6–1　フィジー諸島

北戦争のために世界的な需要の高まった綿花栽培事業が行われたが、成功しないまま早期に断念することとなり、その後クイーンズランド（オーストラリア）にならいサトウキビ栽培を始め、この産業が栄えた。戦いに敗れたフィジー人捕虜を五年間奴隷としてプランテーション労働に使うことがあったし、メラネシア系の年季契約労働者もプランテーション開発に従事した。

この後者のパターンも、クイーンズランドの先例にならったもので、免許を得た労働力徴集船が横行しており、ブラックバーディングも含めたソロモン諸島やニューヘブリデス諸島（現ヴァヌアツ）からの労働力徴集であった。フィジーには現在もこれらメラネシア人の子孫が住むコミュニティが数多く存在する（丹羽 2011、丹羽 2024）。

一八七四年の植民地政府設置の翌年、初代総督としてアーサー・ハミルトン・ゴードン卿[3]が赴任した。植民地政府が成立すると、その経費捻出のために現地産業を育成し、その税金を充てるということが必要となる。プランテーション開発は急務であった。ゴードンはオーストラリアのコロニアル砂糖精製株式会社（Colonial Sugar Refining Company Ltd. 略称ＣＳＲ）を招致することに成功し、一八八二年に同社は操業を開始した（Lal 2018: 126）。

しかしフィジーは、一八七五年にはしかが流行して四万人の命を失った。これは当時の人口の実に三分の一に相当する。疫病による人口減が海外からの労働者を入れる一つの因子となったことは、サモアで起きたことと類似している。それまでもフィジー人にプランテーション労働を担わせることはあまり成功していなかった(4)のであるが、とりわけこの大量の人口減があってフィジー人の労働力はほぼ期待できなくなった。

またゴードンは、先住民としてのフィジー人の保護を大変重視した。白人プランターたちのなかには、フィジー人に強制労働をさせるといった提案をする者もいたが、それはゴードン総督が許さなかった。その代わりにゴードンは、フィジー総督となる前に赴任していたトリニダード、モーリシャスの経験から、インドから年季契約労働者を導入することを提案した。一八七〇年代のインドでは、法律的な側面はすでにクリアされ、海外に年季契約労働者を送り出す仕組みは整っていた（Lal 2018: 127）。

先住民を働かせるということにこだわっていた白人プランターたちは当初この提案にあまり賛成ではなかった（Ali 2004: 5）。しかし、フィジー人を自由労働者として雇用するには労賃が高すぎ、また、ポリネシアやメラネシア人労働者獲得については、それぞれの土地での人口減という事情があったし、もともとの人口も限られていた。さらに労働力徴集において、メラネシアから導入するというのはクイーンズランド、サモア、ニューブリテン島といったほかのプランテーション開発地との競争があると同時に、地域的にはブラックバーディングの疑いもあるためにゴードンにはためらいもあった（Lal 2018: 126）。ゴードンの先住民保護の姿勢は、土地所有問題でも一貫しており、白人に売ったとされる土地も厳しく査定し、先住フィジー人の伝統的所有を法的にも保護して、それ以上の土地売買を禁じた。現在でも政府有地（state land、九・四五％）、自由所有地（freehold land、八・一七％）、先住民地（native land、八二・三八％）となっている（Ward 1995: 19）。先住民地は首長に率いられたマタンガリという父系親族集団の共同所有地となっており、広大なマタンガリ所有地の一部で先住民はサブシステンス（自給自足）農業を行っているが、サトウキビ・プランテーションはそれぞれにマタンガリとリース契約をして、白人プランターが未開発の土地を借り受けてプランテーションを経営する形が一般的となっていった。(5)

2　インド人年季契約労働者の徴集

インド人年季契約労働者(6)が導入された経緯は前節に述べた通りである。一八七九年から一九一六年の間に六万九六五人がフィジーへの船に乗り（Lal 2018: 126）、六万五五三人(7)がフィジーに上陸した。およそ七五％がカルカッタ（現コルカタ）で、残りはマドラスで乗船した。ヒンドゥー教徒が八五・三％、イスラム教徒が一四・六％、キリスト教徒が〇・一％である。ヒンドゥー教徒はさまざまなカースト出身者を含んでいたが、最多は農業従事者である。また、カルカッタで乗船した者の大半は二〇歳から三〇歳の年齢層であった（Ali 2004: 1）。女性が行くのは、夫に伴われるのが条件であったが、夫婦を装って乗船する場合もあり、男性一〇〇人に対して女性は四〇人程度であった（Prasad 1974: 2）。

一八七九年に最初の移民船レオニダス号でやってきたインド人は約五〇〇人であった。それぞれにサトウキビ、ココナツ、綿花栽培を行うプランテーションに分かれて仕事に就いた。その後栽培する植物はサトウキビに収斂していき、オーストラリアとニュージーランドで事業を行っていたコロニアル砂糖精製会社（CSR）が一八八二年にフィジーでプランテーション経営と操業を開始すると、労働者の需要はどんどん高まった。導入の当初は、個人経営のプランテーションが多数を占めていたが、やがて砂糖価格の国際的下落の後、規模が大きいために生き残ったCSRに加えて、フィジー砂糖会社、兄弟商工社（Chambers Brothers）の三社の寡占となり、一九一〇年の後はほぼCSRの一人勝ちとなった（Naidu 2004（1980）: 15）。

年季契約労働という形はすでに述べたように、移民志願者が、海外では労賃が現地より高い、あるいは容易に仕事を見つけられるといった情報を与えられるが、そこに行きつく手段は持たない（運賃が払えない）といった状況下で、一定の年限を働く契約を結ぶなら労働者を必要とする側が運賃は払う、という仕組みである。払ってくれるのは、政府などの公共機関であったり、労働者不足で困っている移住先の会社やプランテーションのプランター側であったりするが、会計的には労働者が理解しているかどうかは別として、労働させることによって会社に入る利潤の内からそれが捻出されていたり、移民労働者に借金として背負わせたりする。政府が払う場合も、最終的に会社が儲かれば税金として政府の歳入になるわけだし、政府はいったん立て替えておくが、会社からあとで徴集する場合もある。労賃は渡航費用を念頭に入れて決まるのであるから、結局はまわりまわって労働者が後になって支払っているのと同じであるが、当初その資金を持っていないから契約を結ぶことになる。

インド人年季契約労働者の移動について、まずインド内の要因から考えてみよう。

当時インドは特に飢饉があったというわけではないが、確かに人口過剰な側面があり、人々が年季契約労働を試みる要因であると考えられる。インド国内では地域によって仕事が探しにくく、労賃も安く全体に貧しかった。また、若者の多くはフィジー行きのことを家族にも話しておらず、移民話は若者の冒険心に火をつけるところがあった。リクルーターに高収入を提示されると目がくらんでしまうこともあっただろう。

次はフィジー側の要因について。作られた需要ではあるが、フィジー内の労働者不足は大きい。フィジーの砂糖会社、特にCSRの力は大きく、導入の当初から政府と結びついていた。CSRは毎年収穫期に合わせて必要な労働者の人数を割り出し、政府を通じてその予定人数をインド側に示し、リクルートを依頼したし、そこに奨励金などの金銭がからんでいたことは明らかである。

インドの年季契約はギールミート（*girmit*）といい、当時すでにフィジーよりも多くのギールミート先のイギリス領の植民地があり、人々をリクルートするシステムは確立していた。免許をもったリクルーターは手先にアールカティ（*arkati*）を使った。アールカティは市井の人であるが、マイノリティであることも多く、地方の都市などの人が集まりやすい場所で、これはと思う人の耳元で、良い賃金を提示しひと稼ぎしようなどと甘い言葉をささやいて、人々を誘い込む役割を果たした。リクルーターやアールカティには割り当てがあり、その目標人数に向けて活動をしていた。

こうして見ると、インド側にもフィジー側にも要因があったが、後者の要因のほうが強く働いており、それにそってインド国内に既存のシステムがあり、リクルーターやアールカティが相当に暗躍して、だました場合もあり、脅したりすかしたりもして人集めをした結果であるといえよう。

誘いに乗った人の多くは、田舎育ちでカルカッタに出てくることさえ初めてであるような若者であることが多く、地方都市に出てきているときに勧誘を受けている。海外といっても彼らには想像の及ばない土地であった。カルカッタには、移民志願者の寄せ場があり、そこで食事を与えて待機させ、人数がそろったところで乗船させて連れていくのが常であった。寄せ場にいる間は食事に困ることもなかったし、毎日歌って楽しく暮らしていたが、乗船すると途端に扱いが変わる。食事も満足でないばかりか、居場所も大変狭苦しく衛生状態もよくない。食事にドッグフードのビスケットを与えられることもあった。甲板の掃除などの労働もさせられた。海外に行ったこともなく船に乗ったこともない人たちが、岸を離れるときにパニックに陥って甲板からそのまま海に飛び込むことがある、ということを目撃していたリクルーターたちは、船出の際には人々を船倉に押し込めることもあったという（Ali 2004: 31-92）。

ギールミートの契約は、契約書に当人がサインし、白人の判事の面接で同意を示せばよかったが、リクルーターは、契約書のすべての項目に「はい」のほうに印をつけ、判事の前では「はい」と答えるように、と指示するのだった。ある意味で送り出しに関わった人々は判事も含めグルだったと考えてもよい。

契約は五年間で、五年たったら帰国してよいが、その場合には運賃は自分で支払わなくてはならない。しかし一〇年たったら、政府が支払って帰国することができるというものだった。五年後には契約を更新することが期待されていたが、義務ではなかった（Ali 2004: 5）。新しいビジネスを始めたり、土地を見つけて自作農となったり、新しい主人を見つけて契約したりすることもできた。

サモアのように帰国が義務づけられていて、しかもプランターが運賃を支払うこととなっている場合[(8)]と違って、年季契約を更新しないまでも、労働者自身が残留して植民地の発展に尽くせばよい、というアイディアでギールミートの仕組みが出来上がっていたのではなかろうか。フィジーの場合、外国人労働者を連れてくることに関して、フィジー人自身に問い合わせることはなかった。サモアでは首長会議が植民地政府の意見を先取りして代弁していると思われる局面はあったものの、意見を述べる機会が与えられていて、首長会議の反応は概ね外国人労働者導入にネガティヴであった（山本 2008a: 28）。

契約上の賃金は、男性一シリング、女性九ペンスで、一日九時間（月〜金）、五時間（土）だった。ただし、実際のプランテーションでの労働は以下に述べるように過酷な場合がほとんどであった（Ali 2008: 8）。

3　プランテーションの暮らし

プランテーションの労働は実に大変であった。サトウキビの葉は堅くてトゲがいっぱいあり、多くのインド人にとって、それを扱うのは初めての体験であった（作物としてのサトウキビについては第二章5節を参照いただきたい。年季労働者の仕事は、主としてサトウキビの植え付け、雑草取り、刈り入れ、そしてプランテーション内での粗糖作りであった。女性は労賃が安いが、男性の仕事量の四分の三をあてがわれた。

プランテーションの住居は、一〇フィート（約三メートル）×七フィート——（二メートル強）——一九〇八年以降は、一〇フィート×一二フィートとなった——の部屋が八室背中合わせに向き合った計一六室のバラックであった。この一室に独身三名、夫婦であれば一組が住んだ（Ali 2004: 5）。衛生的配慮に欠けた部屋に住み、栄養価の高い食べ物を十分にとることもできず、大変貧しい暮らしであった。

女性比率が少ないこともあり、人間関係は殺伐として、口争いが暴力に発展することもあった。ジェンダー問題は後述する。

プランテーション内のヒエラルキーは植民地体制を反映したものであり、フィジーの場合人種間の秩序が階級的秩序と同等であった。すなわち、プランテーションの所有者つまり、プランターはオーストラリアに本社を置くCSRであり、その支配人や監督は白人である。彼らは、植民地政府ともつながっていたが、年季契約労働者は植民地政府が守ってくれる対象ではなかった。もちろん、不正義があったとき、裁判に訴えることができないわけではなかったが、人種間／階級間の壁を破ることは難しい仕組みになっていた。年季契約労働者は、プランテーションの労働に従事するのがほとんどであったが、マネジャー等の住居の家内労働（家事労働）に一部が従事しており、能力や経験が買われてサールダール（*sardar*）と呼ばれる現場監督に取り立てられることもあった。サールダールは具体的な仕事を配分し、それが遂行されるべく監督責任を負っていた。中間管理職の常として、威張りちらしたり、今流にいえばパワハラを繰り返したりすることが多々見られたようで、アリの聞き取り調査には、そのような事例が散見できる。またマネジャーが横暴な場合もあり、労働者との間で板挟みになりつつ何とか能率を高めようとするサールダールもあったようだ（Ali 1980）。

奴隷制の代替として使われるようになった年季契約労働の制度下で、労働者は考えようによっては期限を限って奴隷となることを了承した（契約した）と受け止める向きもあり、ともすれば奴隷制時代の慣行をそのまま引きずっていたのであろうか。またイギリスのかつての慣行で、主人と奉公人の関係では、奴隷ではなくても奉公人を「教育する、しつける」ための暴力は正当化されていた。この労働慣行に沿った法律は、ハワイでもオーストラリアでもドイツ時代のサモアでも見出すことができる（第二章、第三章、第四章）。そのために、フィジーでも同様に、労働者の人権はしばしば無視され、仕事に精出さない者を鞭打つという懲罰が横行していた。鞭打ちの対象は男性に限らず、女性に矛先が向くこともあった。ナイドゥは、熱を出した子どもを抱えて仕事に戻った女性を、馬に乗ったままで、子どももろとも鞭打った監督がいたというインタヴュー記録を残している。子どもを仕事に連れてくることは禁じられていたのではあるが、個別の事情を認めず、問答無用に暴力を振るっていたことがわかる（Naidu 2004（1980）: 51–52）。

怠業者は裁判にかけられ、契約期間の延長といった懲罰を食らうこともあった（Lal 2018: 135）。任務が完了しない場合、賃金は払われなかった。後に労働が時間制から仕事割り当て制に移行して、仕事さえ済ませれば持ち場を離れ帰宅してもよい、と経営側は喧伝したものの、それは労働の軽減、能率化に向かうのではなく、むしろ労働強化につながる仕組みとなった。持ち時間内では終わることのない仕事量を持たされて、日が暮れても仕事を続けなくてはならず、疲れて途中で帰れば、その日の給料はもらえない。また疲れてへとへとになって帰ってきても、次の日は、また早朝から労働に精出さなければならなかった。そのようにして疲弊した結果、病気になることもあったし、与えられる仕事量がまともにこなせず、受け取れると思って期待していた給料も十分ではなく、それほど貯金できない人もいた。そうした境遇に陥ったインド人の多くは不満を抱えていたと思われる（Lal 2018: 135–137）。

プランテーションで法規が守られているかどうかを調査する査察官という役人がいたものの、多くの場合査察の日程は事前に知らされており、そのときだけプランター側は体裁を整えるということが横行していた。植民地政府もプランターの味方であった（Lal 2018: 141–143）。ただし、地域全体を統括する駐在の査察官が任命されてから、状況はましになったようである。

ときに、年季契約労働者は監督やサールダールからの叱責や暴力に耐えかねて、自暴自棄になり、サールダールやマネジャーに暴力をふるうこともあったし、労働者同士の争いも絶えなかった。そうした弱者の暴力は、死をも覚悟しなくてはならないので、残酷な結果を招くこともあった。労働者が団結して戦う方法はストライキである。プランテーションの暮らしはストレスが多く、決して快適とはいえず、居心地がよいとはいえない場合が多かった（Naidu 2004: 47–82）。

プランテーション労働そのものが大層きつく、賃金も十分与えられないこと自体が暴力であったかもしれない。もちろん、「親心」で接するサールダールもいたし、それなりに満足するプランテーション生活を送る労働者もいたが、ギールミートという縛りの下で、労働者とされ、人種的、階級的、職場での地位関係による彼らの不利な立場は明らかであった。それが証拠に、五年の契約を終了したときに再契約をする労働者はほとんどいなかった。多くみられたのは、政府には年季明けのインド人に五エーカーを限度に土地を貸し出す制度があったので、この制度で土地を借りて、農業を行うことであった。また他の職種にも進出していった。

4　インド人年季契約労働者の文化変容

インド社会には、真っ先に重要な社会システムとして、カースト制がある。カースト制はヒンドゥー教の教えに基づく社会システムで、幾多の社会階層は職業とも結びついて、序列を伴う秩序がある。そしてそれは、接触や食事の習慣ともかかわって、清浄と汚れの両極の間で層を形成している。カーストが異なる者の間では共食はしないし、カースト上位のものには、カーストに結びついた食のタブーが存在している。よく知られたところでは、ブラーマンは肉食が禁じられているが、菜食であってもその他のカーストの人との共食はできない。ブラーマンが調理したものはどのカーストの人も食べられるが、その逆は成り立たない、といった具合である。また、異なるカースト間では原則として通婚も禁じられていた。

フィジーに渡った年季契約労働者は実際にはさまざまなカーストから構成されていた。儀礼的に最上位に置かれたブラーマンは生活習慣上いろいろ面倒なので、むしろリクルーターは敬遠しがちであったが、移住希望者のブラーマンが自分のカーストを隠して移民寄せ場に入所することもあった。インタヴューに答えたブラーマンによれば、最初は多くの戸惑いがあったものの、背に腹は代えられないということで、やがてカースト制による社会隔離はカルカッタやマドラスの寄せ場でもフィジーのプランテーションでも無視され、人々は個々人の抱えるカースト的背景にはこだわらなくなった。代わりに、人々を結びつけたのは、同じ船でやってきた仲間意識である。一カ月近くカーストを超えて共に暮らした経験が、人々を結びつけ、フィジーに来た後も、仲間意識をもちつつ連絡を取り合う者もあった（Ali 2004：22–23）。

しかし一方で、フィジーのカースト制度が弛緩したさまは、本国でもよく知られた現象となり、年季が明けた後も人々が帰国しない大きな原因となった。契約労働者の側で、故郷のことを思っても、汚れてしまった私はもう受け入れてもらえない、と思って帰国を断念することもあった。また、実際帰国した者のなかには、親族が自分のタブー破りに対して戸惑いを隠せない様子に、失望してしまう者もいた。親たちが知らぬ間にギールミートで海外に出てしまうというケースを散見するのは、親族に話せば許してもらえない、止められる、と思ったからかもしれない。

また、年季契約労働者はマジョリティがヒンドゥー教徒であったものの、イスラム教徒も同様に契約を結んでフィジーに来島した。先に述べたように、来島したインド人の宗教構成はヒンドゥー教徒が八五・三%、イスラム教徒が一四・六%、キリスト教徒が〇・一%である。インド国内では、ヒンドゥー教徒とイスラム教徒は水と油のように、しばしば対立し小競り合いも生じた。しかし、フィジーにおいては、両者ともに抑圧される存在であったためか、互いの宗教上の慣習には立ち入らず、それぞれの宗教活動を認めていた。

一方ヒンドゥー教徒のなかにはブラーマンがいたので、ヒンドゥーの儀礼を行うこともできた。祭りや儀礼も継続したが、インド本国とまったく同じではなく、フィジーなりの慣習が根づくこととなった（Ali 2004: 98–118）。

5　年季契約労働者と性

女性の割合が、男性一〇〇人に対して四〇人であったから、全体の三〇%を切っていた。ただしこの男女比率は、年季契約導入にあたって決められた比率であり、もともと女性の志願者は少なかったため、アールカティは女性志願者を獲得すべく、いろいろ手を尽くしている（Naidu 2004: 21–24）。場合によっては、夫は先にフィジーに行ってしまったと嘘をついて、既婚女性を連れていったこともあった。プランテーション生活のなかで、それだけ少ない女性はしばしば取り合いの対象となった。夫と死別や離婚といった事情を抱えた女性の存在も微妙であった。また、夫婦間でも夫は妻の不貞を疑うことがままある一方で、女性の知らないところで、内縁を含めての「夫」に婚外性交渉の許可を交渉するなど、女性問題は関わる人すべてにストレスをもたらし、不和の原因となることが多かった。多くの男性から求められていることを知って、女性本人が男性を手玉にとることもある。プランテーションの住居は、狭い一室の壁の上方が開いていたため、夫婦の営みも容易ではなかったし、隣人にとっては妄想が生じる原因でもあった(Lal 2018: 147)。日常茶飯事としてレイプが横行した。

何人かの男性が一人の女性を共有する一妻多夫ともいうべき関係がみられることもあった。こうした女性が身ごもったとき、夫がいれば彼が父親となったが、このような関係は労働者同士の人間関係を複雑にした。年季契約労働者、しかも男性の自殺率がかなり高いのも、おそらくはこの種のストレスのためであるとされる。ナイドゥの報告によれば、一八九〇年から一九一九年の間に二〇六人の男性労働者が自殺したが、それに対して自殺した女性労働者は二三人にとどまる。さらに、一八八五年から一九一九年の間に一八四人の労働者とその子が殺害されている。一八八五年から一九二一年までの間に殺人の罪で二七六人が裁判にかけられ、一七二人が有罪となり、一一五人が処刑された。合計二九九人が暴力で命を落とした(Naidu 2004: 71–73)。この数字とは若干異なるが、ラルは一八八五年から一九二〇年の間に起こった年季契約労働者が犠牲となる殺人事件は二三〇件あったが、そのほとんどは女性であると報告している。一八九〇年から一九一九年の間のデータでは、女性犠牲者が六八人、男性が二八人となっている。一方で、男性の自殺は一八八五年から一九二一年の間に一九〇人であるのに対して女性は二二人である。ラルは、嫉妬にかられた夫が妻を殺してその後自殺するというパターンが散見されるという(Lal 2018: 148)。

女性労働者はまた、白人から性的存在として見られることも多かった。ちょっとしたからかいからレイプまであったし、また力関係を背景に性的関係を迫られることもあった。夫と白人監督との交渉で、夫共犯の婚外性交が強要されることもあった。そうした関係から子どもが生まれた場合は、夫の子とされた。
女性が年季契約労働者になるために出国するとき、夫とともに出国するのでなければ、親族から見放されていたり、夫と死別したり、夫から逃げていたりなどの事情を抱えている場合が多い。それに加えて、性的な存在として立ち向かわなければならない。さらに女性は、子どもをかかえてプランテーションでの労働を行う場合は、つねに思うように仕事がこなせない、という場合も多々あっただろう。そうした、女性の問題を検討する視角もここでは重要である。

6　年季契約労働外の経済活動

レオニダス号で最初にやってきた者たち約五〇〇〇人について、年季明けに政府が調査し、それぞれの身の振り方を記録した文書がある。これによれば、おおよそ以下の通りである。

四人は年季明け前に金銭を支払って自由になり、産業に従事する身分証明書を得た。二四三人は年季明けの一八七九年に同様の証明書を得た。そのうちの数人は申し分ない身分で生計を営んでいる。スヴァ（首都）近郊で、洗濯業とか、野菜作りなど、また下宿屋を営むとか、家事労働などのサービス業にも従事している。その他恐ろしいのは、植民地にありがちな怪しげなことをする者がいることで、賭博や売春、こそ泥や浮浪者になるのもいることだ。それらは、町にいるばかりでなく、クーリー（年季契約労働者）が契約しているプランテーション付近にもいるので嘆かわしい。二、三人が自由民として砂糖精製工場や政府に雇われて働いている。結構残念なのは、レオニダス号に上船した者のうち、年季契約を更新した者はたったの八人しかいないことだ。

（植民地省次官室ファイル、フィジー入国管理書類 Ali 1980: 15 に引用、山本訳出）

この文書に続いて、彼らの多くがニュージーランドの銀行に貯金を預けていて、年利五％であることも記されている。

これらの人々は五年の年季が明けただけで、一〇年後にどうしたかは多少違うかもしれない。しかし、一〇年経って政府が用意してくれた帰国プランで帰国する者もいたが、そもそも最初の五年の後の年季契約更新も八人と大層少なかった。残留する人々は政府の予期した以上であった。多くの海外労働者調達プログラムが、契約終了後に帰国を想定しているにもかかわらず、また労働者自身、年季が明けたら帰国のつもりでいても、年季明けになったり、一〇年経過後になったりしてみると、諸条件は変わってくる。本国の貧しさ、気候の厳しさ、インド国内の植民地統治のあり方、フィジーの発展可能性なども判断材料になるだろう。すでに慣れ親しんだ土地で暮らしが安定していれば、それを捨てがたいのは当然である。また、一〇年も海外にいて、カースト制のルール破りをした人が親族に受け入れてもらえるかは微妙だと人々は考えた。こうして、インド人は多くフィジーにとどまる結果となった。

表6-1を見ると次第にさまざまなビジネスに参入していることが見て取れる。この一九一八年のデー

表 6-1　フィジーにおけるインド人を対象とする営業許可数
（入国管理局　年度報告　1888, 1898, 1908, 1918）

<table>
<tr><th>営業種目 ＼ 年度</th><th>1888</th><th>1898</th><th>1908</th><th>1918</th></tr>
<tr><td>商店、卸売りと小売り</td><td>1</td><td>15</td><td>12</td><td>48</td></tr>
<tr><td>商店、小売り（村落）</td><td>5</td><td>104</td><td rowspan="2">337</td><td rowspan="2">1,188</td></tr>
<tr><td>商店、小売り（都市部）</td><td>11</td><td>21</td></tr>
<tr><td>行商</td><td>35</td><td>192</td><td>175</td><td>737</td></tr>
<tr><td>パン屋</td><td>1</td><td>2</td><td>2</td><td>11</td></tr>
<tr><td>宝石屋</td><td>–</td><td>–</td><td>–</td><td>67</td></tr>
<tr><td>屠殺業</td><td>–</td><td>–</td><td>–</td><td>3</td></tr>
<tr><td>コーディアル・ファクトリー
（飲物（含むアルコール）提供の店）</td><td>–</td><td>–</td><td>–</td><td>6</td></tr>
<tr><td>写真業</td><td>–</td><td>–</td><td>–</td><td>4</td></tr>
<tr><td>リフレッシュメント・ハウス（喫茶店）</td><td>–</td><td>–</td><td>–</td><td>40</td></tr>
<tr><td>計</td><td>53</td><td>334</td><td>526</td><td>2,154</td></tr>
</table>

出典：Ali 1980: 17

タには、インドから自分で旅費を調達してやってきて、農業には特に興味のないという人たちが多く含まれている（Ali 1980: 17）。

新しい経済活動に入っていく人々を見ていて、「今は年季契約労働者だが、やがて年季が明けたら頑張るぞ」と後続の者たちも未来を夢見るようになった。「自由な」インド人と年季に縛られた労働者の間に交流もあり、前者は後者に何かと助言や助力をするようにもなった（Ali 1980: 16）。

さて、年季契約労働そのものは二〇世紀となる頃までには世界各地で下火となっていた。白豪主義を標榜するオーストラリアでは、一九〇〇年頃にはすでにメラネシア人の導入は終了しており（第三章参照）、残った人々を故郷に帰すことが課題となっていた。ハワイも一九〇〇年に準州になると同時に、合衆国の方針で、奴隷制に近いものとされる年季契約労働制は廃止が決まっており、それ以後も移民労働者を導入はしていたが、すべて自由契約であった（第二章参照）。

ギールミートの制度は一九一六年に終了を迎える。イギリス本国では、これに先立ってイギリス議会の調査団が、植民地各地でのこの制度の調査を行い、そこで行われている幾多の不正義の発見があり、この制度をどうするかという議論が始まった。この調査報告（Sanderson Committee 1910）は、当時かなり話題になった。さまざまな議論が、イギリス本国でも、インドでも、フィジーでも巻き起こる。イギリスの他の植民地でのギールミートはすでに下火となっていたところが多く、フィジーが実質的には焦点となった。プランター側は制度の維持は欠かせないと考えたので、フィジーでの不平等な裁判制度を改めるとか、労働者側の懲罰をひどい怠業やプランターへの加害などを除き廃止するとか、住居基準を向上させるなどの改良を行った。しかし、決定権を握るのはインド政府であった。

ギールミートにより同胞が不当な扱いを受けたことが知られるようになると、インド国内では廃止を訴える声が大きくなった。ときは一九一五年のことである。その前年には、トタラム・サナディヤ著『フィジー諸島での私の二一年』（Sanadhya 2003（1991））という書籍が出版され、大変評判となった(9)。サナディヤはブラーマンであったが、サクール（カーストの一階層）であると偽ってフィジーに渡ったことになっている。ラルとシャインバーグによれば、彼は年季契約労働者として渡航し、五年の年季明けに金持ちのインド人の娘と結婚し、その後一六年間フィジーに住んだのち、インドに帰郷した。彼と同郷のジャーナリストがゴーストライターとなってサナディヤの名で出版したのがこの本である。インドのいくつかの言語に翻訳され、サナディヤはあちこちで講演をしてまわり、当時インドで大変影響力をもったという（Lal & Shineberg 1991: 107）。中味はインド人が受けたさまざまな差別を報告するものとなっているのであるが、

表 6-2　インドからフィジーへの年度別年季契約労働者渡航者数

年度	渡航者数	年度	渡航者数	年度	渡航者数	年度	渡航者数
1879	463	1889	677	1899	931	1909	1,819
1880	0	1890	1,158	1900	2,276	1910	3,846
1881	0	1891	1,038	1901	2,389	1911	4,218
1882	901	1892	1,526	1902	1,558	1912	3,350
1883	990	1893	777	1903	1,809	1913	3,211
1884	1,969	1894	1,081	1904	1,157	1914	1,572
1885	1,248	1895	1,424	1905	3,124	1915	2,510
1886	995	1896	1,172	1906	2,516	1916	1,770
1887	0	1897	1,323	1907	2,430		
1888	539	1898	568	1908	2,218		

出典：Gillion 1962: 212–214 から生成

すべて著者の経験であるかどうかは疑わしい。しかし、似たようなことは実際に起こっていたし、二〇世紀後半にフィジーのインド系老人をインフォーマントとする調査報告（たとえば、Ali 2004; Prasad 1974）にも同様の話は載っている。とはいえ、この本は白人への一方的ともいえる糾弾に満ち満ちている。

インドでも諸勢力の交錯する動きがあった。インド人識者たちは、同胞が奴隷制もどきのもとにあることに怒りを覚え、インドの屈辱であるといった議論もあった。イギリス国教会の聖職者で宣教師であったアンドリューズ（Charles F. Andrews）——ガンジーなどとも親交があった——は、人道主義的観点からインド植民地政府に大きな働きかけを行った。こうして、ギールミートはインドで廃止となり、一九一六年にフィジーに向かった船が最後となった（Gillion 1962: 164–181）。この人々が年季を終了する一九二〇年が、フィジーの年季契約労働が終わった年となる。

各年度ごとの渡航者数を示したのが**表6－2**である。

植民地政府は当初インド人が一〇年を超えてフィジーに

滞在することはないものと考えていた。実際に五年間の年季を終えた者は契約更新をして一〇年たって、政府の旅費支給により帰国する、というのが当初のインド人労働者導入の目論見であったらしい。そのようにして、フィジー開発の労働を担ってほしいと考えていたように見える。

さて、フィジーでは今日に至るまで、土地を買うということは大変難しい。これは、初代総督のゴードンが制度化したもので、全土の八〇%以上ある先住民地は法律で売買不可とされており[10]、売買の許された土地はプランテーション向けの区画の大きな土地となっている。小規模農業を営むインド人が買うということはあまり考えられない。またインド人自身も先住民地をリースすることを求めたが、これは政府があまりいい顔をしなかったようで、リース契約は二一年以内で、リースする側が土地の測量費用を支払う、といったルールができるなど、いろいろな障害を乗り越えることが必要であった。しかし、そうしたなかで、インド人のリースは増え、次第に農産物、特に小規模サトウキビ生産者として育っていくことになる。

当初はインド人のこうした動きをあまり歓迎していなかった植民地政府であるが、ジョージ・オブライエン（Sir George O'brien）が総督の時代（一八九七年―一九〇一年）には、インド人をフィジー開発の働き手と考えるようになってきた。オブライエンは、インド人に五エーカー以内の政府有地を貸し出すことができるように法制化を行い、この政策は一九一〇年まで続いた。

ナヴア地域では、インド人が積極的にサトウキビ栽培を行った結果、一八九八年になると、ヨーロッパ人の産額九二九八トン、五五八六ポンドに対し、インド人の産額は一万三五二トン、五九七四ポンドと、前者を凌駕する結果となった。また、「自由」インド人[11]が集中していたレワ、ナヴア、バの三地区における農業生産高の一八九八年と一九〇八年の作物別に表したものが、**表6－3**である。これを見ると、全体

表 6-3　レワ，ナヴア，バの作物別耕作面積

	耕作面積（平方エーカー）					
	サトウキビ	バナナ	米	メイズ	その他	計
レワ						
1898 年	768	434	–	–	–	1,202
1908 年	2,336	480	537	25	13	3,391
ナヴア						
1898 年	1,565	319	118	10	6	2,018
1908 年	2,397	200	601	–	17	3,215
バ						
1898 年	14	–	49	127	112	302
1908 年	507	9	248	14	–	878

出典：Ali 1980: 19

表 6-4　1917 年におけるインド人の土地保有

土地カテゴリー	件数	面積（エーカー）
小作、先住民地リース	6,480	59,728
小作、先住民地また貸しリース	93	2,313
自由所有地	166	8,683
小作、自由所有地リース	208	21,788
小作、政府有地リース	1,164	4,991
1 年毎の非公表リース *	2,932	18,132
計	11,043	115,635

出典：Ali 1980: 24
* 耕作されていない土地をインド人と所有者の間で合意によりリース

に耕作面積はドラスティックに増えているものの、面積を減らしている作物もあり、サトウキビ栽培に次第に集中していくことがわかる。また資料の引用はここにはないが、家畜なども増えている。

表 6 - 4 は、一九一七年におけるインド人の土地保有の形態を表したものであるが、多くがリースで土地利用されており、非公式に借りているものまであることがわかる。**表 6 - 5** は、インド人による土地保有の推移を表しているが、明らかに利用する土地が急速に増えていっていることがわかる。

表 6-5　インド人の土地保有の推移

	1888		1898		1908		1917	
	保有者数	面積 *	保有者数	面積	保有者数	面積	保有者数	面積
フィジー人からのリース	—	—	30	492	1,467	13,880	6,480	59,728
その他からのリース	11	2	118	2,038	158	24,478	4,397	47,224
リース　計	11	2	148	2,531	1,625	38,359	10,877	106,952
自由所有地　計	3	1	27	4,164	63	7,772	166	8,683
総計	14	3	175	6,695	1,688	46,131	11,043	115,635

出典：Ali 1980: 25

* 面積単位はエーカー

ギールミートとしてフィジーにやってきたインド人が、農民としてここに定着していくことが理解できるが、ギールミートを経験せずに、自費渡航をして移民してきた人々もいる。

> 一九〇一年のフィジーには一〇〇人以上の自費渡航のインド人がおり、一九〇七年までにはそれが一〇〇〇人以上に上り、一九一一年までには、年間二五〇人の割合で増加した。自費渡航者の多くはかつてフィジーまたは別の植民地で年季契約労働者の経験を持つ者、ないしはそこで出生した者たちであった。その他は、パンジャブの農民もしくはグジャラートの職人や商人であり、それ以外には宗教家や宣教師、そして一人の法律家であった。（Gillion 1962: 130. 山本訳出）

彼らは渡航費を支払ったが、ギールミートで来島する人たちと同じ船に乗った。ただし、渡航費を支払ってあげるから年季契約を結ばないかという申し出はほとんどが断り、自由な身分を選んだ。パンジャブ人はもともと移民することに抵抗が少なく、それまでも国の内外で移民の経験がある。彼らの多くはシーク教徒であり、残りはイスラム教徒である。フィジーの主力商人たちはグジャラートである。彼らは商売のノウハウをすでにインドで培い、互いの結束も堅かった。無一文でフィジーに来ても、仲間の助け合いで何とか商売を始めるのだった（Gillion 1962: 130–135）。

一八九一年から一九一一年の間にインド人人口は倍以上の一万七一〇五人となった。一九一〇年までの一〇年間に年間平均二三一六人がフィジーに来島し、一八二人が帰国した。九割以上が残った計算になる。一九一一年になると、インド人人口の二四・五％がフィジー生まれであり、その割合は、一九二一年には四四・二％となっていた（Ali 1980: 27）。インド人はフィジーに自分たちの世界を作り出したのであった。

7　エスニック・コミュニティの生成

ギールミート（年季契約労働者）でフィジーに移民したインド人の経験をまとめるにあたっては、サモアの中国人労働者の経験との比較が役に立つと思われる。

両者の経験は、奴隷の代替としての年季契約労働者として似た部分がある。両方とも、甘言に誘われて異国にやってきてみたら、フィジーはサトウキビ、サモアはカカオ、ココナッツと作物は異なるが、両者ともに過酷な労働を強いられ、プランテーションのなかでの力関係の底に追いやられ、鞭打ちや暴力にさらされ、病気で病院に行くと欠勤・無給扱いとされ、非衛生で狭い小屋に住まわされ、大変な目にあった。それはまさに奴隷制の代替としての時限のある奴隷制ともいうべき実態があった。

しかし一方で、両者の経験はずいぶん違う部分もある。年季契約労働者として連れてこられた人数は、サモアの中国人はフィジーのインド人の一〇分の一ほどである。しかしそうした人口規模による違いのみでは語れない相違がそこに存在していると考える。

両方ともイギリス植民地制度の末端にあるが、フィジーはイギリス直轄の植民地であったのに対して、サモアは、第一次大戦まではドイツ領、その後イギリスの自治領のニュージーランドの統治下にあった。フィジーの場合政府の方針としては、五年一期を二期一〇年労働し、その後帰国してもらうことを考えていたが、その規制はゆるく、結局帰国しないで当地に定着する人が多く出現した。それでもフィジーの発展に貢献してくれるならそれでいいと考えていた節がある。その結果、フィジーのインド人のなかからは多くの成功者が出た。

一方のサモアの植民地政府は、プランテーション労働だけを要望して、年季は三年で年季明けの労働者は即帰国することが義務づけられていた。当初はプランテーションの経費で帰国、途中からは労働者の積立金で旅費をまかなって帰国することとなっていた。しかし、経営側の都合で、契約が延長されることも、更新されることもしばしばあった。一九二〇年からは、名目上は年季契約労働のスキームは終了していたので、契約はサモア到着後に結ばれるようになっていたが、法規制等で自由移民（free settler）の地位はなかなか獲得できず、職業選択の自由は限られており、結局実質的にプランテーション労働にしばりつけられる結果となっていた。第二次世界大戦後の一九四八年に、最後の帰還船で一〇〇人強の中国人を国に送り届けた際に、すでに老齢となっていた一八〇人程度が残留したが、彼らに市民権が与えられたのは一九五一年のことである。

それ以上に大きな違いは、コミュニティの生成の問題である。フィジーではインド人の導入にあたって、一〇〇人の男性に対し四〇人の女性と性比は少なく限定されていたものの、[12] 両性の導入があり、そこに家族の生活の場を持ち、次世代への継承が可能になっていたことである。インド人の村があり、また都市生活を送るインド人は商業セクターへの進出が盛んであったし、官界にも進出した。インド系のエスニック・コミュニティがそこには生成していた。

中国人の移住行動のパターンとして、ほとんど単身で出稼ぎを行っていたという民族の特徴は、単にサモアの件にかかわらず、知られた現象である。中国では出稼ぎ男性の妻子は故郷で男性の仕送りや帰国を待っているのが普通だった。中国人男性が禁欲を貫いたということはなかったが、サモアの年季契約労働者は法律によって結婚が禁じられていた。結婚だけでなく、交際も禁じられ、サモア人女性が年季契約労働者の宿舎に立ち入ることも、その逆も法律で禁止されていた。しかし、実際には法律に反して、家族生活を営む中国人男性とサモア人女性のカップルは少なからずあった。ただ、公式には結婚できないので、関係はあくまでも内縁関係であり、中国人労働者は法律違反としてときに留置所に入れられた後に強制的に本国送還となったり、サモア人女性も収監されたりした。間にできたハーフの子どもは、法律的にはサモア人女性の子として、サモア人社会のなかに取り込まれていくのであった。[13]

現在サモアの中国系の人々は、そのルーツを隠すことはなく、むしろ誇りに思っている人も多い。法的差別もなくなり、一九六二年の独立後はサモアの官界や商業セクターで成功している中国にルーツを持つ人々も少なくない。しかし実際のところ、徹底的に排斥された戦間期があったので、中国語や中国文化の伝承はほとんど存在しない。[14] たとえば、スヴァにいれば、インド映画の上映館がいくつもあるし、インド高等弁務官事務所（大使館に相当）ではインド文化の伝授を行うワークショップやセミナーが開催されているし、インド系住民の集団活動のサポートもある。また、フィジーにはエスニックごとにまとまった集住するコミュニティ（インド系もメラネシア系も）が存在しているが、サモアには中国系の人ばかり住んでいる村、というのも存在しない。その点で、フィジーのインド系住民の場合とはずいぶん違うといってよい。

フィジーでは、選挙は人種割で行われており、一九七〇年の独立後もそれを継承した。先住民たるフィジー人議員がマジョリティとなる制度となっていたが、インド系の出生率が高く、また一九二〇年頃からストライキなども実施されており、政治活動も活発であった。人口が拮抗する二つのコミュニティのコンフリクトは一九七〇年の独立以前から心配されていたのであるが、一九八七年以来、四度もクーデタを経験することとなった。インド系の政界への進出が目立つようになると、クーデタがおこり、憲法改正してフィジー系の勢力回復が行われるが、そうすると民主的でないという国際世論の批判を浴びて民主的な制度に戻る。そのような振り子というかスパイラル運動のなかで、ついには人種割の選挙制度は廃止されるに至った（山本 2023b）。しかし、クーデタのたびにインド系住民の海外移住が進み、現在ではフィジー系住民の三分の二ほどになってしまっている。

フィジーのインドからの年季契約労働者の場合、以上のように、政策とインド人のもっていた固有の文化が複雑にからまり、エスニック・コミュニティが生成したことが大変大きな特徴といえよう。

注

（1） *coolie* とは、もともとタミール人移住労働者に用いられた語である。やがてインド人の年季契約労働者一般に用いられるようになった。またそれが中国人の年季契約労働者にも用いられるようになり、「苦力」の漢字を当てはめるようになった。

（2） 主権譲渡を申し出た時点で、すべての首長がザコンバウにくだっていたわけではない。後にトンガ王となったタウファアハウ（Taufa'āhau）のいとこ、トンガ人首長エネレー・マアフ（Enelē Ma'afu）は宣教師の殺人事件処理を口実として、フィジーを東から制圧し、一時その勢力はザコンバウをしのぐほどであった（Scarr 1970）。ただ、本章中でこのいきさつを詳述することは避ける。

（3） イギリスの植民地行政官、後に政治家。スタンモア男爵に任ぜられる。

（4） おおむね現地人はプランテーションの労働をすることを好まない。白人の眼から見て、現地人は怠惰である、といった評判があるが、それが一方的な意見であることは前章で述べている。サブシステンス経済下にある人々にとって、たとえ高い給料をもらっても、毎日定時にきつい労働に従事することは難しいのである。

（5） 当時のフィジー人保護に熱意ある白人が考えた「伝統的所有」であったという批判もある。実際、ゴードンはモルガンの『古代社会』に影響されたといわれる（France 1969: 115–119）。ただし、まったくの共有が行われていたとは言えないものの、当時欧米で行われていた私有という制度が成り立っていたわけではない。人々は自分が権利を持つマタンガリ（父系親族集団）内の使用の認められた土地を耕してサブシステンスを行っていた。

（6） 他の地域へ送り込まれたインド人年季契約労働者は、モーリシャスに四五万三〇〇〇人、ガイアナに二三万九〇〇〇人、トリニダードに一四万四〇〇〇人、ナタウ（現在の南アフリカ共和国）に一五万二〇〇〇人、ジャマイカに三万六〇〇〇人、スリナムに三万四〇〇〇人、東アフリカに三万二〇〇〇人であった（Lal 2018: note 2）。

（7） この数字は資料により若干異なる。

（8）実際には途中から制度が切り替わり、労働者自身がその基金を積み立てるために、給料から天引きされるようになっていた。

（9）ヒンディー語での出版の英訳版が出版されたのは一九九一年のことである。

（10）伝統的土地として、マタンガリ（父系出自集団）に代々伝えられていくものとされていて、売買不可となっている。個人は自分の親族集団内で使用権は認められるが、所有権はない。制度的に売買可能にする試みはこれまであったものの、成功していない。

（11）デュルガヒーはその著書のフィジーが出てくる章の冒頭で、植民地行政文書に繰り返し出てくる「自由インド人（free Indian）」という用語を奇妙な語として断罪している（Durgahee 2022: 98）。自由インド人ということは、その反対の「不自由インド人」、すなわち「拘束されたインド人」、「奴隷のインド人」がいるということを含蓄しているというわけだ。デュルガヒーは「年季明け（time-expired）のインド人」を用いている。

（12）インド人コミュニティの問題として、女性が少ないことでゆがんだ関係が生じていたことは、6節で先に詳述した。

（13）そこは、サモアの親族制度が父系的偏りをもちつつ、居住によって母方の親族集団に帰属することも可能な緩い仕組みとなっているところに大きな違いが見いだせる。サモアの出自システムは選系的（ambilateral）であるが、フィジーは父系原則をもっと忠実に守っている。フィジーのソロモン諸島出身者と結婚したフィジー人女性が、自分の子どもたちを自分の親族集団に帰属させることに抵抗感をもつという丹羽の報告（丹羽 2012: 574–575）は、その意味で興味深い。

（14）ただし、二〇〇〇年を超えてからの中国の太平洋への政治的進出に伴って、新しい中国人の移民が増えている。現在のところ、隣国トンガに比べるとそこまではいかないが、そうした新しい中国からの影響について、警戒心を示すのは普通のサモア人ばかりでなく、中国のルーツをもつサモア人も同様である。Coconet TV 制作のサモアの中国系住民の歴史に関するビデオは、そうした現状を知るのに適している。この新しい移民の流れについての研究は、今後の展開を見守りたい。

結論

オセアニアの島々で開発が始まる頃には多くの国で奴隷制が廃止となっていた。ペルーは、奴隷制をもっていた過去があり、その廃止後の労働者不足を補う必要から、ポリネシア人のブラックバーディングに深く関与した[(1)]。ペルーのブラックバーディングは、誘拐による奴隷狩りに近いもので、まさにブラックバーディングの典型であったが、そこに形式だけではありながら、年季契約書を持ち込んで年季契約の形を整えたことに着目すべきであろう。とりわけイギリスの影響の強いオセアニアでは、奴隷制ではなくその代替となる年季契約労働の制度がもっぱらに用いられた。年季契約労働とは、一定の条件の下での労働を数年間にわたって契約するものである。多くの場合前借りで先にある程度の金額を受け取り、年限を限って隷属状態となり、ある程度の給金を受け取りつつ奉公をするという制度であった。その間の雇用主の変更は認められず、実際には雇用主への隷属関係に労働者は依存しており、契約を確実に履行してもらう保証はなかった。世界各地に存在し、また長い歴史をもった制度である（Graeber 2022（2012）: Chap. 6, 7）。

以上見てきたのは、ポリネシアのブラックバーディングの事例（労働力徴集側はペルーであった）（第一章）、さまざまなエスニックの労働者を抱え、虹のような社会となったハワイのサトウキビ・プランテーション開発の事例（第二章）、メラネシア人の労働力に依存して始まったオーストラリア・クイーンズランド――これもやはりサトウキビ・プランテーションであった――では、機械化や生産システムの整備や、白人労働者の増加などにより、一転メラネシア人を帰還させてしまった事例（第三章）、ギルバート諸島人、メラネシア人、中国人とそのつど異なるエスニックの労働者を入れていたが、定着しないようにと三年で帰国させる原則だった西サモアのドイツ時代の事例（第四章）である。ところが同じ地域をひきついだニュージーランド植民地政府のもとでは、補充中止から労働力不足もあり、戦争もあり、結果的にごく少数の労働者が差別を受けつつその身分のまま残留する結果となった（第五章）。他方で、隣国フィジーではインド人を入れたが、サモアと違って彼らは年季明けに自由の身となり、さまざまな産業に参入した（第六章）。

暴力でもって人を所有し、有無をいわせず働かせる奴隷制と違って、年季契約労働というのは、年限の決まった雇用契約を結んで、その間の労働力を確保する仕組みである。奴隷制が非人道的制度として断罪され、次々と奴隷制廃止の方向に世界中が向いていった一九世紀に、代わりに大量の安価な労働力を供給したシステムが年季契約制である。通常の奴隷制と違って、一生涯の奴隷ではなく、年限と従事する内容や労働条件が整い、しかもそれが契約という近代的な形を整えているところがこの制度の注目点である。

ただし、ポリネシア人、メラネシア人という、もともと文字を持たなかった社会の人々――それも支配層ではなく、「一般人」――を対象に契約書による労働力徴集が行われたところが、まず取り上げるべき点であろう。特に第一章のポリネシア人の場合、おそらくほとんどのケースは誘拐で、年季契約を隠れみのにしたブラックバーディングであった。一年もたたない間に多くの労働力徴集船が海域をめぐり、ポリネシア人たちを半ば強制的にペルーに連れていった。しかもその結果、往路復路や、ペルーでの労働により、大半の命が失われ、帰還できた人数は、ペルーに到達した人数の二〇分の一にも満たない。

また、国家形態が整っていなかった一九世紀オセアニアでは、労働者の保護をしてくれる権力は明確には存在しなかった。ペルーのブラックバーディングに対処したのが、最初に関係国としてハワイ王国外交官のハワイ人が混じっていないか、という問い合わせであったこと（Maude 1981：139）は意味深長である。ギルバート諸島人について包括的に取り上げることはしなかったが、フィジー、サモアには一八六〇年代から、ハワイには一八七〇年代からと、域内では比較的早くに労働力徴集の対象となっていた。ギルバート諸島人はサモアでの非人道的扱いについて、サモア人首長や現地駐在の領事に助けを求めたけれども無駄であった。初期の年季契約労働者として、かなりひどい目にあっていた様子がうかがえる。

クイーンズランドのメラネシア人の場合、イギリスがその地域で勢力を伸ばしつつあった。この海域の労働力徴集はつねにブラックバーディングの疑いがあったし、実際疑い以上のものがあったであろう。イギリス西太平洋高等弁務官やイギリス海軍がブラックバーディングにはある程度対処していた。クイーンズランドはイギリスの自治植民地であったから。ブラックバーディングではあったが、契約書の存在は重要であったので、それなしにことは進まず、メラネシア人たちは三年の経過後、帰国が可能であった。長期にわたって年季契約労働者を使っていたところでは、年季契約労働そのものが奴隷制の代替物であるとして批判を浴びる。現在でもクイーンズランドではメラネシア人のものとみられる大量の骨が発掘されることがある。一方で、生産システムの変化や白人労働者の流入に伴い、最終的に出身地に帰還させたということも加えて、非人道性が疑われるところである。

遠距離への移動を伴う労働力徴集システムとして発展したのが、年季契約労働制である。人口過剰に対して、仕事が十分にない地域から労働者の需要が高い地域へと労働者を送り込む、連れてくるという際に問題なのは、その旅費であった。送り出し側が旅費を支払う能力を持ち合わせていない場合に、それを前借りして、年季契約期間中移住先で労働に従事して、その給金から前借り分を支払っていく、というのが原型であるが、雇用主や現地政府が支払う場合もある。しかしいずれにせよ、その分が給料に跳ね返ってくるなどするので、結局は労働者が自分の給料で返済する、というのがおそらくは正しかろう。そのために、労働者は給料をもらいながらではあるが、一定期間職場を移動しない、という年季契約を結ぶ必要があった。また、年季契約があったから、移動してきてからさまざまな事情で職場を移りたいと思っても、年季が明けるまでそれがかなわないのが普通であった。

しかし、オセアニア諸島に住む普通の人々が欧文の契約書を読むことはできなかった。だから契約を結ぶ労働者は、行ったことのない場所や行ったことのない仕事について十分な知識がないのが普通であった。第一章で描いたペルーに連れていかれたポリネシア人たちは、まずその勧誘の手段は誘拐（ブラックバーディング）が疑われるケースがほとんどであるし、契約書にサインがある場合でも、それが本当に内容に納得してからのサインであるとはとても認められない。そんななかで、病気に対処する手段も持っておらず、ポリネシアとの往路・復路のみならずペルーでも、多くのポリネシア人の死者を出したことは責められるべきであろう。

移住先では契約通りの待遇さえ受けられないことが多かった。ましてや、雇用主と被雇用者の力関係のなかで、雇用主のルールが押しつけられてしまうことも多々あった。一九世紀末に至るまで、オセアニアでは植民地化さえ十分ではなく、太平洋諸島民の所属する国もなければ、保護してくれる列強諸国もなかった。

オセアニアでの年季契約労働の初期の時代は、往復の船旅が過酷であり、移住先に着いてから契約通りの食料が配給されなかったり、ひどい住居設備、鞭打ちなどの暴力や監禁、過大な罰金が科せられたり、労働者にとっては過酷な現実が多く存在していた。これらについて、労働者の本国政府の出先機関は、必ずしも万全ではなかったが、味方となってくれて、交渉してくれる存在であった。ハワイでの日本領事館、サモアでの中国領事館などが存在したことは、ギルバート諸島人の被った被害からすればましにはなっていたとみられる。

また、年季契約労働は、奴隷労働の代替だとみなす世論が、年季契約労働者の待遇改善につながっていき、最終的には制度の廃止を導いた。たとえば、最初は狭い空間に多くの労働者が詰め込まれて生活していた住居は、のちに基準が変更となり広くなっている。フィジーのプランテーションでは、一〇フィート×七フィートだった一部屋が、一九〇八年以降は一〇フィート×一二フィートとなっている。ハワイのプランテーションでも二〇世紀になるころから、プランターの間で生活環境の改善に力を入れた、ということがある。

サモアでは、一九二三年には、従来の年季契約労働の制度を契約労働に改め、労働者は西サモア政府との間で契約を交わし、雇用主の変更もできるようにした。一見、サモアの海外労働者の制度は改善に向かっていったように見えるが、最後まで契約労働者として入国した者のほとんどには、サモア人女性との結婚は認められず、また契約が終了した後の帰国義務は外されなかった。その意味で、サモアの契約労働制は、年季契約労働制の偽装であると考える。サモアでは年季契約労働者が定着して移民コミュニティを形成することが徹底的に阻害されたといってよい。ただし、ごく一握りの中国人が自由移民の資格を与えられ、商業セクターで活躍している。「正式」でない結婚をして、家族を作ってきた中国人男性の子孫の多くは、サモア人である母方の親族に吸収されていった。

それと対比的なのは、フィジーである。フィジーでは五年の年季明けには再契約を結んで年季契約労働者となることもできたが、多くのインド人は、借地をして農業を行ったり、サービス業に従事したりする道を選んだ。一〇年後には、政府の負担で帰国することもできたが、その選択をした者も少ない。サモアに行った中国人の場合、女性は極端に少なかったが、フィジーに行ったインド人の場合、女性も男性よりは少なかったものの、年季契約労働に参入していたので、新天地で新しい生き方を選択できたインド人は家族を作ることも不可能ではなかった。こうしてフィジーにはインド人のコミュニティが誕生したのである。同じように年季明けとなった人々のかなりの人口が定着していく現象はハワイでも見られた。

年季契約労働制が奴隷制の代替であるという主張は、ティンカー（Tinker 1974）がしばしば代表として引かれ、それに対抗して、年季契約労働制が貧困を脱して海外で移民コミュニティを生成する契機となったという主張もなされる。ただし年季契約労働といっても、年代によっても地域によってもずいぶん異なる内容を含んでいる。地政学的な側面を大いにもつと同時に、人種差別も内包している。ひとことでこの制度を表現するべきではないだろう。また、労働者側のエージェンシーを高く評価するあまり、この制度にあらかじめ仕込まれた差別的側面、支配・被支配の関係を見逃してはならないと考える。

年季契約制度がハワイで終了したのは一九〇〇年であり、オーストラリアでは一九〇四年、フィジーでは一九二〇年に終了したとされる。サモアでは、一九二一年の募集が最後であるが、いつ年季契約労働制が終了したのかはあまり定かではない。おおよそ第一次世界大戦をもって、年季契約労働制が終了したとされている。しかしサモアでは最後まで残っていた人が帰国したのは、一九四八年であった。その間の二十数年、灰色期間が続いた。マルティネスによれば、ほかにオーストラリアの委任統治下にあったナウルにおいて、リン鉱石採掘のためにイギリス系の鉱山会社が営業していた。ここで、香港からの中国人年季契約労働者が働いていた。第二次世界大戦中に日本軍に占領されていた中断期間があるが、年季契約労働者を雇用することは、第二次世界大戦後まで続いたという。ただし、ナウルのリン鉱石は一九九〇年代には枯渇している。また、イギリスとフランスの共同統治下にあったニューヘブリデス諸島（現ヴァヌアツ）でも、年季契約労働者の導入についていては多くの論争があり、試験的試みもあったとみられるが、まだ詳細はわかっていない（Martínez 2024: 529–533）。プランターたちは労働力を必要としていて、とりわけフランス系のプランターたちは強く希望していた。ナウルとニューヘブリデス諸島のケースについては今回の課題では取り扱っていない。

いくつかの取り残しはあるが、全体像を描く意味では当初の計画はおおむね果たされたと考えている。

注

（1）これに相前後して苦力《クーリー》を導入しているが、ここまで研究の枠を広げるのは無理だったので、割愛した。

資　料

（すべて山本訳出）

① 契約書雛形（ドイツ時代に用いられていた契約書フォーム）

本日、お互いに以下について同意した。

（契約雇用主、以下に署名、文中は「雇用主」と記載）

（契約労働者名、以下に署名、文中は「労働者」と記載）

一．労働者はサモアに赴き、上記記載の雇用主のために労働者の能力内で働くことに同意する。

二．労働者が仕事日一日に働く時間は、一〇時間を超えることはない。

三．雇用主は、当該労働者に給与を月ごとに□□ドル支払う。

四．当該労働者は雇用主に□□ドル以内で借金を申し込むことができ、この前借金は月々の給料から□□ドルずつ引かれる。

五．当該労働者は中国の休日には労働しない。

六．雇用主はその経費にて十分な衣食住と医療を与えなくてはならない。

七．労働者が意図的に仕事を拒否するのであれば、雇用主は支払うべき給料の内から働かなかった日数分を引くことができる。あるいは労働者が自分の不注意のために病気になったときも、同じ規則が適用される。雇用主と労働者の間に給料の天引きについて意見の相違が起こったときは、治安判事やその他の役人に決定をゆだねる。労働者は必要に応じて会計簿を持ち、すべての給料と天引きの記録を月ごとに付けるべきである。

八．労働者はマネージャーの許可なしにプランテーションを離れることがあってはならない。

九．この同意事項は、サモアに到着したときから三年間有効である。

十．この契約書の有効期限が切れたときに、労働者は、中国へ無料で帰国することができる。

十一．この契約書は、ドイツ語書面が正式文書である。

この書類が有効である印として、名前か花押を以下にしたためる。

日付　　　署名

日付　　　署名

※　このフォームは、ドイツがサモアを統治していた時代のもので、英文・中国語文で表記されていたものであるが、ニュージーランド公文書館に保存されていた。

(Tom 1986: 16)

②サモアにおける中国人労働者の労働契約条件

イギリス行政府、アピア、西サモア
香港にて、一九二〇年

一．労働者は、勤勉に良心に従って、命令された通りにすべての仕事をしなければならない。彼は雇用主の命令に厳格に服従しなければならない。彼は危険な仕事を命令されることはない。彼は採掘や、（プランテーションの軽便鉄道を除き）鉄道建設、軍事業務、要塞建設をさせられることはない。

サモアに上陸後、新しい仕事が決まるまでの間、彼は政府の公共事業で仕事をする。労働を探すに際して、以下の雇用の一つに採用される。すなわちゴム、ココア、コーヒー、牛の世話等のプランテーション業務。必要に応じ、家内仕事、家事、コック等々。

労働者は西サモア外での仕事に雇用されることはない。


二．給料は月三〇シリング。時間外は通常の二倍のレートとなる。

時間外勤務の休憩時間はフルタイムとみなされる。

労働者が同意すれば、時間外勤務と早退とは相殺される。

年度内の勤務に欠勤がなければ、年度終わりに二シリングのボーナスを支給する。

三．毎日の勤務時間は九時間半であるが、気温が華氏一〇〇度を越えたら即時労働時間は九時間になる。業務終了後労働者は自由であるが、午後九時には家に戻っていなければならない。

四．プランテーション労働者は、日曜日、元旦、クリスマスの日、王の誕生日、中国領事との取り決めに基づく年六日の中国の休日には労働は休みとなる。休日の間、労働者は制約なく歩きまわることが許される。

五．契約は三年間であり、終了後には労働者は帰国する。行政官の許可と中国領事の許可があれば、労働者は契約を更新して、新しい契約を結ぶことができる。新しい契約の条文は、契約終了後の労働者が受け入れ、合意できるものでなければならない。最初の契約開始は汽船が中国を発った時で、給料は航海の間は支払われないが、サモア・アピア市についた時から給料の支払いが始まる。労働者たちは帰国しなければならず、出身地の村まで帰る費用は雇用主が支払うものとする。労働者が無視して仕事に出てこない場合、その分の給料は支払われない。労働者がサモアに留まる限りにおいては、行われなかった労働は、契約期間が過ぎていても延長して仕事をしなければならない。さもなければ二度目の契約の最初の時期にこの契約と同じ時給、かつ同じ条件で働かなければならない。賃上げして契約することは労働者次第であり、それが決まっているわけではない。新規の契約は、三年間であり、三年以上であってはならない。

六．妻をサモアに連れていくことが認められた者について、その費用はサモア行政府が出費する。

この優遇を受ける労働者は六年間の契約を結ぶことが期待されている。最初の三年間は第二パラグラフにある給与条件で、次の三年間は雇用主と労働者との合意で前もって決めておく。そのような先決めはひと月一〇シリング以上で、同じ雇用主でも新しい雇用主でもかまわない。

七．雇用主は、往復の旅費を支払い、旅行期間中、医師により決められ、船旅の事業主によって了解された十分な食物を与え、無料の医療を与えなくてはならない。出発前にそれぞれの労働者に対して、衣類一式と、靴と旅行用具が支給される。また、小遣いとして一〇シリングが人財開発会社から支給され、これは労働者の出資するところではない。

人財開発会社は、出発前に労働者に一カ月分の給料の前渡しを行う。この現金は、サモア行政府が一年以内に、毎月の給料から天引きして返金するものとする。目的地において、労働者は自前で支払うことなく、よい食材、米、肉、魚、および野菜を支給され、宿泊施設、ベッド、蚊帳、医療を受けることができる。作業着上下と帽子が毎年支給される。雨天の際、労働者は、身の丈に合った保護服と帽子を雇用主の負担により支給される。食料配給は、一日につき一ポンド一〇・五オンスの米、三分の一ポンドの肉または魚、一と四分の一の脂肪と十分な野菜が与えられ、月一回三分の一ポンドの茶が支給される。

八．労働者の給料の貯金は、二シリングを一香港ドルのレートで、中国に無料で送金する。サモア行政府が交換の差額支払いを保証する。

労働者の手紙は雇用主の負担にて故郷に送付する。労働者自身がそのような手紙を投函する。いずれにせよ、行政府が送金の換金手数料を負担する場合、行政府が送付する。彼が送金するたびに公的な受領書を渡す。

親族への送金は中国の権威ある組織を通じて行われるか、労働者が指名した人に送る。

（訳者注　九．は存在しない。）

一〇．労働者が自分の怠慢でかかったわけではない病気で働くことができない場合、雇用主は六週間の間給料を支給し、食物を与えなくてはならない。その期間を超える病気の場合、食事は無料で与えなくてはならないが、給料を払う義務はない。労働者は直近の船により中国に帰国することができる。その場合、労働者が故郷に無事に帰ることができるよう、十分な食料と金銭、それに加えてちょっとした小遣いも雇用主が与える。その金額は行政府と中国領事の合意に基づくものである。

一一．仮に、労働者自身が仕事をしない、ないしは拒否する、または彼自身の責任による病気（この点については主任医務官が決定）のせいで働けない時、怠業の期間に相当する給料が、その月の月給から差し引かれる。ただし、そのような病気の場合、食料と主任医師の指示する治療薬は無料で提供される。

一一a．後払いの給料、もしくは給料の分割――妻子のいる労働者の場合は一五％、独身の男性の場合は三〇％――は、英国通貨で行政府が貯金しているが、労働者が中国へと帰国する前にあるいは送金する前に行政府が手数料を支払ってドルに換金する。後払いの給料の残高は、彼が帰国する時に、英国通貨価値でそれなりの利子をつけて手渡される。そのような給料の後払いは労働者の借金や地方自治体に課せられた罰金を支払うものではない。労働者自身が、彼の中国の親族に渡すより重要と思うのであれば、自分の給料を上記支払いに充てるであろう。

一二．西サモア政府は、労働者たちがひどい扱いを受けないですむように眼を配る。労働者が雇用主や彼の代理人、監督者などによって鞭打ちや蹴り、監禁など、身体的苦痛や体罰を受けることのないよう監視を行う。労働者は、文明国の臣民が通常受けると同じ待遇を受けることができる。

一三．労働者保護のため、サモア政府は、役人を中国コミッショナーに任命した。この役人に（と同様、中国領事の双方に）労働者は雇用主――最初に苦情に対処すべき者であるが――に関するいかなる苦情をも申し立てることができる。労働者がその雇用主に対して法律的な訴えを起こす権利は、それに留まらない。

一四．もし労働者が仕事を離れなければならない緊急の用事がある場合、彼は雇用主、あるいはその代理人に許可を求めなければならない。そのような許可は明確な理由なしに拒絶されることがあってはならない。中国コミッショナーが、明確な理由かどうかを判断する。

一五．雇用された労働者たちは、将来の年季契約労働者に与えられた新たな条件を享受することができる。

一六．労働者が仕事や天候の影響、あるいは仕事への不適合で亡くなった場合、雇用主は彼あるいは彼の家族に一年の給料に等しい賠償金を払わなくてはならない。賠償金は以下の場合に支払われる。仕事中の死亡、仕事で発生した負傷による死亡、気候のための死亡、身体に治らない障害を負った場合。当局は、遺体が適切に覆われ、棺に納められ、埋葬されたか、必要であれば中国に送り返されたかを確認しなくてはならない。死者の財産と所持金は雇用主の支払いによって、中国領事を通じて、第九条に記載されている当局（訳者注：第九条はこの草稿には記載されていない）へと送られるものとする。

一七．労働者が中国においてこの契約書に署名する前に、彼が契約を結ぶ仕事を遂行するのにふさわしいことを示すために健康診断を受けなくてはならない。
契約文書は英語と中国語で記載される。一部は雇用主に、一部は各労働者に渡される。署名に先立って、明瞭に注意深く説明が行われるべきである。字の書けない労働者は自分の印をつけるか、指紋を記録するのでもよいが、その場合には二名の証人が必要となる。

一八．労働者は、農場やプランテーションで働き、家内作業を行うにあたり必要となるあらゆる仕事を進んで忠実に行うことに同意する。ハウス・ボーイとして、コックとして、家事に従事する召使として雇用される者は家内に留まり、隔週の日曜日、休日の隔日には仕事をし、その代わり、第二段落に詳細があるように、毎月の終わりに別途報酬が与えられる。
週ごと一〇時間以内に求められて超過勤務を遂行する場合、雇用主が要望し労働者が同意するのであれば、同じ時間数を勤務時間から差し引いてもよいし、月の間に超過勤務を行ったとして現金決済で対価が与えられるのでもよい。

一九．第六条に述べてあるように、この契約の期間は、中国を出発した日から三年間である。しかしながら、この期間は、サモアに船が到着するのと、契約期間終了後の帰国便を用意するのに必要な時間に応じて短縮もあるし延長もある。行政府は、契約期間の終了した者たち全員を帰還させるにあたり、期間終了後四カ月以内に船を用意するが、その間労働者は各雇用主の元にこの契約にあるのと同様の条件で留まることになる。

二〇．賭事、阿片吸引、飲酒は西サモア諸島内では禁止されている。悪習や贅沢に結びつく誘惑も禁じられている。契約が切れた時には、雇用主の行った前払いはすべて無効となる。(訳者注：この第二〇条は、番号が振られていないが、前後関係から二〇条にふさわしいと思い番号を付した)

二一．この契約書は英語をもって正本とする。

広東にて、一九二〇年六月七日

本人

もしくは

証人二名

Robt J. Carter, Capt
Staff Officer
西サモア行政府代理人

※ この文書は、中国に代理人として派遣されたカーターの任務遂行報告に添付してあった。一九二〇年で、労働者と西サモア政府が結ぶはずだった契約書の雛型としてカーターが作成したものと思われる。タイプで打ったものなので正式の契約書ではなく、草案と思われる(NZA EX17/4 IT1)。

③ 中国人自由労働法（抄）、一九二三年布告

……………………

スケジュール

合意事項

第一部――労働者とサモア政府の関係を規定する規則

一．西サモア政府の代理人としてのコミッショナーは、労働者に対し、西サモアにおける農業労働者または家事労働者などに、一九二三年八月一日以降三年間を越えない期間につき、または、契約または年季契約が一九二四年九月一四日に切れる労働者の場合、すでに述べた一九二四年九月一四日以降に三年の契約期間が切れるまでの間、継続した雇用を探し、労働者が以下に述べる通り次の条項に同意する限りにおいて、労働者に対して日給三シリング（または、自由労働条件が労働者によって受け入れられている場合は、コミッショナーと労働者の合意による給料）を保障するものである。（労働者の継続雇用とは日給三ドルを保障し、期間終了後には労働者を帰国させるものである）

二．労働者は、西サモアにて農業労働（または家事労働やコミッショナーが要望する労働）に就き、誠実に継続してコミッショナーにその期間指定された雇用主のために、第二部に示された契約条項に従う

三．仕事を忠実に行う。（労働者は規定の期間、忠実に持続的に仕えるものとする）
労働者を雇用主に割り振るにあたり、コミッショナーは、自分の考えで実行可能な限り、労働者の意に沿うようにする。労働者が、雇用主にあてがわれた後に雇用主を変更したいと申し出た場合は、実行可能かつ時宜を得て、コミッショナーが見て正当な理由があるとき、労働者が雇用主を変えることを許可する。（コミッショナーは労働者の雇用主を決めるにあたり、労働者の希望を勘案する）
労働者の割り振りに関してコミッショナーが最終的決定を行う。（コミッショナーが最終決定者である）

四．一週につき六ペンスを労働者の給料から差し引き、コミッショナーが基金を作り、病院で病気の治療を受けたり、慢性的に病気の労働者が治療を受けたり、中国人墓地の維持を行うなどその他慈善的目的に使えるようにする。（医療保険など）
コミッショナーは、年度ごとの基金の出納帳を作り、印刷して配布する。余った基金は、コミッショナーと中国領事の合意のもとでコミッショナーが利用する。（コミッショナーが出納帳を作成する）

五．コミッショナーは、さしあたりコミッショナーが労働者を割り振った雇用主の第二部二一条（永続的労働不能と致命的な負傷への賠償に関する）のしかるべき対応を保証する。病気になった当該労働者の親族に支払い可能な賠償金を含む財産と所持金を、中国領事に託さなくてはならない。（労働者の財産と金銭に関してコミッショナーが保証）

六．コミッショナーは労働者が雇用主によってひどい目にあうことのないよう、しかるべく監視を行い、労働者の苦情を調査し、正義が果たされることを見届ける。コミッショナーはまた、労働者が犯罪のために裁判にかけられるのであれば、そしてまたコミッショナーが適していると考え、主宰する裁判官が同意するのであれば、その裁判に労働者のために出廷する。（コミッショナーは労働者がひどい目にあうことのないよう面倒を見、苦情を調査し、出廷する）

七．この第一条に示してある年限は、六カ月を越えない範囲で、中国への船便出発の都合などにより必要に応じてコミッショナーが短縮したり延長したりすることができる。（期間の終了に合う帰国便出発の都合により、年限は延長したり短縮したりする）

八．行政府の医務官による検査により、労働者がサモアでの労働期間の更新ができると証明されるまでは、労働者もコミッショナーもこれら規定には拘束されない。（労働者が検診により労働できると保証されるまで、労働者もコミッショナーも拘束されない）

第二部　労働者の雇用主との関係を定義する規定

九．雇用主は継続して労働者を雇用し、労働者は継続して忠実に能力を尽くして、コミッショナーが定めたように、コミッショナーによって雇用主に指名された通り、プランテーション労働者または家事労働者等として雇用主に仕える。（コミッショナーが労働者を配置した雇用で継続して働く。）

一〇．労働者は、自分の能力の及ぶ範囲で、雇用主が必要とする家内・戸外の仕事を行う。（労働者は戸外の労働も室内の労働も行う）

一一．労働時間は九時間半であるが、日陰の気温が華氏一〇〇度を超えた場合には一日九時間労働となる。賃金は日給三シリング（または、労働者が自由労働規定を選択した場合にはコミッショナーと労働者の間で合意した金額となる）であり、これは一日の労働時間をきっちり満たした場合の賃金である。雇用の発生する場所に行く時間は当然労働時間に含まれるが、（帰宅のための時間は含まれない）。（仕事をしなければ賃金は払われない。）（労働時間）

一二．仕事が行われなかった日の分の日給はいかなる理由があっても支払われず、労働者が一日の仕事の一部を働いた場合、その割合に即した労賃が支払われる。労働者が、雇用主の要望に応じて、一日の規定時間を越えて働いた場合、時給（一日あたりの給料を労働時間で割ったもの）の一・五倍の支払いを、時間外の労働に対して受ける資格がある。（仕事が行われなければ給料は出ない。）（パート労働や時間外労働の見直し）

一三．もし労働者が一日以上の雇用がある職場を自分の都合により離れる場合、または、別の雇用主へとコミッショナーに指名してもらうつもりの場合、最低限まるまる一週間の余裕を見て、雇用主に自分の意図を申し出、欠席したい日を告げるべきであり、また、仕事を休む場合も別な仕事を探す場合のどちらの場合も、仕事を休む期間とその間の所在を告げ、その者が仕事を休む期間について、雇用主に許可を求める必要がある。労働者が、自身の理由で雇用されている場所を、雇用主もしくはコミッショナーの同意を得ずして、一月に一労働日を越えて離れる権利はない。（雇用主やコミッショナーの同意なく一労働日を超えて仕事を休んではならない。）

一四．雇用主は、仕事の性格上可能なときはいつでも、日常の少ない時間数で労働者を雇用することができ、そのような場合には労働者は、一日の仕事時間まるまる働いているわけではなくても、彼の日常の仕事を完了したあとに自分のために自由に働くことができる。毎日の過小時間労働の積み重ねは、雇用主と労働者の間で合意されたものであるか、または合意なき場合もコミッショナーによって決められたものでなければならない。終了していない部分の仕事に対しても、出来高に応じて、一日の全賃金に比例して支払いを行うべきである。（部分仕事）

一五．給料は、毎月月終わりのあたりで、支払わねばならない。（給料は毎月支払い）

一六．労働者は通常の場合、日曜日または行政長官の指定する中国の休日に、本人が希望し雇用主が同意する場合を除いては仕事を求められることはないが、働く場合には通常の賃金が支払われる。しかし、牛の世話をしているときや、雇用主の意見で他の緊急の必要があるときなど、雇用主が日曜日や休日に労働者を働かせる必要がある場合には、労働者は時間外労働の賃金を得る。（日曜日と休日に働くとき）

一七．雇用主は、労働者がひと月五〇ポンドを超えない、医務官チーフが公認した上質の米を、一ポンド当たり三ドルを超えない金額で、また一五ポンドを超えない肉をポンドあたり六ドルを超えない金額で購入できるよう取り計らう。（労働者による米の購入）

一八．雇用主は、雇用する場所において、救急薬とちょっとした病気の薬を備え（薬と包帯は雇用主が与える）、もし労働者が病院に入院しなければならないのであれば、入院の費用を支払い、彼が病院にいる間必要な経費を支払う。労働者が雇用主に実際に雇用されている間に医務官により、慢性的な病気で仕事に復帰できない、または今後仕事に永続的に復帰できないと認定されたら、雇用主は当該労働者を、彼が帰国するまで面倒を見、帰国の費用を支払う。（入院経費など）

一九．雇用主は労働者に雨風しのげる宿舎を提供し、可能であるなら、菜園を与える。（宿舎）

二〇．労働者は、雇用されている場所を出たときには、午後九時までには帰宅し九時半には消灯しなくてはならない。雇用主によってそうでないことを許されているのであれば別である。（労働者が夜、宿舎にいるべき時間）

二一．労働者が、永続的労働不能、つまり致命的な負傷を負った場合、その永続的労働不能、致命的な負傷が雇用によって生じた場合には、雇用主は労働者に、または中国領事に三〇ポンドを労働者または場合によっては彼の親族へ、その賠償として支払う。（働けなくなった場合の賠償）

二二．もし労働者がサモアで亡くなった場合、雇用主は死者に服を着せ、棺に入れ、埋葬する。（サモアで亡くなった労働者）

二三．もし労働者がコックまたは家内奉公人として雇用されているのであれば、隔週の日曜日、一つおきの休日に働かなくてはならない。そのような仕事に対しては超過勤務と同じ給料が支払われる。またいかなる場合も、仕事をしなくてはならない（ただし、どの週においても一〇時間は超えないこと。超過勤務手当相当の給料をもらうためには）。（コックや家内奉公人として雇用された労働者）

二四．労働者の貯金を雇用主は、中国に送金する。ただし換金手数料は負わない。（労働者の貯金）

一九二三年一二月

※　各項目の最後にカッコ内に入れてあるのは欄外の説明である。

④ 海外労働者制限法（抄）、一九三一年

……………………

サモア人を訪問することの制限

三．（一）海外からの労働者が、以下のことをなすのは法に反している。

（a）サモア人が住んでいる家（ファレ）または部屋に入ること。

（b）サモア人女性とともに家（ファレ）の部屋に入り、留まること。

（c）彼が占有している家（ファレ）の部屋、その他建物にサモア人女性が入ることを認める、または求めること。

（二）この項目の規定に違反する行為を行った海外労働者は法律違反をしたのであり、禁固三カ月に処せられることがある。

（三）（省略）

四．サモア人女性が海外労働者を訪ねてはならないこと

（一）サモア人女性が以下のことをするのは法律にかなっていない。

（a）海外労働者に占有されている家（ファレ）の部屋や建物に入ること。

（b） 海外労働者の宿泊施設に使われるはずの建物に近づいたり、周りをブラブラすること。

（二） この項目の規定に違反する行為をなすサモア人女性は、犯罪を犯しているのであり、禁固一カ月に処せられることがある。

……………………………………………

著 者

山本真鳥（やまもと まとり）

法政大学名誉教授。文化人類学，オセアニア研究。1984年法政大学経済学部助教授，1990年同教授。カリフォルニア大学バークレー校人類学部，ハワイ大学人類学部，東西センターで客員研究員。日本文化人類学会，日本オセアニア学会で会長を歴任。著書に『儀礼としての経済——サモア社会の贈与・権力・セクシュアリティ』（弘文堂，山本泰と共著），『人間と土地——現代土地問題への歴史的接近』（有志舎，小谷汪之・藤田進と共著），『グローバル化する互酬性——拡大するサモア世界と首長制』（弘文堂），『オセアニアの今——伝統文化とグローバル化』（明石書店），編著に『オセアニア史』（山川出版社），*Art and Identity in the Pacific: Festival of Pacific Arts* (The Japan Center for Area Studies, National Museum of Ethnology)，『ハワイを知るための60章』（明石書店，山田亨と共編），『性と文化』（法政大学出版局）など。

もうひとつのオセアニア史

プランテーション開発と年季契約労働

2025年3月31日　初版第1刷発行

著　者　山本真鳥

発行所　一般財団法人　法政大学出版局

〒102-0071 東京都千代田区富士見2-17-1

電話03(5214)5540 振替00160-6-95814

組版：HUP　印刷：三和印刷　製本：積信堂

Printed in Japan

ISBN978-4-588-35011-5

索引

ア 行

アールカティ　arkati　211, 218
アボリジナル　Aboriginal　10, 22, 87, 89–92, 94, 96, 105, 113, 115
アメリカ合衆国　United States of America　6, 15, 21, 32, 55, 66, 73–74, 76, 84–85, 87, 96, 119, 121, 124, 127, 129, 132–33, 140, 151, 156, 159, 169, 178
アメリカ領サモア　American Samoa　127, 133, 159
イースター島　Easter　→ラパヌイ島を見よ
イギリス領ガイアナ　British Guiana　6, 26, 66, 161
イスラム　Islam　209, 218, 228
委任統治領　trust territory　v, 119, 153, 161, 167
インド　17–18, 25–26, 66, 71, 82, 84, 94–95, 101, 161, 172, 201, 205–06, 208, 211, 216, 218, 221–24, 228, 230–31
インド人　10, 18, 22, 26, 53, 66, 91–92, 94–95, 101, 113, 161, 195, 201, 205, 209–11, 213, 215–16, 218, 221–33, 236, 240
疫病　epidemic　5, 20, 31, 38, 49, 63, 106, 159, 208
エスニック集団　ethnic group　21, 79, 81, 103, 111
NSW　New South Wales　88–91
オーストラリア　Australia　iii, 4, 9–10, 12, 14, 22, 27, 30, 35, 67, 74, 84, 87–91, 93–95, 98, 106, 109, 112–15, 134, 136, 139, 161, 172, 202, 206–08, 210, 214–15, 222, 236, 241

か 行

カースト制　caste system　209, 216–17, 221, 223
カーター，キャプテン・ロバート　Captain Robert J. Carter　162–63, 165, 172–73, 202, 251
カアフマヌ　Ka'ahumanu　57, 60
カカオ　cacao　4, 23, 121–22, 135, 139, 157, 203, 228
カメハメハ　Kamehameha　20, 56–57, 60, 63
カメハメハ三世　Kamehameha III　57, 60–61, 63
カラカウア　David Kalakaua　64, 68, 75, 84
カリャオ港　Callao　20, 32, 35–37, 39–49, 51
カルカッタ　Calcutta, Kolcata　66, 209, 212, 217
監禁　detention　135, 138, 141–42, 149, 199, 239, 249
慣習地　customary land　125–26, 143, 148, 160, 169, 178, 189
環礁　atoll　23, 36, 44, 52, 68, 93, 128
広東省　Canton　71, 162
ギールミート　girmit　211–13, 216–17, 223–24, 227–28
クック，キャプテン　Captain Cook　1, 40, 56, 58, 87
行政長官　administrator　158, 160, 196,

201, 256
ギルバート諸島　Gilbert Islands　21, 23, 30, 50, 67–68, 120, 126, 128–32, 140–41, 148, 236–37, 239
クイーンズランド　Queensland　4, 22–23, 67, 87–97, 98, 101–02, 105–28, 130–31, 207–08, 236–37
苦力，クーリー　coolie　15, 17, 33–34, 37, 70–74, 84, 94, 120, 139–42, 144–45, 149, 158, 202, 232, 241
鉱山　mining　iv, 1, 20, 31–32, 90, 92, 241
ゴードン，サー・アーサー・ハミルトン　Sir Arthur Hamilton Gordon　67, 116, 130, 150, 169, 207–09, 225, 232
国際連合　United Nations　v, 195
国際連盟　League of Nations　v, 153, 161, 166, 172, 203
ココナツ　coconut　36, 121–22, 150, 168, 171, 191, 203, 210, 228
ココヤシ　cocopalm　4, 23, 135, 150
個人投票者　individual voter　16, 198
ゴドフロイ　Godeffroy　121, 124–25, 127–31, 148
コノヒキ　konohiki　58–60
コプラ　copra　121–22, 126, 152, 154, 168–69, 171, 191, 203
ゴム　rubber　4, 23, 121–22, 155, 245
混血　mix　32, 63, 65, 79, 84, 145–46, 150, 152, 187
混合婚　mixed marriage　147, 178, 202–03

サ 行

サールダール　sardar　214, 216
採集狩猟　hunting and gathering　2, 12, 22, 87, 91
サトウキビ　sugarcane　3–4, 6, 21–23, 26, 36, 55, 58, 61–62, 66, 69–72, 77, 80–81, 83, 88, 90, 92, 94, 104, 106, 109, 111, 116–17, 121, 161, 169, 205, 207, 209–10, 213, 225–26, 228, 235–36
サブシステンス　subsistence　2, 12, 20, 58, 125–26, 134, 143, 151, 169–71, 178, 182, 189, 191, 209, 232
自給自足　subsistence　26, 58, 89, 209
自治植民地　dominion　88–89, 92, 115, 172, 201, 237
支配人　manager　3, 104, 121, 214
ジャマイカ　Jamaica　6, 26, 66, 205, 232
自由移民　free immgrant　10, 22, 24–25, 70, 73, 78, 85, 88–90, 94–95, 142–45, 149, 151, 155, 165, 174, 185–86, 188, 192, 194, 196–200, 203–04, 229, 240
重罪犯，重罪囚人　felon　112, 116
囚人　convict, prisoner　87–92, 95, 113, 116
首長　chief　16, 20, 40–41, 56, 60–61, 83, 115, 119, 122–24, 129, 134, 152, 169, 174, 176–77, 179–82, 189–90, 195, 197, 201, 203–06, 209, 213, 232, 237
商品作物　cash crop　2–3, 121, 126, 151, 169, 179, 189, 191
植民地経営　colonial administration　24, 27, 139
植民地主義　colonialism　18
人口過剰　overpopulation　23, 101, 128, 145, 162, 211, 238
人口減少　population decrease　5, 11, 21, 31, 41, 50–51, 63–65, 67, 69, 153
ストライキ　strike　21, 78–80, 128, 183, 216, 231
宣教師　missionary　30, 38, 41, 44, 51, 53, 56–57, 62, 71, 119, 121, 168, 170, 224, 227, 232
先住民　indigenous　iii, v, 3, 5, 11, 21, 31–33, 90–91, 117, 150, 169, 177, 186, 202, 208–09, 225–26, 231
総督　governor　116, 130, 133–34, 144, 150, 169, 201, 207–08, 225
ゾルフ，ウィルヘルム　Wilhelm Solf　132–34, 137–39, 144–45, 147, 170–71
ソロモン諸島　Solomon Islands　14, 30,

67–68, 96–97, 100–01, 104, 114, 120, 130–31, 151, 154, 158, 161, 197, 207, 233

タ 行

大土地所有　large land ownership　2, 5, 59, 61, 69
体罰　corporal punishment　iv, 8, 21, 24, 33, 46, 72, 80, 116–17, 128–29, 135–36, 138, 140–42, 149, 151, 155, 160, 165, 173, 184, 199, 249
太平洋諸島人保護法　Pacific Islanders Protection Law　22–23, 37, 98, 130
タヒチ　Tahiti　iii, 36–37, 42, 44, 47, 53, 67, 95, 128, 145, 175, 195
中国　China　15–17, 24, 33–34, 56, 70, 72–74, 82–84, 101, 114, 137–39, 141, 144–45, 147, 149, 158, 162, 164–65, 171, 175, 177, 183–86, 193, 199, 202, 230–31, 233, 239, 243–44, 246–51, 253–54, 256–57
中国人　10, 16, 21–22, 24–25, 33–34, 37, 66, 69–74, 76, 78–79, 83–84, 91–92, 94–95, 109, 113–14, 120, 135, 137–47, 149, 151–52, 154–61, 163, 167, 170, 172–76, 179, 182–85, 187–88, 190–202, 204, 206, 228–30, 232–33, 236, 240–41, 245, 252–53
ツプア・タマセセ・レアロフィ三世　Tupua Tamasese Lealofi III　181–82
DHPG　Deuitsche Handel- und Plantagen-Gesellschaft　124, 127, 130–31, 135, 137, 139, 148–49, 154, 156, 179, 204
ドイツ領サモア　German Samoa　119–52
ドイツ領サモア政府　German Samoa Government　120, 133–34, 137, 141–42, 144–47, 149, 152
渡航費用　travel fee　8–11, 27, 51, 73, 75, 84–85, 89, 164, 210
トリニダード　Trinidad　6, 26, 66, 161, 205, 208, 232
奴隷解放　emancipation　6–7, 10–11, 17–18, 26–27, 32–34
奴隷制　slavery　iii–iv, 2–3, 6–7, 9, 12, 14–15, 17–18, 26, 29, 33, 51, 73, 78, 84, 117, 148–49, 155, 161–62, 166–67, 172, 199, 214, 222, 224, 228, 235–37, 240
トンガレヴァ（島）　Tongareva　36–38, 41–42, 44, 50

ナ 行

西サモア　Western Samoa　15, 23, 120, 127, 133, 153, 155–56, 159–63, 165–67, 173, 178, 180, 185–87, 189, 192–99, 201–02, 236, 239, 245, 249–52
西太平洋高等弁務官　Western Pacific High Commission　17, 98, 237
ニューカレドニア　New Caledonia　1, 14, 30, 35, 96, 116–17, 164
ニューサウスウェールズ　New South Wales　22, 87–88, 128
ニューヘブリデス諸島　New Hebrides Islands　14, 30, 35, 96–97, 100–01, 115, 131, 207, 241
ヌクヒヴァ（島）　Nukuhiva　36, 48
ネルソン，オーラフ　Olaf Nelson　176, 181–82, 190
年季奉公　indentured service　7–9

ハ 行

ハーフ　half　16–17, 120, 143, 145–47, 150–52, 176, 178, 181–82, 189, 191, 193, 197, 199–200, 203, 230
白豪主義　White Australia　23, 108, 112–13, 117, 161, 222
パプア人　Papuan　14
ビーチコマー　beachcomber　36–37, 121
ヒンドゥー　Hindu　209, 216, 218
フィジー　Fiji Islands　4, 11, 13, 17, 25–26, 35, 44, 66–68, 96–97, 116, 128, 130–31, 145, 149–50, 159, 161, 169, 195, 197, 201, 205–11, 213–15, 217–18, 221–25, 227–29,

231–33, 236–37, 239–41
ブーゲンヴィル　Bougainville　1, 68, 96, 134, 151
ブラーマン　brahman　217–18, 223
ブラックバーディング　blackbirding　2, 12–14, 18, 20, 22–23, 29–31, 34, 37, 41–42, 45, 50–52, 67, 84, 96, 98–99, 101–02, 106, 111, 113–15, 130, 162, 207, 209, 235, 237–38
プランター　planter　3, 21–22, 24, 25, 59, 61, 65–66, 69, 71–74, 78, 80, 84–85, 98, 102–03, 105, 111, 120–21, 124, 127, 129, 131, 137, 145–46, 148–49, 154, 157–58, 161, 170–71, 174, 183, 192–95, 206, 208–10, 212, 214–15, 223, 239, 241
ペルー　Peru　14, 18, 20, 30–38, 40–41, 46–50, 52, 59, 128, 235, 237–38
牧畜業　animal husbandry　22, 89–90, 94, 111
補助移民　assisted migrant　22, 89, 95, 164–65, 167, 172–73
ポリネシア人　Polinesian　20, 30, 33, 38–39, 45–49, 51, 65–66, 69, 84, 97, 116, 187–88, 197, 235–36, 238
ポルトガル人　Portuguese　21–22, 33, 68–70, 78–79
香港　HongKong　24, 66, 71, 74, 137, 162–65, 172, 202, 241, 245, 247

マ 行

マウ運動　Mau movement　134, 153, 159, 177, 179, 181, 183
マタアファ・イオセフォ　Mata'afa Iosefo　132, 170–71
マタアファ・ファウムイナー・フィアメー・ムリヌウー一世　Mata'afa Faumuina Fiame I　157, 180
マリエトア・ヴァイイヌポー　Malietoa Vaiinupo　123
マリエトア・ラウペパ　Malietoa Laupepa　125, 132, 174
マルケサス諸島　Marquesas Islands (Iles de Marquises　36, 42, 67
ミックス　mix　v, 145, 150, 152
鞭　whip　72, 75, 80, 102, 112, 117, 135, 141–42, 173, 199, 215, 228, 239, 249
メラネシア人　Melanesian　14, 16, 22–24, 27, 84, 95–97, 101–02, 104, 106–09, 111–17, 127, 130–32, 134–37, 139–40, 142–43, 146, 148, 151–52, 154, 156, 162, 179, 183, 187, 191, 197, 203, 207–08, 222, 236–37
綿花　cotton　4, 6, 32, 121, 207, 210
モーリシャス　Mauritious　17–18, 26, 66, 95, 161, 205, 208, 232

ヤ 行

寄せ場　depot　212, 217

ラ 行

ラパヌイ島　Rapa Nui　20, 29–31, 38–45, 47–50, 53, 59
領事（館）　consul (consulate)　13, 21, 24, 114, 129–30, 137, 141–42, 144, 147, 149, 151, 163, 165, 175, 177, 184–85, 192, 202, 237, 246, 248–49, 253, 257
流刑地　penal colony　9–10, 87
ルナ　luna　69, 72, 75,
労働許可証　exemption ticket　92, 109, 113, 116
労働力徴集　labor recruitment　15, 29–30, 34–35, 37–38, 42, 45–46, 48, 52, 67, 84, 88, 96–97, 98–102, 104–05, 114–15, 127–28, 148, 161–62, 207–08, 235–38
ローガン大佐，ロバート　Colonel Robert Logan　154, 156–60, 174

文献一覧

Ali, Ahmed (1980) *Plantation to Politics: Studies on Fiji Indians*. Suva: University of the South Pacific.

—— (2004) *Girmit: Indian Indenture Experience in Fiji*. Suva: the Fiji Museum & Ministry of National Reconciliation and Multi-Ethnic Affairs.

Allen, Stephen Shepherd (1931) Notes on Samoa compiled by S S Allen, Typewritten Manuscript. MS-Papers-9351-058, Alexander Turnbull Library, National Library of New Zealand.

Beechert, Edword D. (1985) *Working in Hawaii: A Labor History*. Honolulu: University of Hawaii Press.

Bennett, J.A. (1976) Immigration, 'blackbirding'. labour recruiting? The Hawaiian experience 1877–1887. *The Journal of Pacific History* 11 (1): 3–27.

British Parliament (1920) Correspondence with the government of New Zealand related to the labour in Samoa presented to Parliament by command of His Majesty.

Campbell, Persia Crawford (2022 (1922)) *Chinese Coolie Emigration to Countries within the British Empire*. Alpha Editions.

Chinen, Jon J. (1958) *The Greate Mahele: Hawaii's Land Division of 1848*. Honolulu: The University Press of Hawaii.

Coconet TV Dragons in Paradise (https://www.thecoconet.tv/coco-docos/pacific-doco-features-current-affairs/dragons-in-paradise/ 2024/12/20 閲覧).

Coconet TV Tama Uli (https://www.thecoconet.tv/coco-docos/pacific-doco-features-current-affairs/tama-uli/ 2014/12/20)

Colonist (1919.10.20) Indentured labour. *Colonist* LXII 13206, p. 6.

Coman, Katharine (1903) *The History of Contract Labor in the Hawaiian Islands*. Reprinted by Legare Street Press.

Davidson, J.W. (1967) *Samoa mo Samoa: The Emergence of the Independent State of Western Samoa*. Melbourne: Oxford University Press.

Dorrance, William H. and Morgan, Francis S. (2001) *Sugar Islands: The 165-year story of sugar in Hawai'i*. Honolulu: Mutual Publishing, LLC.

Droessler, Holger (2018) Copra world: coconuts, plantations and cooperatives in German Samoa. *The Journal of Pacific History* 53 (4): 417–435.

—— (2022) *Coconut Colonialism: Workers and the Globalization of Samoa*. Cambridge

MS: Harvard University Press.
Durgahee, Reshaad (2022) *The Indentured Archipelago : Experiences of Indian Labour in Mauritius and Fiji, 1871–1916*. Cambridge: Cambridge University Press.
English language & usage. Origin of the word "blackbirding" for a type of slave trade (https://english.stackexchange.com/questions/611996/origin-of-the-word-blackbirding-for-a-type-of-slave-trade) (2024/8/18 閲覧)
Evans, Raymond (2018) 'Kings' in blass crescents: Defining Aboriginal labour patterns in colonial Queensland. Kay Saunders ed. *Indentured Labour in The British Empire 1834–1920*. Abington and New York: Routledge, pp. 183–212. (first published in 1984)
Field, Michael J. (1984) *Mau, Samoa's Struggle against New Zealand Oppression*. Wellington: A.H. & A.W. Reed Ltd.
Firth, Stewart (1977) Governors versus settlers: The dispute over Chinese labour in German Samoa. *New Zealand Journal of History* 11 (2): 155–179.
Fischer, Steven Roger (2005) *Island at the End of the World: The Turbulent History of Easter Island*. London: Reaktion Books.
France, Peter (1969) *The Charter of the Land: Custom and colonization in Fiji*. Melbourne: Oxford University Press.
Gillion, Kenneth L. (1962) *Fiji's Indian Migrants: A History to the End of Indenture in 1920*. Melbourne: Oxford University Press.
Gilson, R.P. (1970) *Samoa 1830–1900: The Politics of a Multi-cultural Community*. Melbourne: Cambridge University Press.
Gleeson, Francis Joseph (1930) Album of photographs of the Mau uprising, Western Samoa, 1930. Ref: PA1-o-795. Alexander Turnbull Library, Wellington, New Zealand.
Glick, Clarence E. (1975) The voyage of the "Thetis" and the first Chinese contract laborers brought to Hawaii. *Hawaiian Journal of History* 9 : 135–139.
——(1980) *Sojourners and Settlers: Chinese Immigrants in Hawaii*. Honolulu: University Press of Hawaii.
Government of Samoa, Samoa Bureau of Statistics (2021) *Report of the Samoa Agriculture Census, 2019*. Apia: Government of Samoa, Samoa Bureau of Statistics.
Gonzales, Michael J. (1989) Chinese plantation workers and social conflict in Peru in the Late nineteenth century. *Journal of Latin American Studies* 21 (3): 385–424.
Gootenberg, Paul (1991) Population and ethnicity in early republican Peru: Some revisions. *Latin American Research Review* 26 (3): 109–157.
Graeber, David (2022 (2012)) *Debt: The First 5,000 Years*. New York: Melville House Publishing. Kindle edition.
Graves, Adrian (1983) Truck and Gifts: Melanesian Immigrants and the Trade Box

System in Colonial Queensland. *Past & Present* 101 (Nov., 1983): 87–124.
Hamilton, Scott (2016) *The Stolen Island: Searching for 'Ata*. Wellington: Bridget Williams Books Ltd.
Haynes, D.R. (1965) Chinese Indentured Labour in Western Samoa, 1900–1950. Thesis for the Degree of Master of Arts in History, Victoria University of Wellington.
Holland, H.E. (1919) *Indentured Labour: Is it a Slavery?*
Hope, Zach (2021) After almost 160 years, apology for 'blackbirding' ripples from Bundaberg. Brisbane Times 2021/7/30 (https://www.brisbanetimes.com.au/national/queensland/after-almost-160-years-apology-for-blackbirding-ripples-from-bundaberg-20210729-p58dxn.html) (2024/10/9 閲覧)
Hunt, Terry and Carl Lipo (2012) Ecological Catastrophe and Collapse: The Myth of 'Ecocide' on Rapa Nui (Easter Island). PERC Research Paper No. 12/3 (2024/08/26 閲覧)
Jones, Grant (2019) The construction of a slave identity: An examination of the dual identity of indentured labourers across the Western Pacific. *Labor History* 60 (5): 540–557.
Keesing, Felix (1934) *Modern Samoa: Its Government and Changing Life*. London: George Allen & Unwin Ltd.
Kennedy, Paul M. (1974) *The Samoan Tangle: A Study in Anglo~German~American Relations 1878~1900*. New York: Harper and Raw Publishers.
Kimura, Yukiko (1988) *Issei: Japanese immigrants in Hawaii*. Honolulu: University of Hawaii Press.
Kingdom of Hawaii, Government (1840) *Constitution*. (https://ags.hawaii.gov/wp-content/uploads/2012/09/1840E.pdf) (2024/9/4 閲覧)
Kuykendall, Ralph (1938, 1953, 1967) *The Hawaiian Kingdom*. 3 vols. Honolulu University of Hawai'i Press.
Lal, Brij (2018 (1984)) Labouring Men and nothing more: Some problems of Indian indenture in Fiji. Kay Saunders ed. *Indentured Labour in the British Empire 1834–1920*. London: Routledge. pp. 126–157. First published by Croom Helms Ltd.
Lal, Brij V. and Barry Shineberg (1991) The Story of the haunted line: Totaram Sanadhya recalls the labour lines in Fiji. *The Journal of the Pacific History* 26 (1): 107–112.
Laumea, Tuki (n.d.) Dragons in Paradise—Tales of Time. The Coconet TV video. (https://www.youtube.com/watch?v=Oepbx0R9TUs) (2024.1.14 閲覧)
Leung Wai, Aumua Ming (2021) Reflections on the experiences of the Chinese Community in Samoa. *The Journal of Samoan Studies* 11 (1): 64–74.
Liua'ana, Ben Featuana'i (1997) Dragons in little paradise: Chinese (mis-)fortunes in

Samoa 1900–1950. *The Journal of Pacific History* 32 (1): 29–48.
Lovell, W. George (1992) 'Heavy Shadows and Black Night': Disease and Depopulation in Colonial Spanish America. *Annals of the Association of American Geographers*. 82 (3): 426–443.
Martínez, Julia T. (2024) Retaining Chinese indentured labour in interwar British and French Pacific colonies. *Slavery & Abolition* 45 (3): 521–540.
Martínez, Julia T. and Renzhe Zhang (2024) Chinese business in Samoa before World War II in Julia T. Martínez, Claire Lowrie, and Gregor Benton eds. *Chinese Colonial Entanglements: Commodities and Traders in the Southern Asia Pacific, 1880–1950*. Honolulu: University of Hawai'i Press, pp. 153–178.
Maude, Henry E. (1981) *Slavers in Paradise: The Peruvian Slave Trade in Polynesia, 1861–1864*. Stanford, California: Stanford University Press.
McCall, Grant (1997) Riro, Rapu and Rapanui: Refoundations in Easter Island colonial history. *Rapanui Journal* 11 (3): 112–122.
Meleisea, Malama (1976) The last days of the Melanesian labour trade in Western Samoa. *The Journal of Pacific History* 11 (2): 126–132.
—— (1980) *O Tama Uli: Melanesians in Samoa*. Suva: Institute of Pacific Studies, University of the South Pacific.
—— (1987) *The Making of Modern Samoa*. Suva; Institute of the Pacific Studies, USP.
Mittelberger, Gottlieb (2017 (1754)) On the misfortune of the indentured servants. Historical document. Greatneck Publishing. Accessed on the EBSCO Host site.
Moore, Clive ed. (1979) *The Forgotten People: A history of the Australian South Sea Island community*. Sydney: Australian Broadcasting Commission.
Moriyama, Alan Takeo (1985) *Imingaisha: Japanese Emigration Companies and Hawaii*. Honolulu: University of Hawaii Press.
Moses, John A. (1973) The Coolie labour question and German colonial policy. *New Zealand Journal of History* 6 (1): 42–56.
Munro, Doug (1989) Planter versus protector: Frank Cornwall's employment of Gilbertese plantation workers in Samoa, 1877–1881. *New Zealand Journal of History* 23 (2): 172–182.
—— (1990) The origins of labourer in the South Pacific: Commentary and statistics. Clive Moore, Jacqueline Leckie and Doug Munro eds. *Labour in the South Pacific*. Townsville: James Cook University, pp. xxxix–li.
Munro, Doug and Stewart Firth (1987) From company rule to consular control: Gilbert Island labourers on German plantation in Samoa, 1867–96. *The Journal of Imperial and Commonwealth History* 16 (1): 24–44.
—— (1990) German labour policy and the partition of the Western Pacific: The view from Samoa. *The Journal of Pacific History* 25 (1): 85–102.

—— (1993) Samoan plantations: The Gilbertese laborers' experiences 1867–1896. Brij V. Lal, Doug Munro, and Edward D. Beechert eds. *Plantation Workers: Resistance and Accommodation*, pp. 101–127. Honolulu: University of Hawaii Press.

Naidu, Vijay (2004 (1980)) *Violence of Indenture in Fiji*. Lautoka: Fiji Institute of Applied Studies. First published by School of Social and Economic Development, University of the South Pacific, Laucala Campus.

National Archive of Australia (NAA) HP 'Pacific Islander Labourers Act 1901.' (https://www.naa.gov.au/) (2022/01/17 閲覧)

New Zealand Government (1920) The Samoa Registration of European Regulations. *New Zealand Gazette* II: 1692–1693.

New Zealand Government, Department of Island Territories (1954) *Western Samoa Administered under Trusteeship Agreement Dated 13 December 1946: Report for the Calendar Year 1953*.

Newbury, Colin (2019) *Tahiti Nui: Change and Survival in French Polynesia 1767–1945*. Honolulu: University of Hawai'i Press. (first published in 1980)

Nordyke, Elenor C. and Richard K.C. Lee (1989) The Chinese in Hawai'i: A historical and demographic perspective. *The Hawaiian Journal of History* 23: 196–216.

Northern Advocate (1920.9.29) Indentured labour.

Northrup, David (1995) *Indentured Labor in the Age of Imperialism, 1834–1922*. Cambridge: Cambridge University Press.

Prasad, Shiu (1974) *Indian Indentured Workers in Fiji*. Suva: The South Pacific Social Sciences Association.

Price, Charles A. & Elizabeth Baker (1976) Origins of Pacific Island labourers in Queensland, 1863–1904: A research note. *The Journal of Pacific History* 11 (2): 106–121.

Queensland Government (2017) Pacific Islander Hospital and Cemetery site, Tinana. (https://apps.des.qld.gov.au/heritage-register/detail/?id=650053) (2024/10/9 閲覧)

Rowe, N.A. (1930) *Samoa under the Sailing Gods*. London: Urwin Brothers Ltd.

Salesa, Damon Ieremia (1997) 'Troublesome Half-Caste: Tales of a Samoan Boaderland. M.A. Thesis, Department of History, University of Auckland.

Sanadhya, Totaram (John Kunham Kelly & Uttra Kumari Singh trans.) (2003 (1991)) *My Twenty-one Years in the Fiji Islands & The Story of the Haunted Line*. Suva: the Fiji Museum.

Sanderson Committee Report (1910) Report of the Committee on the emigration from India to the Crown Colonies and Protectorates. Cd 5192 *House of Commons Parliamentary Papers*.

Saunders, Kay (1976) The Pacific islander hospitals in colonial Queensland: The

failure of liberal principals. *The Journal of Pacific History* 11 (1): 28–50.
——(1982) *Workers in Bondage: The Origins and Bases of Unfree Labour in Queensland 1824–1916*. St. Lucia: University of Queensland Press.
——(2018) The workers' paradox: Indentured labour in the Queensland sugar industry to 1920. Kay Saunders ed. *Indentured Labour in The British Empire 1834–1920*. Abington and New York: Routledge, pp. 213–259. (first published in 1984)
Scarr, Deryck (1967) *Fragments of Empire: A History of the Western Pacific High Commission* 1877–1914. Canberra: ANU Press.
——(1970) Cakobau and Ma'afu: Contenders for pre-eminence in Fiji. In J.W. Davidson and Deryck Scarr eds. *The Pacific Islands Portraits*. Canberra: Australian National University Press.
Schmitt, Robert C. (1977) *Historical Statistics of Hawaii*. Honolulu: UP of Hawaii.
Siegel, Jeff (1985) Origins of Pacific Island labourers in Fiji. *The Journal of Pacific History* 20 (1): 42–54.
Spencer, Shelagh O'Byrne (n.d.) Joseph Byrne and his Immigration Scheme, British Settlers in Natal 1824–1857. (https://shelaghspencer.com/josephbyrne/) (2024/8/24 閲覧)
Steinmetz, George (2007) *The Devil's Handwriting: Precoloniality and the German Colonial State in Qingdao, Samoa, and Southwest Africa*. Chicago: The University of Chicago Press.
Tinker, Hugh (1974) *A New System of Slavery: The Export of Indian Labour Overseas 1930–1920*. London: Oxford University Press.
Tom, Nancy Y.W. (1986) *The Chinese in Western Samoa 1875–1985: The Dragon Came from Afar*. Apia: Western Samoa Historical and Cultural Trust.
Tomkins, Sandra M. (1992) The influenza epidemic of 1918–19 in Western Samoa. *The Journal of Pacific History* 27 (2): 181–197.
United Kingdom (1875) Pacific Islanders Protection Act 1872, 1875. (http://nationalunity/government.org/content/pacific-islanders-protection-act-1875) (2024/10/06 閲覧)
Van Dyke, Jon M. (2008) *Who Owns the Crown Lands of Hawai'i*. Honolulu: University of Hawai'i Press.
Ward, R. Gerald (1995) Land use and tenure: Some comparisons. In R. Gerald Ward and Elizabeth Kingdon eds. *Land, Custom and Practice in the South Pacific*, pp. 6–35. Cambridge: Cambridge University Press.
Wareham, Evelyn (2002) *Race and Realpolitik: The Politics of Colonisation in German Samoa*. Frankfurt: Peter Lang.
Young, Margaret (1974) *Hawaii's People from China*. Honolulu: Hogarth Press.

青柳まちこ（2000）「ニュージーランド史」，山本真鳥編『オセアニア史』東京：山川出版社，168–220 頁
エステベス，ジョージ・パラクエテイ，阪口悠（2019）「歴史から抹殺されたカリブのタイノ族，復活の肖像，写真 8 点」『ナショナル・ジオグラフィック』2019 年 10 月 20 日 オンライン版（https://natgeo.nikkeibp.co.jp/atcl/photo/stories/19/101600066/）
オカムラ，ジョナサン（2013）「プランテーション労働者の権利」，山本真鳥・山田亨編『ハワイを知るための 60 章』東京：明石書店，141–145 頁
河合洋尚（2024）『南太平洋の中国人社会――客家，本地人と新移民』ブックレット海域アジア・オセアニア，東京：風響社
川北稔（2016）『世界システム論講義――ヨーロッパと近代世界』東京：筑摩書房
四條真也（2013）「政府事業としての移住：日系移民の歴史」，山本真鳥・山田亨編『ハワイを知るための 60 章』東京：明石書店，111–115 頁
下重清（2012）『〈身売り〉の日本史――人身売買から年季奉公へ』東京：吉川弘文館
鈴木顕介（1996）「「棄民」植民地オーストラリア――イギリス流刑政策と第一船団流刑囚の分析」『オーストラリア研究』7：1–12 頁
ダイアモンド，ジャレド（楡井浩一訳）（2005）『文明崩壊（上）』東京：草思社
タカキ，ロナルド（富田虎男・白井洋子訳）（1985）『パウ・ハナ――ハワイ移民の社会史』東京：刀水書房
豊田由貴夫（2008）「ブラックバーディング（奴隷狩り）」，歴史学研究会編『世界史史料 9　帝国主義と各地の抵抗 II　東アジア・内陸アジア・東南アジア・オセアニア』東京：岩波書店，408–410 頁
中村綾乃（2007）「ドイツ領サモアにおける「人種」と社会層――混合婚をめぐる議論を起点として」，田嶋信雄・工藤章編『ドイツと東アジア 1890–1945』東京：東京大学出版会，253–299 頁
丹羽典生（2012）「婚姻実践を通じた土地所有権・用益権の獲得――フィジー諸島共和国ヴィティレヴ島西部のソロモン諸島民集落の事例を中心に」『国立民族学博物館研究報告』35 (4): 545–581 頁
――（2024）「ディアスポラの家族史と民族の語り――フィジーの首都近郊におけるヴァヌアツ系少数民族の祖先語りの分析から」，風間計博・丹羽典生編『記憶と歴史の人類学――東南アジア・オセアニア島嶼部における戦争・移住・他社接触の経験』東京：風響社，184–199 頁
藤川隆男（2000）「オーストラリア史」，山本真鳥編『オセアニア史』東京：山川出版社，78–167 頁
村上衛（2009）「一九世紀中葉厦門における苦力貿易の衰退」『史学雑誌』118 巻 12 号，2069–2105 頁
山本真鳥（2000）「ポリネシア史」，山本真鳥編『オセアニア史』東京：山川出版社，263–313 頁

——（2008a）「オセアニア植民地時代における人種間関係の歴史人類学——ニュージーランド統治下サモアを中心に」平成 16 年度～平成 19 年度科研費補助金（基盤研究（C））研究成果報告書
——（2008b）「ハワイの白檀交易」，歴史学研究会編『世界史史料 9　帝国主義と各地の抵抗 2』東京：岩波書店，387–388 頁
——（2008c）「サモアの地位に関する列強の協定（1889 年）」，歴史学研究会編『世界史史料 9　帝国主義と各地の抵抗 2』東京：岩波書店，392–393 頁
——（2012）「オセアニア世界の植民地化と土地制度」，小谷汪之・山本真鳥・藤田進『土地と人間——現代土地問題への歴史的接近』東京：有志舎，115–213 頁
——（2018）『グローバル化する互酬性——拡大するサモア世界と首長制』東京：弘文堂
山本真鳥・山田亨編（2013）『ハワイを知るための 60 章』東京：明石書店
山本泰・山本真鳥（1987）『儀礼としての経済——サモア社会の贈与・権力・セクシュアリティ』東京：弘文堂
吉原和男（2013）「最初の年季契約労働者——中国系移民」，山本真鳥・山田亨編『ハワイを知るための 60 章』東京：明石書店，105–110 頁

一次資料の略号

NZA = New Zealand Archive
NZNL = New Zealand National Library

その他

Samoa Constitution Order,1920
https://www.nzlii.org/nz/other/nz_gazette/1920/51.pdf（2025/1/2 閲覧）
The Samoa Act, 1921
https://faolex.fao.org/docs/pdf/sam35506.pdf（2025/1/2 閲覧）